"十四五"职业教育国家规划教材

"十三五"职业教育国家规划教材
"十二五"职业教育国家规划教材
经全国职业教育教材审定委员会审定

城市轨道交通客运组织

第 3 版

主　编　裴瑞江
副主编　周世爽
参　编　刘艳红　张翊华　娄树蓉
　　　　封世洋　刘莉娜　华　亮
　　　　刘雪萍　张静静
主　审　韩宝明

机械工业出版社

本书是"十四五"职业教育国家规划教材,是根据《国家职业教育改革实施方案》及教育部新颁布的《高等职业学校专业教学标准》,在第2版的基础上修订而成的。本书以项目任务形式编写,每一项目为一独立技能单元。本书对每一技能单元中的各种任务情况的处理及操作过程都做了详细描述,体现了较强的实践性,可实现学习者和企业的"零"对接。本书共有10个项目,主要内容包括城市轨道交通线路车站、城市轨道交通车站导流设备设施及运用、城市轨道交通导流信息及电话通信系统、城市轨道交通车站日常运作、城市轨道交通车站客流组织、城市轨道交通客流调查与预测、城市轨道交通客流组织方案编制、城市轨道交通票务组织、城市轨道交通售检票组织、城市轨道交通安全应急处理。

本书内容新颖、知识面广,重点、难点突出,双色印刷,图片清晰美观,借助"互联网+"及信息技术,使内容呈现立体化、可视化和数字化,为学习者提供"能学、助教、助训"的课程资源。

为便于教学,本书配套有教学标准、电子教案、电子课件,选择本书作为教材的教师可来电(010-88379375)索取,或登录 www.cmpedu.cm 网站,注册后免费下载。

本书可作为高等职业院校轨道运营类专业教材,也可作为城市轨道交通运营岗位培训教材。

图书在版编目(CIP)数据

城市轨道交通客运组织/裴瑞江主编. —3版. —北京:机械工业出版社,2019.9(2024.12重印)
"十二五"职业教育国家规划教材 经全国职业教育教材审定委员会审定
ISBN 978-7-111-63904-6

Ⅰ.①城… Ⅱ.①裴… Ⅲ.①城市铁路-轨道交通-客运组织-高等职业教育-教材 Ⅳ.①U239.5

中国版本图书馆 CIP 数据核字(2019)第 214620 号

机械工业出版社(北京市百万庄大街22号 邮政编码100037)
策划编辑:曹新宇 责任编辑:曹新宇
责任校对:王 延 封面设计:张 静
责任印制:刘 媛
涿州市般润文化传播有限公司印刷
2024 年 12 月第 3 版第 12 次印刷
184mm×260mm · 16.75 印张 · 408 千字
标准书号:ISBN 978-7-111-63904-6
定价:54.80 元

电话服务

网络服务

客服电话:010-88361066
　　　　　010-88379833
　　　　　010-68326294
封底无防伪标均为盗版

机 工 官 网:www.cmpbook.com
机 工 官 博:weibo.com/cmp1952
金 书 网:www.golden-book.com
机工教育服务网:www.cmpedu.com

关于"十四五"职业教育
国家规划教材的出版说明

为贯彻落实《中共中央关于认真学习宣传贯彻党的二十大精神的决定》《习近平新时代中国特色社会主义思想进课程教材指南》《职业院校教材管理办法》等文件精神，机械工业出版社与教材编写团队一道，认真执行思政内容进教材、进课堂、进头脑要求，尊重教育规律，遵循学科特点，对教材内容进行了更新，着力落实以下要求：

1. 提升教材铸魂育人功能，培育、践行社会主义核心价值观，教育引导学生树立共产主义远大理想和中国特色社会主义共同理想，坚定"四个自信"，厚植爱国主义情怀，把爱国情、强国志、报国行自觉融入建设社会主义现代化强国、实现中华民族伟大复兴的奋斗之中。同时，弘扬中华优秀传统文化，深入开展宪法法治教育。

2. 注重科学思维方法训练和科学伦理教育，培养学生探索未知、追求真理、勇攀科学高峰的责任感和使命感；强化学生工程伦理教育，培养学生精益求精的大国工匠精神，激发学生科技报国的家国情怀和使命担当。加快构建中国特色哲学社会科学学科体系、学术体系、话语体系。帮助学生了解相关专业和行业领域的国家战略、法律法规和相关政策，引导学生深入社会实践、关注现实问题，培育学生经世济民、诚信服务、德法兼修的职业素养。

3. 教育引导学生深刻理解并自觉实践各行业的职业精神、职业规范，增强职业责任感，培养遵纪守法、爱岗敬业、无私奉献、诚实守信、公道办事、开拓创新的职业品格和行为习惯。

在此基础上，及时更新教材知识内容，体现产业发展的新技术、新工艺、新规范、新标准。加强教材数字化建设，丰富配套资源，形成可听、可视、可练、可互动的融媒体教材。

教材建设需要各方的共同努力，也欢迎相关教材使用院校的师生及时反馈意见和建议，我们将认真组织力量进行研究，在后续重印及再版时吸纳改进，不断推动高质量教材出版。

机械工业出版社

本书是根据《国家职业教育改革实施方案》及教育部新颁布的《高等职业学校专业教学标准》的有关要求，同时参考《城市轨道交通技术规范》（GB 50490—2009）、《城市轨道交通客运服务》（GB/T 22486—2008）等国家标准，在第 2 版的基础上修订而成的。

本书将文化教育与素质教育相融合，以专业人才培养目标为依据，以所在专业能力结构为主线，贯彻落实党的二十大精神，用社会主义核心价值观铸魂育人。文字简洁、通俗易懂、图文并茂、形象直观，在培养学生专业能力的同时，关注学生身心的健康发展，坚定学生的理想信念，加强职业道德与爱国主义的教育，激发学生的家国情怀和使命担当，培养适合新时代发展需要的高素质人才。

本次修订在教学模式方面增加了资源库平台云课堂教学资源，且与城市轨道交通企业深度合作。本书编写人员具有多年的实践经验，大部分都是"双师型"教师。本书采用项目及任务驱动模式，在内容设计上尽可能多地融入了多岗位多工种，以符合"1＋X"课证融通的需求；以"互联网＋"新形态呈现，紧抓数字化机遇，将部分难以理解的知识点制作成视频并随书生成相应的二维码链接，使本书内容立体化、可视化、数字化，能够满足"人人皆学、处处能学、时时可学"的学习需要，助力学生学习成长，进一步丰富、优化、更新教材数字化资源，推进教育数字化。

本书共有 10 个项目，遵循由浅入深的学习规律，保证全书知识体系的完整性，项目设计涉及面广，各校可根据本校专业课程的设置情况对各项目的教学课时进行合理分配。本书为了保证客运组织相关知识的系统性，在内容设计时纳入了客运设备设施、服务、安全及AFC 等相关内容，涵盖面较为广泛，教师授课使用时可灵活选取所需内容。

本书由南京铁道职业技术学院裴瑞江任主编，深圳市深圳通有限公司周世爽任副主编。参加编写的还有南京地铁运营有限责任公司的封世洋、娄树蓉、刘雪萍，河北轨道运输职业技术学院刘艳红、张静静，柳州铁道职业技术学院张翊华，南京铁道职业技术学院华亮，北京交通运输职业学院刘莉娜。具体编写分工如下：裴瑞江编写项目一、项目二、项目九；裴瑞江、封世洋、娄树蓉共同编写项目三；裴瑞江、刘艳红共同编写项目十；裴瑞江、张翊华、周世爽共同编写项目四、项目八；裴瑞江、刘莉娜共同编写项目六；裴瑞江、华亮共同编写项目七；裴瑞江、刘雪萍、张静静共同编写项目五。本书由北京交通大学韩宝明主审。

本书在编写过程中，编者参阅了国内外出版的有关教材和资料，得到了深圳市地铁集团有限公司、广州地铁集团有限公司、南京地铁运营有限责任公司及河北轨道运输职业技术学院的大力支持，得到了苏州大学李晓村、北京交通运输职业学院李建国的有益指导，在此一并表示感谢！

由于编者水平有限，书中不妥之处在所难免，恳请广大读者批评指正。

编　者

名　　称	图　　形	页　　码
1 地铁进站引导标识		13
2 票卡		207
3 自动售票机		211
4 闸机		214
5 火灾报警装置使用		232
6 地铁着火如何扑救		232
7 地铁着火应该注意的问题		242

目 录

第 3 版前言

二维码索引

项目一 城市轨道交通线路车站 ··· 1

知识要点 ·· 1

项目任务 ·· 1

项目准备 ·· 1

相关理论知识 ··· 1

一、城市轨道交通线路设置 ··· 1

二、城市轨道交通车站站点设置 ·· 5

项目实施 ·· 6

拓展与提高 ·· 6

实践训练 ·· 6

项目二 城市轨道交通车站导流设备设施及运用 ··································· 7

知识要点 ·· 7

项目任务 ·· 7

项目准备 ·· 7

相关理论知识 ··· 8

一、城市轨道交通车站的类型 ·· 8

二、城市轨道交通车站的规模 ·· 11

三、城市轨道交通车站建筑设施的构成 ·· 12

四、城市轨道交通车站出入口的设置 ··· 13

五、城市轨道交通车站站内设施及布局 ·· 16

六、车站自动扶梯日常操作及常见问题处理 ·· 34

七、车站站台门系统 ··· 36

八、城市轨道交通车站其他建筑及设施 ·· 44

九、列车设备设施 ·· 45

项目实施 ·· 48

拓展与提高 ··· 48

实践训练 ·· 48

项目三 城市轨道交通导流信息及电话通信系统 ·············· 49

  知识要点 ·············· 49

  项目任务 ·············· 49

  项目准备 ·············· 49

  相关理论知识 ·············· 49

  一、乘客服务信息系统 ·············· 49

  二、城市轨道交通通信系统 ·············· 63

  项目实施 ·············· 67

  拓展与提高 ·············· 67

  实践训练 ·············· 67

项目四 城市轨道交通车站日常运作 ·············· 68

  知识要点 ·············· 68

  项目任务 ·············· 68

  项目准备 ·············· 68

  相关理论知识 ·············· 68

  一、车站管理模式及组织架构 ·············· 69

  二、车站各部门岗位工作关系 ·············· 69

  三、车站员工票务职责 ·············· 71

  四、值班站长岗位职责及作业流程 ·············· 73

  五、值班员岗位职责及作业流程 ·············· 76

  六、站务员（售检票员）岗位职责及作业流程 ·············· 80

  七、车站安全员岗位职责及作业流程 ·············· 84

  八、车站开关站作业 ·············· 92

  九、车站边门管理办法 ·············· 99

  十、乘客事务处理 ·············· 99

  项目实施 ·············· 102

  拓展与提高 ·············· 102

  复习思考题 ·············· 103

项目五 城市轨道交通车站客流组织 ·············· 104

  知识要点 ·············· 104

  项目任务 ·············· 104

  项目准备 ·············· 104

  相关理论知识 ·············· 104

  一、车站客流组织工作概述 ·············· 104

  二、日常客流组织 ·············· 106

  三、大客流组织 ·············· 113

  四、突发事件客流组织 ·············· 119

  项目实施 ·············· 124

拓展与提高 ……………………………………………………………………… 125
复习思考题 ……………………………………………………………………… 125

项目六　城市轨道交通客流调查与预测 ……………………………………… 126
知识要点 ………………………………………………………………………… 126
项目任务 ………………………………………………………………………… 126
项目准备 ………………………………………………………………………… 126
相关理论知识 …………………………………………………………………… 126
一、客流调查 …………………………………………………………………… 126
二、客运量预测 ………………………………………………………………… 129
三、客运市场营销策略 ………………………………………………………… 134
四、客流调查与预测案例 ……………………………………………………… 141
项目实施 ………………………………………………………………………… 145
拓展与提高 ……………………………………………………………………… 145
实践训练 ………………………………………………………………………… 145

项目七　城市轨道交通客流组织方案编制 …………………………………… 146
知识要点 ………………………………………………………………………… 146
项目任务 ………………………………………………………………………… 146
项目准备 ………………………………………………………………………… 146
相关理论知识 …………………………………………………………………… 146
一、车站客流组织方案编制要素 ……………………………………………… 146
二、车站客流组织方案编制方法 ……………………………………………… 149
三、客流组织方案编制案例 …………………………………………………… 152
项目实施 ………………………………………………………………………… 156
拓展与提高 ……………………………………………………………………… 156
复习思考题 ……………………………………………………………………… 157

项目八　城市轨道交通票务组织 ……………………………………………… 158
知识要点 ………………………………………………………………………… 158
项目任务 ………………………………………………………………………… 158
项目准备 ………………………………………………………………………… 158
相关理论知识 …………………………………………………………………… 158
一、票务组织概述 ……………………………………………………………… 158
二、城市轨道交通票务组织与自动售检票系统的关系 ……………………… 159
三、票务业务管理 ……………………………………………………………… 160
四、票务计划 …………………………………………………………………… 176
五、车站车票的使用与管理 …………………………………………………… 177
六、车站现金的使用与管理 …………………………………………………… 184
七、车站票务事务处理 ………………………………………………………… 187
八、票务设备大面积故障时的票务应急处置 ………………………………… 194

九、票务违章、事故及安全管理 ·· 197

项目实施 ··· 200

拓展与提高 ··· 200

复习思考题 ··· 200

项目九　城市轨道交通售检票组织 ·· 201

知识要点 ··· 201

项目任务 ··· 201

项目准备 ··· 201

相关理论知识 ··· 201

一、自动售检票系统（AFC）架构 ·· 202

二、自动售检票系统（AFC）的数据传输 ·· 205

三、自动售检票系统（AFC）运行模式及设置要求 ·································· 206

四、城市轨道交通车票 ··· 207

五、车站自动售检票系统设备运用 ·· 211

项目实施 ··· 217

拓展与提高 ··· 217

复习思考题 ··· 217

项目十　城市轨道交通安全应急处理 ·· 218

知识要点 ··· 218

项目任务 ··· 218

项目准备 ··· 218

相关理论知识 ··· 218

一、客运安全概述 ··· 218

二、客运票务现金安全应急处置 ·· 219

三、乘客安全 ··· 221

四、车站突然停电的应急处理 ·· 227

五、突发事件处理 ··· 228

六、自然灾害车站应急处理办法 ·· 247

七、触发报警或紧急停车按钮的应急处理办法 ·································· 250

八、乘客物品掉落轨道的处理 ·· 252

九、执法工作的管理规范 ··· 253

项目实施 ··· 254

拓展与提高 ··· 255

实践训练 ··· 255

参考文献 ··· 256

项目一

城市轨道交通线路车站

知识要点

1. 城市轨道交通线路设置。
2. 城市轨道交通车站站点设置。

项目任务

1. 全面掌握城市轨道交通规划设计的基本知识，能够运用相关知识进行简单的项目设计。
2. 练习设计某一个城市轨道交通线路的位置。
3. 练习设计某一个城市轨道交通线路车站的位置。
4. 练习思考线路车站位置与客流的关系。

项目准备

准备某一个或多个城市地面道路交通图，地面大型建筑标志等相关图示，城市外联的其他交通衔接示意图等。

本项目学习宜采用多媒体课件演示，让学员在观看演示中理解相关的理论知识，增强教学效果。如有视频资料教学效果更好。

相关理论知识

一、城市轨道交通线路设置

城市轨道交通线路修建一般都是城市路网规划的重要项目，一旦建成，将对整个城市的交通、经济、文化等发展产生较大的影响，所以一定要与整个城市的长远发展规划紧密结合，对地面交通、地下交通及高架交通线路要留有一定的后续发展余地，以满足城市快速发展的需要。

城市轨道交通运输的主要乘客是本市及周边市郊的固定人群，因此线路位置的设计要充分考虑沿线吸引范围内乘客的便捷因素，科学规划。城市轨道线路一般沿城市的交通主干道修建（图1-1），同时在城市轨道交通线路规划中，不能强调单一轨道交通线路系统的建设，而忽略轨道交通线路系统与其他交通线路系统的衔接，也不能重视单一轨道交通线路建设和工程设计层面上的研究，而忽视轨道交通系统内各条线路之间的整合。这些将导致轨道交通系统内的客流衔接不顺畅、不便捷。

图1-1　沿主干道修建的大连春光街地铁线路

目前，我国各大城市还没有形成完整的城市轨道交通网络，很多城市地铁在许多方面仍然存在不足。例如，多数地铁站附近没有汽车停车场和自行车停放处，导致无法吸引私人小汽车的客流，造成地铁附近的自行车乱停乱放；另外还有地铁之间换乘距离过远等问题。这些都需要在城市新建的项目中进行改进。为了充分发挥轨道交通的运输能力，加强对轨道交通与其他交通方式衔接体系的研究是今后城市轨道发展的重点研究方向。

城市轨道交通线路的设计应与市内公交、出租、社会车辆大型停车场、自行车停车点、公路、铁路、航空等建有良好的线路接口，以满足各交通工具间快捷良好的换乘需求。完成各交通工具间的良好衔接，需要对整个城市进行交通一体化设计，通过交通一体化的规划设计提高轨道交通聚集和疏解客流的能力，为乘客提供快捷、方便、舒适、安全的换乘环境，为城市枢纽地区提供良好的交通环境和开发环境，最终实现城市综合客运交通系统的最佳运输效益、社会效益和经济效益。上海虹桥综合交通枢纽中心设有虹桥机场、铁路客站（连接京沪高铁、沪宁城际高铁、沪蓉高铁）、长途公共汽车客站、磁浮客站、轨道交通车站（5条地铁线连通上海各区）、地面公交汽车站（30多条公交汽车线路四通八达）、城际公共汽车站（上海西部最大的城际客运站），整个交通枢纽集散客流量为48万人次/日。

1. 城市轨道交通线路与其他交通线路的衔接原则

城市轨道交通线路与其他交通工具线路之间衔接的基本原则是：紧紧围绕整个城市交通系统发展规划的整体性、协调性、便捷性、政策性和合理性，使各种交通方式能有机地结合在一起，既有分工，又有协作，充分发挥交通网络的运输能力，为城市的发展和乘客的出行服务。

要使各种交通线路有效衔接，就要将线路连接成线网，这对乘客的出行有很重要的影响。因此衔接方式必须充分考虑各方乘客的因素，体现交通的便捷性和舒适性。

综合以上因素，城市轨道交通线路的设计应遵循以下几个原则：

1）城市轨道交通线路设计应结合城市规划的实际工程地质条件、施工方法和各条线路的修建顺序，选择易于实施、经济可行的方案。

2）城市轨道交通线路设计应结合城市规划和城市环境，选择对城市干扰最小的方案。

3）城市轨道交通线路设计应考虑到城市轨道交通和其他交通方式运营管理体制上的差异，选择各方均能接受的方案。

4）城市轨道交通线路设计应满足远期路网客流量的要求，满足远期发展规划的要求。

2. 城市轨道交通线网和公交线网的衔接与换乘（图1-2）

图1-2　城市轨道交通线网和公交线网的衔接与换乘

城市轨道交通线网与公交线网的关系应定位为主干与支流的关系。城市轨道交通应以解决城市主要客流走廊、主要干道的中远距离客流的出行问题为主。轨道交通可发挥其大运量、快捷、准时、舒适的系统特征。公共汽车、电车运能小，但方便灵活，可将乘客送往四面八方，是解决中、短途交通问题的主力。根据两者的特点，在交通规划时应注意使其相互衔接与换乘，使之发挥更大的作用。具体实施时需要做到以下几点：

1）设计轨道交通与公交紧密衔接的公交换乘枢纽，实现立体化"零换乘"。一方面，要尽可能为客流量大的综合枢纽站提供衔接公交站场用地，设置公交换乘枢纽，通过立体换乘通道实现立体化衔接和"零换乘"；另一方面，要根据轨道交通站点周边公交停靠站的位置，在不影响道路交通的前提下，调整公交停靠站与轨道交通出入口的距离，必要时设置立体步行换乘通道，缩短换乘距离，方便客流换乘。

2）调整轨道交通沿线衔接的公交线路，形成相互支援、优势互补的公共交通网络，引导提升公交出行比例。要结合道路结构和功能，从"线、面、点"三方面优化重组公共交通系统资源，实现常规公交与轨道交通之间的优势互补；调整与轨道交通平行且重叠（3个轨道交通站区间）的公交线网，保持适当规模的辅线，在局部客流大的轨道交通线的某一段上，保留一部分公共汽车线，起分流作用，但重叠长度不宜过长。以放射的形式与轨道交通站点衔接的公交线路，不仅要抽疏与单独一条轨道线重叠的公交线路，还要抽疏与"十字"相交轨道网重叠的公交线路。同时，在城市新建区、客流较大边沿地区以及新建道路上应增加送达公交线路，加强轨道交通与主要客流吸引源的客运关系，加大轨道交通对沿线客流的吸引收集。应将轨道交通线路两端的地面常规公共交通线路的终点尽可能地汇集在轨道交通终点，组成换乘站。应改变地面常规公共交通线路，尽量做到与轨道交通车站交汇，以方便换乘。

3）以轨道交通车站为核心，组织短途接驳公共汽车，加强对大型工业区、商业区、行政区、主要居住区客流的收集与疏散，延伸网络的辐射。

4）依据车站地位不同，设计以下衔接形式：

① 综合枢纽站。综合枢纽站一般采用先进的设施和空间立体化衔接形式，能够合理组织人、车分流，保证人流换乘便捷、车流进出顺畅，便于管理。

② 大型接驳站。大型接驳站是指位于轨道交通首末站、地区中心及换乘量较大的车站的换乘点，在此布置的地面常规公共交通线路主要为某一个扇面方向的地区提供服务。

③ 一般接驳站。一般接驳站是指轨道交通车站与地面常规公共交通线路中间站的换乘点，一般多位于土地紧张的市区。在规划设计时，要充分考虑到轨道交通换乘量大的特点，将公交车站设置成港湾式停车站，并尽可能靠近轨道车站出入口。

3. 城市轨道交通线路和市郊铁路线的衔接与换乘

城市轨道交通线路和市郊铁路线的衔接与换乘方面，国内经验不多，国外一般有两种做法：

1）市郊铁路深入市区，在市区内形成贯通线向外辐射。市区内则设若干站点与城市轨道交通衔接。

2）利用原有铁路开行市郊列车。市郊列车一般不深入市区，起点站在市区边缘，在起点站车站与城市轨道交通及地面常规公共交通工具进行换乘衔接。

4. 城市轨道交通线路和地面铁路车站的衔接与换乘

在既有火车站站前广场或站内站地下单独建设城市轨道的交通车站，可利用出入口通道或站台立体通道与铁路车站衔接。在新建和改建的火车站中，可将城市轨道交通车站一同考虑，形成综合性交通建筑，方便乘客换乘。

5. 城市轨道交通线路和私人交通工具的衔接与换乘

城市轨道交通线路和私人交通工具的衔接与换乘表现在两个方面：

（1）与机动车的衔接与换乘　在市区边缘轨道交通换乘车站，一般均设计或预留了较大面积的机动车停车场，鼓励小汽车用户停车换乘城市轨道交通，促使个体交通向公共交通转化。这类停车场一般应布置在联系中心城区和外围城区的主要道路一侧或高等级道路出入口处，这样容易被乘客接受。在城区，由于停车场地十分有限，相应的停车费用也比较高，因此很少设计大面积机动车停车场。

（2）与自行车的衔接与换乘　自行车交通具有以下特点：自主灵活，准时可靠；连续便捷，可达性好；用户费用低廉，运行经济；节能特性显著，环境效益好。因此，自行车交通仍是重要的交通方式之一。调查表明，自行车的换乘客流来源一般在距车站500～2000m的范围内，因此，在居民区和市区主要交叉口的车站均应设置一定规模的自行车停车场地。自行车交通衔接主要应侧重在城市中心区、边缘地区、郊区和市区生活性道路附近的轨道交通站点设置自行车停车场，为自行车换乘轨道交通提供方便。

对国外先进的换乘系统进行分析和研究，对我国轨道交通的建设和发展有很好的借鉴和启发作用。在国外，地铁车站的附近有常规公交为其接运乘客，地铁的出口与过街通道连在一起，这些措施既缓解了地面交通的压力，又方便了人们的出行。

6. 线路敷设方式

城市轨道线路敷设方式有地下线、地面线和高架线3种。

地下线一般选择在城市中心繁华地区，是对城市环境影响最小的一种线路敷设方式。

地面线是造价最低的一种敷设方式，一般敷设在有条件的城市道路或郊区。

高架线是介于地面线和地下线之间的一种线路，既保持了专用道的形式，占地较少，又对城市交通干扰较小。

二、城市轨道交通车站站点设置

车站站点的选址要满足城市规划、城市交通规划及轨道交通路网规划的要求，并综合考虑该地区的地下管线、工程地质、水文地质条件、地面建筑物的拆迁及改造的可能性等情况。

为方便乘客乘车，车站的位置设计应与城市其他路网规划相配合。车站是乘客办理各种乘车手续并完成乘降的主要场所。为了满足各种客流方便快捷的需要，车站位置一般都设置在市区居民集中区、沿城市主要交通干道的路口、商业繁华地段以及主要工业区等人流集中的地点。

1. 车站站点的设置原则

根据国家有关技术规范，城市轨道交通车站站间距在城市中心区和居民稠密地区宜为1km，在城市外围应根据情况适当加大车站间的距离，一般宜为2km。为吸引周边500m步行范围的客流，也可通过设置接驳常规公交的方式以吸引更大范围的客流，因此，站点的设置应依据以下原则：

1）应尽可能靠近大型客流集散点，能满足远期客流集散量和运营管理的需要，具有良好的外部环境条件，最大限度地吸引乘客，为乘客提供方便的乘车条件。

2）根据轨道交通路网及城市道路网的状况，应在城市交通枢纽、地铁线路之间与其他轨道交会处设置车站，使之与道路网及公共交通网密切结合，为乘客创造良好的换乘条件。

3）应与城市建设密切结合，充分考虑城市地貌及建筑物布局，与旧城房屋改造和新区土地开发结合。

4）尽量避开地质不良地段，尽可能减少对周围环境的干扰。

5）兼顾各车站间距离的均匀性。

6）车站的设计应尽可能地与物业开发相结合，使土地被充分利用，达到最经济的效果。

2. 车站站点设置对市民出行时间的影响

车站数目的多少，直接影响市民乘地铁的出行时间。车站多，市民步行到站距离短，节省步行时间，可以增加短程乘客的吸引量；车站少，则增加了市民步行到站距离，但提高了交通速度，减少了乘客乘车的时间，可以增加线路两端乘客的吸引量。市民出行对交通工具的选择，快捷省时排在第一位，如芝加哥市滨湖线的不同站间距比较结果是大站距（1.6km）比小站距（0.8km）多吸引客流量3%。

3. 车站站点位置

根据车站与地面道路及其他建筑物之间的位置关系，城市轨道交通车站位置大致可分为以下几种：

（1）跨路口站位（图1-3）　这种站位便于各个方向的乘客进入车站，减少了路口人流与车流的交叉干扰，而且与地面公交线路有良好的衔接，在有条件时应优先选用。

（2）**偏路口站位**（图1-4） 这种站位偏路口一侧设置，施工时可减少对城市地面交通以及对地下管线的影响；高架时，较容易与城市景观相协调。不过，其缺点是在路口客流较大时，容易使车站两端客流不均衡，影响车站的使用功能。一般在高架线或路口施工难度较大时采用偏路口站位。

图1-3 跨路口站位

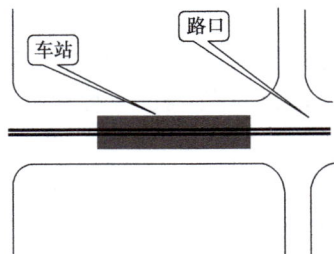

图1-4 偏路口站位

（3）**位于道路红线以外站位** 这种站位一般设在综合交通枢纽中心，典型的有：设于火车站站前广场或站房下，以便客流换乘；与城市其他建筑同步施工，和新开发建筑物相结合；结合城市交通规划，建设城市综合交通枢纽等，如北京南站、北京西站、上海虹桥站等大型交通换乘枢纽站。

📝 项目实施 ⚙

1）练习设计某一个城市的轨道交通线路位置。

根据对以上理论知识和图例的学习，结合给定的城市交通示意图及其他参考示意图，合理设计城市轨道交通线路位置图。

2）练习设计某一个城市轨道交通线路车站的位置。

根据对以上理论知识和图例的学习，结合第一项城市轨道线路位置的设计图，进一步设计每条线路上各车站位置图。

3）分组设计，然后互换进行评价，取长补短，开拓完善设计思路。

4）分析各种设计对客流的影响。

✏ 拓展与提高 ⚙

进一步收集各典型城市的交通示意图等相关图例，运用所学知识进行设计分析，从而为客流分析打下良好的基础。

🔺 实践训练 ⚙

有条件的学校可组织学生现场参观比较典型的城市轨道线路车站位置设计，观察车站位置设计对客流的影响。

项目二

城市轨道交通车站导流设备设施及运用

知识要点

1. 城市轨道交通车站的类型。
2. 城市轨道交通车站的规模。
3. 城市轨道交通车站导流设备设施的构成。
4. 城市轨道交通车站出入口设置。
5. 城市轨道交通车站站内设施及布局。
6. 车站自动扶梯日常操作及常见问题处理。
7. 车站站台门系统。
8. 城市轨道交通车站其他建筑及设施。
9. 列车设备设施。

项目任务

1. 根据给定设备设施，让学员设计出合理的布局。重点考虑如何优化乘客的乘车流程从而达到最大限度的便捷化。
2. 能自己设计出合理的设备设施及布局。重点考虑如何提高现代化设备设施的服务功能。
3. 论述车站设备设施的设计对客流组织的影响。
4. 处理自动扶梯和站台门简单故障。

项目准备

准备车站直接服务乘客的相关设备设施模型，如车厢、站台、通道设备、闸机、售票机等。

由于教材版面的局限性，对本项目的学习需要准备大量的设备设施图片来帮助学生理解相关知识，尤其是没有体验或没有见过城市轨道交通车站的学员。

对本项目的学习宜采用多媒体课件演示，让学员在观看演示中理解相关的理论知识，增强教学效果。如有视频资料教学效果更好。

相关理论知识

一、城市轨道交通车站的类型

1. 按照车站修建位置分类

(1) 高架车站 高架车站为车站主体建筑和设备设施设置在立体高架建筑上的车站。大部分城市轻轨车站为高架车站，如图2-1所示。

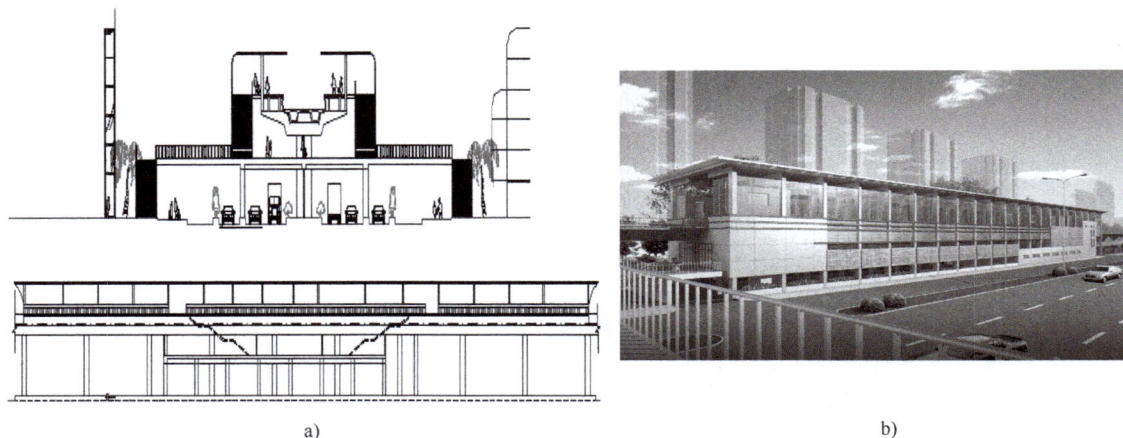

a)

b)

图 2-1 高架车站
a) 示意图 b) 效果图

(2) 地下车站 地下车站为车站主体建筑和设备设施设置在地下的车站。根据地下车站的深度又可分为浅埋车站和深埋车站。大部分地铁车站为地下车站，地下车站一般为地面出入口、中间站厅和地下站台的2层或3层结构形式，出入口通道数量不得少于2个。

(3) 地面车站 地面车站为车站主体建筑和设备设施设置在地面的车站。城市轨道不论是地铁还是轻轨，基本上都设有地面车站，地面车站实景图如图2-2所示。地面车站一般分单层、双层或结合周围环境进行开发的多层车站，其形式主要根据功能要求和环境特点来确定。地面车站主要能解决乘客及行人穿越道路时的干扰以及安全问题，乘

图 2-2 地面车站实景图

客进出站流线应尽可能简捷，以缩小站房面积，降低车站造价。

2. 按其在线路的修建位置和担负的运营功能不同分类

(1) 端点站（始发站和终点站） 端点站一般设置在线路两端。除具有供乘客乘降的基本功能之外，端点站还可供列车折返、停车检修之用。大部分端点站兼备折返站作用，站内

设有折返线、渡线、存车线和其他列车折返需要的设备，供列车折返或运行调整。部分端点站兼备区域站作用，设在两条相互衔接的线路端点，如北京地铁1号线与八通线衔接的四惠东站、9号线与房山线衔接的郭公庄站等。

（2）**中间站**　中间站一般只供乘客乘降之用，但有些中间站还设有折返线、渡线和存车线等，可供列车折返和进行列车运行调整。一般城市轨道车站大多属于中间站。

（3）**换乘站**　换乘站一般设置在两条及两条以上的城市轨道线路交叉点。除具有供乘客乘降的基本功能之外，其最大的特点是乘客可从一条线路换乘到另一条线路，在最大限度上节省了乘客出站、进站及排队购票的时间，为乘客换乘提供方便。换乘站有平面换乘站和立体换乘站之分，一般为立体换乘站，如图2-3所示。

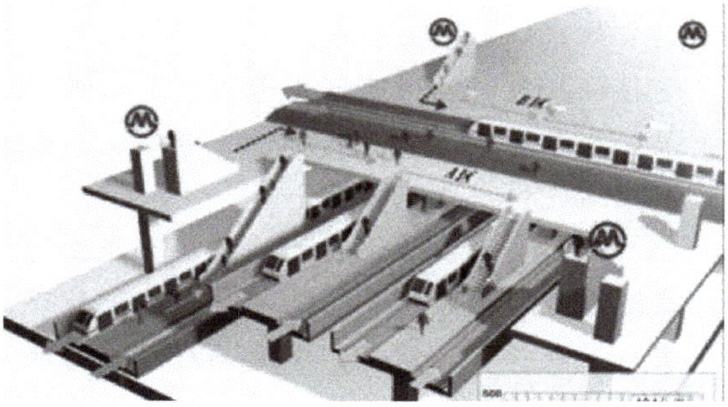

图2-3　立体换乘站

（4）**大型换乘中心站**　大型换乘站一般设在各种交通工具集中换乘的地点。对于综合的大型换乘枢纽站，为方便乘客的换乘，可考虑采用高架或地下立体方式与其他交通工具乘客乘降点加以连通。

相关知识链接

深圳福田综合交通换乘枢纽

深圳福田综合交通换乘枢纽（图2-4）是集城轨交通、长途公交、市内公交等多个交通工具为一体的大型换乘枢纽中心。其地上部分五层，其中地上一层设有长途售票厅、长途候车厅、长途上客区、长途停车区及公交上下客区，地下一层设有换乘大厅、地铁换乘区、长途下客区、公交停车区、出租车上下客区、公交上下客区，地下三层设有出租车辆、社会车辆停车区，地上二层设有长途候车厅、长途上客区、长途停车区等，各层之间设有多个上下通道进行连接。另外，作为城市建筑的一部分，综合交通换乘枢纽建筑造型应大方、美观，并能表现城市的建筑风格和地理环境等特点。

图2-4　深圳福田综合交通换乘枢纽

深圳地铁2号线、3号线、11号线均在此设站。福田综合交通换乘枢纽以广深港客运专线福田站为核心，与配套的公交车站、出租车停靠站、社会车辆停靠站等共同组成，建筑面积约8万 m^2 ，总造价约30.5亿元。

深圳地铁2号线为深圳市东南向的轨道交通干线；3号线连接龙岗与市中心区；11号线与穗莞城际线相连接，同时承担机场快线功能，从福田站到机场运行时间约25min。

3号线福田站位于民田路与深南大道相交处，为地下三层侧式站台车站，总长198m，宽25m。这座立体式的交通枢纽，地下共分三层。最下面一层就是广深港客运专线"D"字头动车组所运行的轨道，共设8线4站台。地下二层则与城市轨道交通接驳，包括轨道交通1号线、2号线、3号线、4号线、穗莞深城际线等。地下一层是广深港客运专线与地铁2号线、3号线、11号线共用的换乘大厅，购票、检票等都在这里完成。

为了实现快速便捷的换乘，在枢纽范围内设置了两处公交车站，一处位于广深港客运专线福田站西侧、深南大道南侧地下，车辆出入口设置在深南大道辅道上，并利用自动扶梯与地铁及广深港站厅层进行联系；另一处位于广深港客运专线福田站东南角，为港湾式公交停靠站。同时，在山南大道南、北两侧各设置一处出租车及社会车辆停靠站。

3. 按其规模的大小分类

（1）**大型车站**　高峰每小时客流量达3万人次以上为大型车站。

（2）**中等车站**　高峰每小时客流量在2万~3万人次为中等车站。

（3）**小车站**　高峰每小时客流量在2万人次以下为小车站。

4. 按站台与线路的关系分类

（1）**岛式车站**　站台为岛式站台、便于乘客换乘其他车次的车站称为岛式车站。岛式车站需要两条单线和两个隧道。这种布线方式在城市地下工况复杂的情况下具有较大的灵活性。岛式车站是国内最常用的一种车站形式。

岛式车站空间利用率高，可以有效利用站台面积调剂客流，方便乘客使用，站厅及出入口也可灵活安排，与建筑物结合或满足不同乘客的需要。其缺点是车站规模一般较大，不易压缩，岛式车站如图2-5所示。

（2）**侧式车站**　站台分别位于两条线路的两侧、不利于乘客换乘其他车次的车站称为侧式车站。侧式车站轨道布置集中，有利于区间采用大的隧道或双隧道双线穿行，

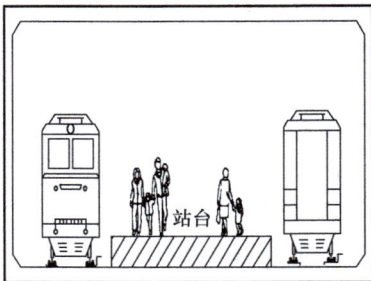

图2-5　岛式车站

具有一定的经济性。在城市地下工况复杂的情况下，大隧道双线穿行反而缺乏灵活性。侧式车站多设于城市轨道交通地面车站。

侧式站台不如岛式站台利用率高，对乘客换方向乘车也造成不便，但由于站台设置在线路两侧，售检票区可以灵活地设置，车站两侧也可结合空间开发、统一利用，其设置单层车站的条件也优于岛式车站，侧式车站如图2-6所示。

（3）**岛侧混合式站台车站**　有些城市轨道车站根据其功能需要，可将站台设置为一岛

图 2-6　侧式车站
a）示意图　b）效果图

一侧或一岛两侧等形式，岛侧混合式站台平面图如图 2-7 所示。

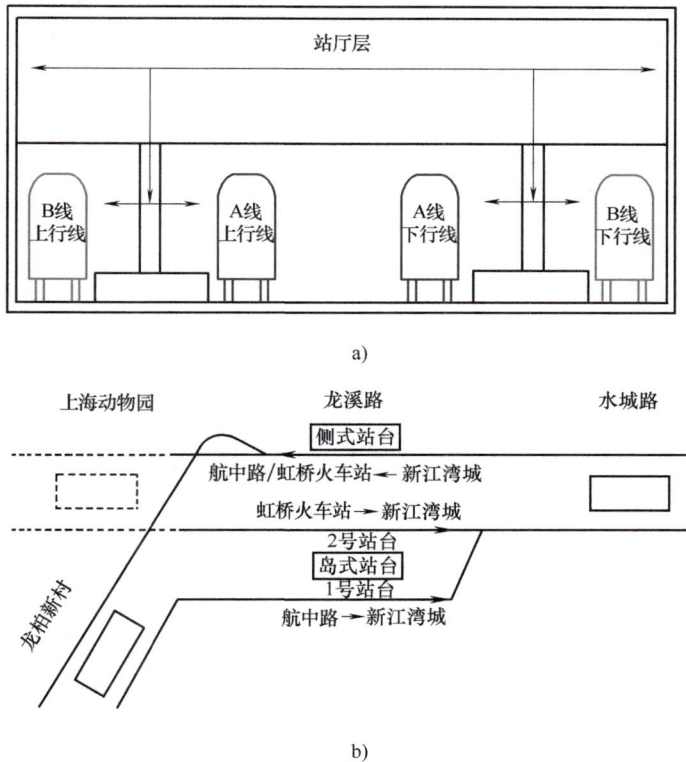

a)

b)

图 2-7　岛侧混合式站台平面图
a）横面示意图　b）上海龙溪路车站平面图

二、城市轨道交通车站的规模

城市轨道交通车站的规模直接决定着车站的外形尺寸及整个车站的建筑面积、集散量和设备配备量等，因此其规模的设计对城市交通的发展影响较大，应该科学合理地结合城市交通发展规划确定其具体规模的大小。

城市轨道交通车站的规模主要是根据车站设计客流量确定的，一般可以参照日均乘降客流量和高峰小时客流乘降量来综合确定。

地铁车站规模主要根据车站远期预测客流以及所处位置来确定，一般可分为以下3级：

1）A级——适用于客流量大、地处大型客流集散点以及地理位置十分重要的车站。

2）B级——适用于客流量较大、地处市中心或较大居住区的车站。

3）C级——适用于客流量较小、地处郊区的各站。

各城市轨道交通系统对车站级别的定义不完全一致。有特大客流的车站规模等级可为特大型（或特级）站。

三、城市轨道交通车站建筑设施的构成

车站是轨道交通系统最重要的现代建筑类型，它们除了提供乘客上下车以外，还具有一系列功能，如综合型大站还具有购物、休闲等功能。车站出入口外观设计也是城市景观的一部分，因此车站建筑设施设计要贯彻以人为本的思想，解决好各种设施设置问题，如办理乘车手续设施、通风设施、照明设施、卫生设施等问题，给乘客提供安全、快捷和舒适的乘降环境。

1. 车站建筑设施的总体构成

大型城市轨道交通车站建筑设施主要由出入口及通道、车站主体、通风道及风亭（地下轨道站）、其他附属建筑构成，如图2-8所示。

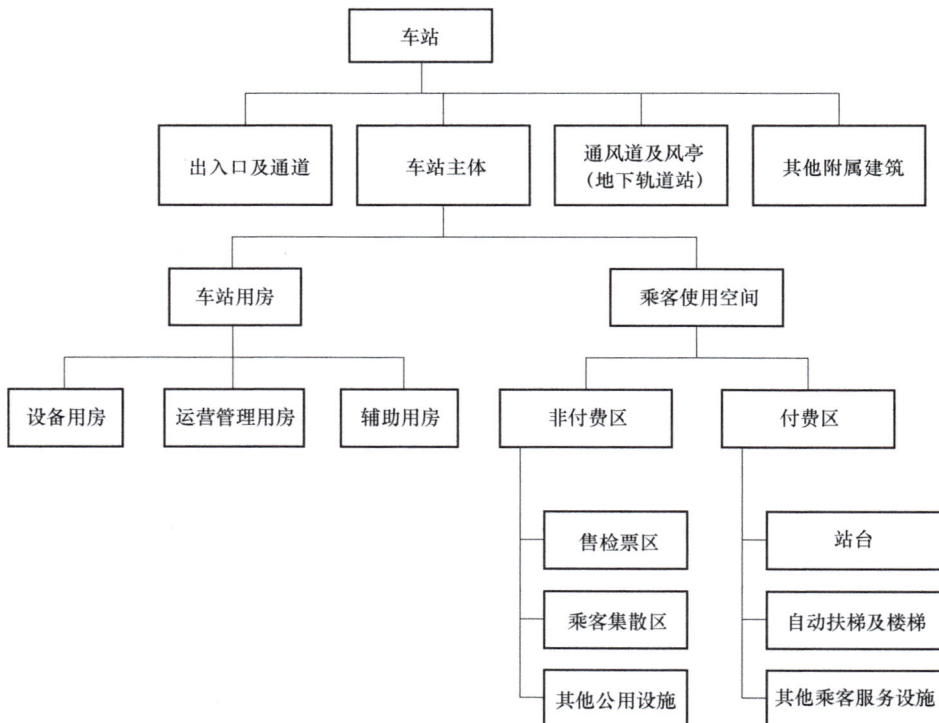

图2-8　车站建筑设施构成

车站主体根据功能不同可分为两大部分：

（1）**乘客使用空间**　乘客使用空间又可分为非付费区和付费区。付费区是指乘客检票后进入的车站区域，非付费区是指乘客进入闸机前和已出闸机后的公共区域。

非付费区的最小面积一般可以参照能容纳高峰小时客流量5min内聚集的客流量的水平来推算。

对于一般的城市车站来说，通常非付费区的面积应略大于付费区。

（2）**车站用房**　车站用房包括设备用房、运营管理用房和辅助用房。

2. 影响车站建筑设施构成的主要因素

影响车站建筑设施构成的主要因素是车站的使用功能需要，具体如下：

（1）**以换乘为主要功能的车站**　这种车站主要考虑乘客的换乘条件，以尽可能减少换乘距离为主要因素进行设计，并留有足够的换乘能力。

（2）**接驳大型客流集散点的车站**　这种车站要考虑突发性客流特点，留有足够的乘客集散空间，并创造快捷的进出站条件。

（3）**有列车折返运行需要的车站**　这种车站以列车在车站的运营能力为主，考虑车站配线设置以及由此带来的车站站位及平面布局的变化。

（4）**有与建筑物开发相结合要求的车站**　这种车站应考虑结构的统一性，并分清各种客流的流向，要使进出站客流有独立的通道，并尽量减少与其他客流的交叉干扰。

（5）**有其他特殊功能需要的车站**　这种车站包括远期需进一步延伸的起点站、与其他交通系统的联运站等，应考虑留有后续延伸的余地。

3. 车站建筑设施的设计要求

车站建筑设施的设计应满足以下要求：

（1）车站的设计应简洁、明快、大方、易于识别，并应体现现代交通建筑的特点，同时还应与周围的城市景观相协调。

（2）车站设计应能满足设计远期客流集散量和运营管理的需要，应具有良好的外部环境条件，最大限度地吸引乘客。

（3）车站应在满足使用功能的前提下，尽量缩小建筑空间，使其规模、投资达到最合理。

（4）城市轨道交通的地下工程应兼顾人防要求。

四、城市轨道交通车站出入口的设置

车站出入口应设置于道路两边红线以外或城市广场周边，需具有标志性或可识别性，以利于吸引客流、方便乘客。有条件的出入口应考虑地面人行过街的功能。出入口规模应满足远期预测客流量的通过能力，并考虑与其他交通的换乘和接驳大型公共建筑所引起的客流量。

地铁进站
引导标识

车站出入口是车站的门户，除了功能设计需要科学先进外，还需要具备美观大方等艺术特点。出入口是地面客流与城市轨道车站的衔接口，也是城市轨道管理辖区的分界点。《城市轨道交通客运组织与服务管理办法》（交运规〔2019〕15号）中规定，运营单位应与出入口属地，连通的物业、商铺、客运枢纽等相关单位明确车站管辖界线和安全管理责任。车站管辖范围一般以出入口建筑垂直投影线、楼梯台阶、进出口闸机围栏等为界。出入口一般

都设有一定数量和类别的导向标志引导乘客的出入。另外，根据《城市轨道交通运营技术规范》（GB/T 38707—2020）的规定，车站出入口与相邻地块内机动车出入口的距离不应小于15m，与机动车停车场（库）出入口的距离应不小于30m。车站出入口的口部应设防护安保门。兼做城市过街通道且夜间必须开放的出入口，其站厅应设置夜间停运时的隔离设施和客流控制设施。车站出入口的选定一般考虑以下因素：

1）单独设置的车站出入口一般选在城市道路两侧、交叉口及有大量人流的广场附近。

2）地面出入口的位置应符合当地城市规划部门的规划要求，一般设在建筑红线以内，不应妨碍行人通行。

3）每个出入口设置都要考虑城市人流流向，不宜设在城市人流的主要集散处，以免发生堵塞。

4）出入口应设在较明显的位置，便于识别，图2-9所示为深圳地铁标志，它设在高处醒目位置。

图2-9　深圳地铁标志

5）车站出入口不应设在易燃、易爆、有污染源并挥发有害物质的建筑物附近，与上述建筑物之间的防火安全距离应符合有关规定。

6）应尽可能创造条件使车站出入口、风亭与周围建筑物相结合，尽可能减少用地和拆迁。

7）车站出入口应尽可能与城市过街地道、天桥、地下广场相结合，以方便乘客出入乘车，同时也可起到节约投资的作用，成都地铁春熙站双地铁出入口效果图如图2-10所示。

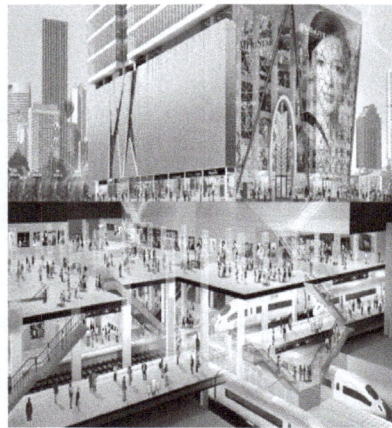

图2-10　成都地铁春熙站双地铁出入口效果图（位于银石广场内）

8）出入口宜分散均匀布置，以便最大限度地吸引乘客。

　　如果地铁车站设在地面街道十字路口下方，地铁出入口应分别设在十字路口的四个角。如果地铁车站设在两条以上道路交叉口下方，为了避免乘客和行人横穿马路，一般应在各个角都设置出入口，如香港地铁的车站出入口最多可达十几个。如果车站位置在社区附近，则出入口位置应尽量设在靠近社区出入口处，最大限度方便居民乘车。如果地铁车站设在大型购物休闲地带，则车站出入口应设在与购物休闲出入口最近的地点，有些出入口可直接设在购物中心的一楼或地下一层，这样能极大地方便乘客，减少地面露天行走距离，以便更多地吸纳地面客流。图 2-11 所示为南京新街口地铁站出入口设计示意图，其共设计有 24 个出入口，大部分出入口与附近的大型商贸中心邻近或衔接互通。

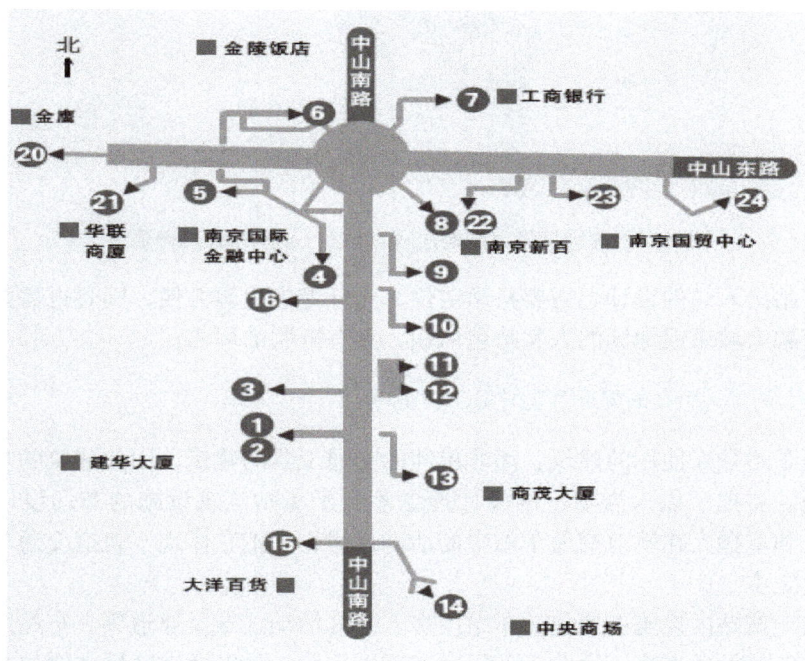

图 2-11　南京新街口地铁站出入口设计示意图

　　车站出入口的位置一方面要考虑到地下通道的顺畅，同时又不宜过长；另一方面也要考虑它能均匀地、尽量多地吸纳地面客流。车站出入口还要考虑客流疏散及防灾设计要求，出入口被视为"生命线"。《地铁设计规范》（GB 50157—2013）规定每个地铁车站人员出入口不得少于两个，且必须位于车站的两端。出入口的规模大小必须满足高峰时段客流集散的需要，保证人流有效流动。车站出入口也是车站与外界物理分隔处，因此必须设置安全隔离门（如卷帘门等），方便开关站时锁闭和开启，防止关站期间无关人员随便出入，对车站安全造成隐患。

　　出入口作为一个开放的空间，还必须设置防洪和防台风设施，避免地面积水涌入车站危及车站安全。因此，在出入口处宜设置平台，平台高度高于地面而且有一定长度。出入口的宽度应与相连通道宽度一致。

　　另外，车站出入口的设计还应考虑与周边物业接驳，尽量与地面交通车站、停车场靠近，形成较佳的换乘组合；也可独立设置，并承担部分过街客流。有条件的车站出入口一般都应设置无障碍通道，以方便残疾人、年老体弱人群和幼儿等特殊人群使用，图 2-12 所示为深圳世界之窗地铁站的 B 和 I 出入口无障碍通道。

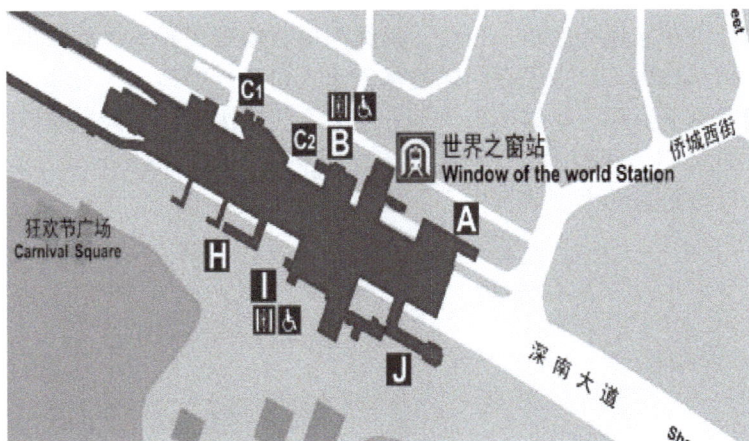

图 2-12　深圳世界之窗地铁站的 B 和 I 出入口无障碍通道

总之，车站出入口的设计也需要科学定位，充分考虑乘客方便，同时也需要考虑城市建筑的美观，应融入城市或地区的人文特色风貌，具有鲜明的标志。

五、城市轨道交通车站站内设施及布局

轨道交通车站是人使用的建筑，而非单纯的交通工具的建筑，因此建筑的空间也必须是人性化的空间。要把"以人为本"的设计理念落实于车站建筑设施的布局设计之中，就需要切实地分析和掌握人在轨道交通车站中的活动规律，并把它体现于轨道交通车站设施布局设计的各环节之中。

轨道交通车站站内设施主要包括车站用房、乘客活动区域及通道等。车站用房是主体结构的一部分，包括设备用房、运营管理用房和辅助用房。乘客活动区域主要包括为乘客进行服务的非付费区和付费区，非付费区有售检票区域、集散大厅及出入口通道等公用设施，付费区有站台、立柱、乘降通道及其他公用设施等。付费区与非付费区以闸机为界，按照乘客活动区域范围需要用不锈钢管材栏杆或钢化玻璃隔离带加以隔离（图 2-13）。

按照车站建筑的立体结构，车站设施可分为出入口至各立体层间联络通道、站厅层设施、站台层设施及其他设施，大型枢纽换乘站还包括换乘通道等。车站主要服务设施应包括自动扶梯、电梯、售票机、闸机、空调通风设施等。

车站服务设施与设备应便于乘客使用，并应配置醒目的导向标志和说明。车站的售检票、自动扶梯等服务设施及设备应保证乘客的安全，并应明确显示相关的使用说明或设置必要的咨询服务。相交运营线路之间的换乘宜采用付费区内换乘方式，并应设置明确的换乘导向标志。

（一）车站通道

车站通道是连接车站出入口和站厅或站内各层之间的纽带，主要由楼梯、自动扶梯、步行道及无障碍通道构成，如图 2-14 所示。

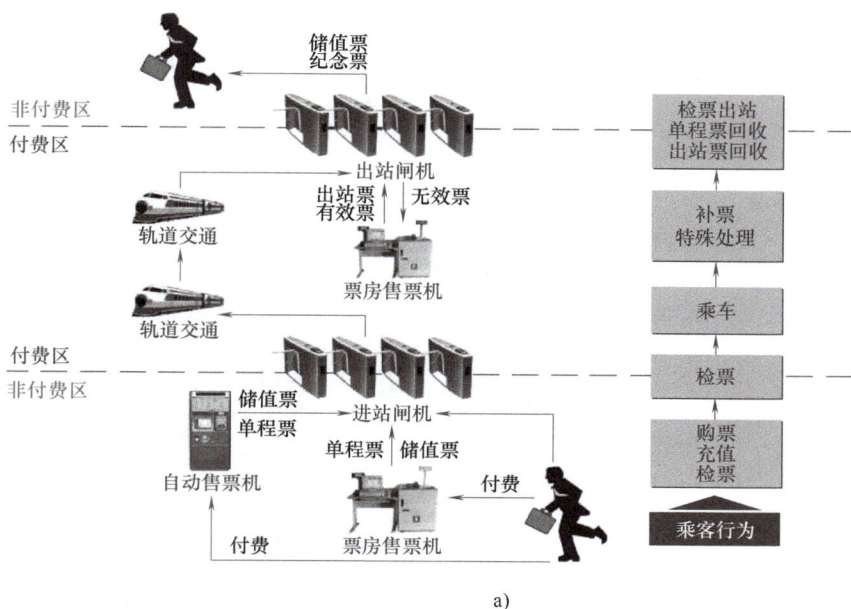

a)

b)

图 2-13 城市轨道车站付费区与非付费区

a）城市轨道车站付费区与非付费区示意图 b）城市轨道车站付费区与非付费区分界隔离实景图

1. 车站通道类型

车站通道按不同的连通方式主要分以下几种类型：

（1）结合连通型 这种通道将地铁车站出入口与周边物业的建筑物的地下空间完全结合，该出入口的乘客必须经连通部分才能进出地铁车站。一般以连通的建筑用地红线作为连通分界线。连通设施的运营管理及维护由地铁公司负责。

（2）通道连通型 这种通道在地铁出入口通道增设一个连通接口，使建筑物地下空间与地铁车站连通，地铁车站原设计出入口仍保留，该出入口通道的地铁乘客可选择是否经过连通部分进出地铁车站。一般以连通接口处的通道结构沉降缝作为连通分界线。连通设施的运营管理及维护由地铁公司负责。

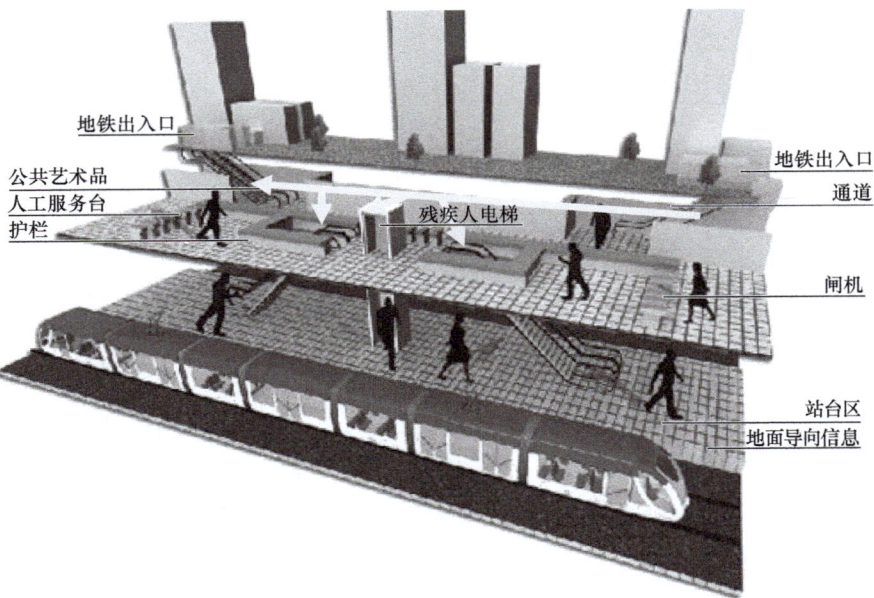

图 2-14　车站通道

（3）**无缝连通型**　这种通道通过将地铁车站站厅层与申请连通的建筑物地下空间结合的方式连通，形成整体空间。该通道一般以连通面作为分界线。连通设施的运营管理及维护由申请人负责。

车站公共区应按客流需要设置足够宽度的、直达地面的人行通道，出入口的布置应综合考虑城市道路、周围建筑、公交的规划等因素，通道和出入口不应有影响乘客紧急疏散的障碍物。

（4）**换乘通道**　车站换乘通道主要是指乘客在轨道交通枢纽换乘站内各条线路间换乘或与其他交通之间换乘时在站内需要经过的通道。

车站内换乘通道如同一座桥梁将不同交通方式连接起来，出行者可以利用换乘通道，从一线转入另一线，或从一种交通方式转向另一种交通方式，完成出行过程。因此，换乘通道的合理布设是减少换乘时间的关键之一。

换乘通道的长度需要根据车站预测客流高峰期换乘客流的大小来确定。一般大城市人口过多，交通压力大，早晚高峰的时候地铁车站容易出现拥挤现象，特别是换乘站。所以地铁换乘站的换乘通道比较长，这样可以缓解客流高峰期的拥挤状况，为高峰期的换乘客流组织创造良好的设施条件。但换乘通道过长又会增加乘客站内走行时间，因此，站内换乘通道需要考虑多方因素进行科学设计。

2. 车站通道的设计原则

1）车站出入口与站厅相连的通道，长度不宜超过 100m，超过时应采取能满足消防疏散要求的措施。各部位的通过能力，应满足远期客流的需要。

2）地下出入口通道力求短、直，通道的弯折不宜超过三处，弯折角度宜大于 90°。

3）设置必要的照明和通风设施，在通道内设置广告时，应注意内容简洁明快，以画面为主，避免过多文字内容导致乘客长时间驻足观看影响客流通行。

4）设置排水沟，以处理雨水或墙体渗水等。

5）通道内宜安装一定数量的摄像头，便于工作人员掌握客流通行情况，并设一定数量和类别的导向标志引导乘客的出行。

不管是地下车站还是地上高架车站，一般从立体结构上分为三层或两层，大型换乘枢纽站分层更多，所以每层之间的联系通道设计也将直接影响到站内乘客流线的组织。通道的设计应以乘客流动的路线为主要考虑依据，遵循两个原则，即：减少进出站乘客流线的交叉和最大限度缩短乘客从出入口到站台的走行距离。

3. 楼梯

有些车站从出入口到立体一层的通道为步行楼梯，进站客流和出站客流混用，没有严格划分区域，这样当客流较大时就容易产生进出站客流对流的情形，对客流组织不利。有些车站既有步行楼梯也有自动扶梯，自动扶梯有效地将进出站客流分开，可以避免对流或拥挤。在人流量大的车站，一般在步行楼梯中央设置栏杆，可以有效地将进出站客流引导分开，例如北京西直门地铁站出入口，人流疏解护栏一直延伸到地面街道数十米。

车站立体一层到立体二层之间的通道应按照进出站客流流线设计，严格分流，以免客流过量或产生紧急情况时进出站客流因对流而产生事故。闸机的状态设置以及导向标志都应配合通道的设计。

4. 电梯

电梯是垂直电梯、倾斜方向运行的自动扶梯（图2-15）、倾斜或水平方向运行的自动挪动人行道的总称。

（1）自动扶梯　车站出入口若不受提升高度的限制，应设置上、下行自动扶梯。

当发生火灾时，车站的自动扶梯须停止运行，作为固定楼梯来疏散乘客。车站人员应引导乘客正确搭载自动扶梯，对乘客不正确使用自动扶梯的行为应及时制止，以免发生危险。若自动扶梯运行时突然加减速，有异常声音或振动时，应阻止乘客继续搭乘，待无人后停止运行，并通知专业人员检修。

图2-15　通往站台的自动扶梯

自动扶梯一般在扶梯的右下侧设有"紧急停止按钮"（高差较大的自动扶梯在扶梯的中部也设有"紧急停止按钮"），一旦在自动扶梯运行中发生乘客失足摔倒或其他紧急情况时，应立即按下"紧急停止按钮"，使自动扶梯停止运行，并采取相应的救护措施。

（2）垂直电梯　车站垂直电梯设置在出入口、站厅层和站台层，一般是给有需要的人士使用，如伤残人士、携带大件行李的乘客或其他有特殊情况的人员。

（3）车站自动扶梯与电梯管理　车站自动扶梯与电梯在运营期间内，应处于正常的运转状态，日常开启与关闭由车站值班人员统一操作管理。自动扶梯与电梯的运转方向可根据不同时段客流的流向需求，由车站值班人员负责控制和管理。当发生火灾时，电梯应立即停止使用，自动扶梯应停止或向疏散客流方向开启运行。

《城市轨道交通客运组织与服务管理办法》（交运规〔2019〕15号）中规定，自动扶梯和电梯运行时间应当与车站运营时间同步。自动扶梯发生故障时，应立即停止使用，在自动扶梯出入口放置安全护栏、警示标志等，引导乘客使用其他自动扶梯或者楼梯。电梯发生故障时，应立即停止使用，在电梯口放置安全护栏、警示标志等。有乘客被困时，应安抚乘客并及时采取救援措施。

5. 车站无障碍通道（图2-16）

根据《城市轨道交通客运服务》（GB/T 22486—2008）第4.1.4条规定，服务组织应向残障等特殊乘客提供相应的服务。

无障碍通道设计要突出交通服务"以人为本"的定位，针对地铁车站设置的位置不同，可采取三种不同的设计方法：第一种设计方法为车站位于道路地面以下、出入口位于道路的两侧时，残疾人乘坐的轮椅应能通过在楼梯旁设置的轮椅升降台下到站厅层，然后再经设置于站厅的垂直升降梯下达到站台；为盲人设置盲道时，应从电梯门口铺设盲道通至车厢门口。第二种设计方法为车站建于地下、车站的垂直升降梯可直接升至地面时，应在地面直接设有残疾人出入口，以方便残疾人使用。第三种设计方法要求盲道的铺设必须连贯，在站台层，上行和下行两个方向都需要铺设，但一般只需自站台中心处的车厢门铺设至垂直升降梯的门口。

图2-16 车站无障碍通道
a）街道出入口 b）站厅出入口 c）无障碍检票通道 d）站台出入口

e)

f)

g)

h)

图 2-16　车站无障碍通道（续）
e）站台无障碍通道（盲道至车门口）　f）站台无障碍通道（盲道延伸）
g）特殊时期列车无障碍专区　h）轮椅升降机供残疾人专用

相关知识链接

楼梯升降机

为确保无障碍通道，对不具备电梯安装条件的站点，地铁一般设置有楼梯升降机，大小正好可以放上一个轮椅。楼梯升降机一般放在地铁站出入口处，升降机旁边距地面约1m处设置呼叫按钮装置。有需要的乘客按下呼叫按钮就可以直接和车站控制室通话。届时根据情况车站将派专人到现场指导服务。

具体操作使用方法如下：按动按钮装置后，折叠着的平台就会自动放下来，升降机自动打开一面金属面板。待其平稳"落地"后，按动操作键沿着定制的轨道，轮椅车顺着楼梯扶手就能自如进出地铁，载人向下或向上移动。残疾朋友只需按动呼叫按钮告知需求，剩下的事情由站务员协助操作。乘客不能擅自启动带红色呼叫按钮的操作装置。残疾人使用楼梯升降机可载重120kg，运行速度为0.15m/s，非常平稳，如图2-17所示。

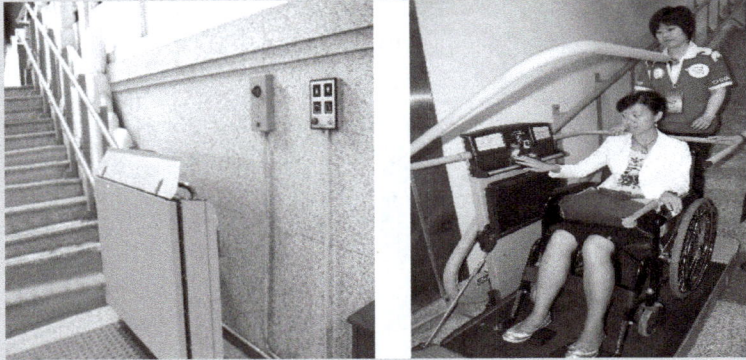

图2-17　残疾人使用楼梯升降机

比起一般的残疾人电梯，可折叠的升降平台占地少，尤其适合站台较小的地铁车站。而今，新建筑上也可安装这样的斜挂式楼梯无障碍升降平台。

（二）站厅及站台层设施布局

站厅是指车站内供乘客购票、检票、换乘的区域。站台是指车站内与线路相邻，供乘客上下列车的平台。

车站站厅及站台层设施主要包括车站用房、通道、乘客活动区域及其他附属服务设施。

在城市轨道交通系统中存在一些供乘客使用或操作的设备，这些设备一是要醒目，便于识别；二是安放的位置要考虑到乘客操作的便利性，方便乘客使用；三是这些设备应当满足"故障——安全"原则，在乘客误操作的情况下，能自动导向安全方面，减轻甚至避免损失，并应避免危及乘客安全的情况发生。

车辆、车站及相应设施，应符合乘轮椅者、拄盲杖者及使用助行器者的通行与使用要求。

1. 车站站厅及站台层设施布局应遵循的原则

（1）站厅层布置　站厅层布置应分区明确，依据站内结构及设施配置情况对客流进行合理的组织，避免和减少进出站客流的交叉，合理布置管理、设备用房，应满足各系统的工艺要求。

（2）站台层布置　站台层布置需以车站上下行远期超高峰小时设计客流量来计算站台宽度，根据线路走向及换乘要求确定站台形式。根据车站需要布置设备或管理用房区。

（3）车站出入口布置　车站出入口应设置于道路两边红线以外或城市广场周边，需具有标志性或可识别性，以利于吸引客流，方便乘客。

一般情况下站厅层的净高不应小于4m，安装及装修后的高度也不应小于3m，从站台到顶部的净高应为4.1～4.3m，装修后的高度不应低于3m，站台的高度与轨道设施及车辆地板高度应配套，保证乘客乘降时最好平进平出。

2. 站厅层布局

站厅的作用是将从车站出入口进入的乘客迅速、安全、方便地引导至站台乘车，或将下车的乘客同样引导至车站出入口离开车站。对乘客来说，站厅是上、下车的过渡空间，乘客一般要在站厅内办理购票、检票等手续，因此，站厅内需要设置售票、安检、检票、问讯等为乘客服务的各种设施。同时，站厅层内设有地铁运营设备、管理用房和乘降通道设备，起到组织和分配客流的作用。

（1）**站厅与站台的位置关系**　站厅层设施布局与站厅在车站的设置位置有关，设施布局的合理与否直接影响站内客流的组织工作。站厅与站台的位置关系大致分如图 2-18 所示的几种。

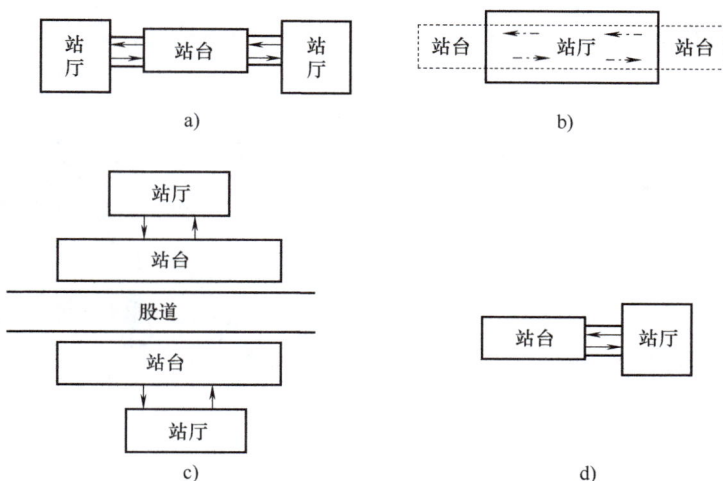

图 2-18　站厅与站台的位置关系示意图

a）站厅位于站台两端的上层或下层　b）站厅位于站台上层

c）站厅位于站台两侧　d）站厅位于站台的一端

换乘枢纽站的站厅主要设置换乘通道，大部分车站换乘时不需要办理其他乘车手续，因此主要设施为导向设施。

无论站厅与站台的位置关系如何，每个站厅担负的功能基本一致，即办理进站和出站客流的乘车相关作业。站厅的面积主要由远期车站预测的客流量大小和车站的重要程度决定，目前还没有固定的计算方法，一般根据经验和类比分析确定。

（2）**站厅层设施布局**　根据站厅层的功能需要，可划分为公共区和设备区。

公共区是乘客集散的区域，可以划分为付费区和非付费区。进站乘客在非付费区完成购票后通过检票设备进入付费区，到站台乘车；出站乘客通过检票设备后进到非付费区后出站。

客流通道口主要位于站厅层的公共区，大部分分左右两侧布置，有利于地面道路两侧出入口的均匀布置。根据地铁设计规范，通道口最小宽度不能小于 2.4m。

非付费区是乘客购票并正式进入车站前的活动区域。根据《城市轨道交通运营技术规范》（GB/T 38707—2020）的规定，车站非付费区的空间应满足自动售检票机等服务设施的

23

布置条件，并根据客流流线预留设置安检设施的空间及安检时的蓄客空间。它一般应有较宽敞的空间，站厅非付费区设置售票、咨询、安检、商业、公用电话、银行自动取款机等设施（图2-19），可为乘客提供售票、咨询、商业等服务。但是设置广告、商业设施应符合《城市轨道交通运营管理规定》（交通运输部令2018年第8号）的规定，即不得影响正常运营，不得影响导向、提示、警示、运营服务等标识识别、设施设备使用和检修，不得挤占出入口、通道、应急疏散设施空间和防火间距。售票机位置的设置应考虑尽量减少客流的交叉干扰，并应具有较宽敞的购票空间。根据《城市轨道交通客运组织与服务管理办法》（交运规〔2019〕15号）的规定，每个售票点正常运行的自动售票机不应少于2台，每组进、出站自动检票机群正常使用的通道均不应少于2个。自动售票机、自动检票机发生故障时，应设置故障提示。自动售票机大面积故障时，应增加人工售票窗口。自动检票机大面积故障时，应采取人工检票、免检等方式，引导乘客有序进出站。紧急疏散时，自动检票机阻挡装置应全部处于释放状态。

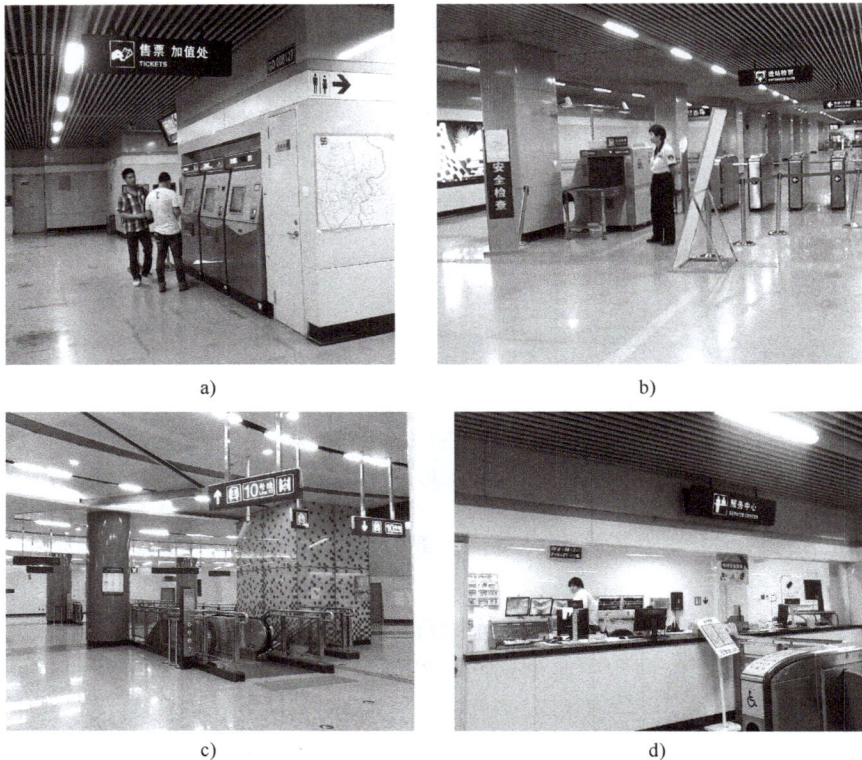

a)

b)

c)

d)

图2-19　车站站厅层非付费区设施设备

a）售票设备　b）安检及进站检票设备　c）站厅层通往站台层的通道口
d）站厅层出站检票及服务中心

付费区包括站厅、站台、楼梯、自动扶梯、导向标志和其他乘客服务设施。对于一般车站来说，通常非付费区的面积应略大于付费区。

乘客使用空间在车站建筑组成中占有很重要的位置，它是车站的主体部分。乘客使用空间的布置对决定车站类型、总平面布局、车站平面、结构横断面形式、功能是否合理、面积利用率、客流路线组织等都有较大的影响，而客流流线的合理性能够保证乘客方便、快捷地出入车站。

站厅层设备区主要设置在不影响乘客通行的位置（如站厅两端），同时应考虑方便工作人员。

3. 站台层布局

站台层主要是供列车停靠、乘客候车及乘降车的区域。站台一般应布置在平直线段上。

站台也分为公共区和设备区，一般两端为设备区，中间为公共区。设备区也设有设备用房和一些管理用房。

公共区的功能是供乘客上、下车和候车之用，主要有站台监控亭、乘客座椅、公用电话和紧急停车按钮等设备设施。

（1）**站台**

1）站台长度。车站站台的有效长度一般按远期车辆的编组长度加上允许的停车不准确的误差距离来决定。对于远期列车编组在 6～8 辆的轨道交通系统，站台长度一般在 130～180m。站台上各通道口沿站台纵向均匀设置，满足站台计算长度内任一点距离通道口不得大于 50m，其通过能力满足事故疏散时间不大于 6min 要求。

2）站台宽度。站台宽度与站台形式及规模相关，岛式站台与侧式站台宽度计算办法不同。站台宽度计算需综合考虑以车站上下行远期超高峰小时候车及上下车客流，并考虑站台上占据有效面积的柱子、楼扶梯、站台门（或安全护栏及设备）和管理用房等设施，得出满足最大客流需求的有效宽度。

3）站台高度。站台高度是指站台面至线路走行轨顶面的距离，其与车厢地板面和钢轨面距离有关。站台按高度可分为低站台和高站台两种。

当站台与车厢地板高度相同时称为高站台，一般适用于客流量较大、车站停车时间较短的车站。高站台对残疾人、老年人上下车也很有利，一般站台面至轨顶面 1100mm，考虑到车辆满载时弹簧的挠度，高站台的设计高度一般低于车厢地板面 50～100mm。

当站台比车厢地板低时称为低站台，适用于客流量不大的车站。

站台的设计要有排水措施。一般情况下，站台横断面应有 2% 的坡度，地下站可设 1% 的坡度。

4）轨道中心与站台边缘距离。根据车辆类型确定的建筑限界给定了从轨道中心到站台边缘的距离，实际设计时还要考虑大约 10mm 的施工误差。若轻轨车体宽度为 2.6m，则轨道中心线至站台边缘的距离可选定为 1.4m。

（2）**站台立柱**（图2-20）　站台立柱是站房建筑的一部分，根据车站规模的大小其设置数量也不尽相同。立柱位置不能占用乘客通道，应尽量避免遮挡乘客或工作人员视线，同时车站可以很好地利用立柱的表面积来完成其他功能，如悬挂宣传牌、导向标志、广告等。根据站台宽度不同，有的车站设置双排立柱，有的车站设置单排立柱。

（3）**站台门**（图2-21）　站台门是一项集建筑、机械、材料、电子和信息等学科于一体的高科技产品，使用于地铁站台。站台门将站台和列车运行区域隔开，通过控制系统控制其自动开启。从封闭形式上可将站台门分为闭式站台门和开式站台门两种。封闭式站台门通常才被人们称为"屏蔽门"，也是最常用的一种。开式站台门即安全门，有全高和半高两种形

a)

b)

c)

d)

图2-20　站台立柱

a）站台双排立柱　b）站台单排立柱　c）站厅层立柱　d）立柱导向标志

式。有些车站安装了电动安全栏杆。电动安全栏杆不仅造价低，而且安全性比较强。在车头控制箱的面板上有一个起动开关，电子安全栏杆由列车司机进行操控，列车司机确认电子门全部关闭后，列车才能起动。

除了保障了列车、乘客进出站时的绝对安全之外，地铁站台安装站台门还可以大幅度地减少列车司机的瞭望次数，减轻了列车司机的思想负担，并且能有效地减少空气对流造成的站台冷热气的流失，降低列车运行产生的噪声对车站的影响，提供舒适的候车环境，具有节能、安全、环保、美观等优点。

地铁站台门系统，使空调设备的冷负荷减少35%，环控机房的建筑面积减少50%，空调电耗降低了30%，有明显的节能效果。

地铁通风与空调系统应结合地铁的运输能力、当地的气候条件、人员舒适性要求和运行及管理费用等因素进行技术综合比较，作为确定车站是否设置站台门的依据。

4. 车站站内用房设置

各城市地铁运营公司对城市轨道车站用房的定义不尽相同。一般来讲，车站用房区域包括设备用房、运营管理用房和辅助用房等。根据客流的大小，在不影响客流集散的同时可以

a)

b)

c)

d)

图 2-21　站台门

a) 半高式站台门　b) 封闭式站台门　c) 开式安全门　d) 电动安全栏杆

设置商业用房。

（1）设备用房（图2-22）　站台层大部分为通道及乘客活动区域，设备区域应分布在不影响乘客活动的地方。

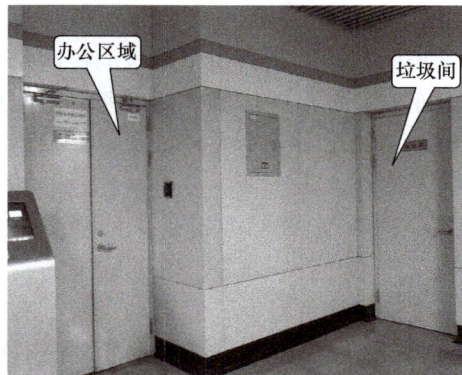
a)　　　　　　　　　　　　　　　　b)

图 2-22　车站设备用房

a) 车站环控室　b) 车站用房区域

　　设备用房是安置各类设备、进行设备日常维护及保养的场所，一般分为票务维修室、通信机械室、信号机械室、环控配电室、照明配电室、低压配电室、蓄电池室、环控机房、气瓶间、污水泵房、混合风室、风机房、电缆井、站台门控制室、电梯机房、变电所控制室、动力变压器室、变电所储藏室、变电所检修室、变电所整流变压室、金属封闭高压开关设备室、整流器柜及直流开关柜室等。

　　设备用房是整个车站运营的"心脏"，由于这些用房多用于摆放系统设备，与乘客没有直接关系，所以一般设置在远离乘客活动的区域，工作人员也不长时间停留。

　　(2) 管理用房　管理用房是车站工作人员的办公用房，包括车站控制室、站长室、站务室、会议室、票务室、行车（或信号）值班室、警务室（或公安保卫室）等。

　　1）车站控制室（图2-23）。车站控制室是车站运营和管理的中心，通常设在站厅层，地坪较高，便于对站厅层售票口、检票口、楼梯口和自动扶梯口等客流较多的部位进行监视。车站控制室内主要设备有：IBP 盘（综合后备盘，如图2-24 所示）、综合控制台（车站监控计算机）、防灾警告设备、各种通信联络电话、车站广播设备、事件报表打印机等。综合控制台可监控操作 ATS 信号系统、自动售检票系统（AFC）、环境与设备监控系统（BAS）、火灾自动报警系统（FAS）、乘客信息系统（PIS）、闭路电视（CCTV）系统、广播系统（PA）、通信集中警告系统、办公系统（OA）等多个子系统（注：ATS——信号系统的自动监控系统；OA——地铁办公自动化简称）。

图2-23　车站控制室

　　车站控制室是城市轨道车站级的控制指挥中心，是车站站务员工作的主要场所，由值班站长负责，一般设 24h 专人值班，遇突发事故及时向控制中心汇报。

　　2）票务室。车站票务室是车站票务工作的"心脏"，是现金、车票、票务物资的集散地。票务室的主要备品有：存放的现金、有值车票的保险柜以及票箱、票款箱、票务钥匙、点钞机、验钞机、点币机、便携式查询机、票务台账等。该用房也可作为车站人员进行票务结账、清点钱箱、结算报表等票务工作的场

图2-24　综合后备盘

所。为保证车票和票款的安全，票务室一般要安装防盗门和门禁系统，同时要安装具备录像功能的闭路电视监控器。票务室实行严格的准入制度，严格限制进入该房间人员的活动范围和进入的时间，房间需时刻保持锁闭状态。

3）客服中心（图2-25）。客服中心设置在站厅层付费区与非付费区之间，为乘客提供售票、兑零、充值及乘客事务处理服务。

4）临时票亭。临时票亭位置的摆放，一般应根据突发客流的大小和方向来进行设置。临时票亭主要是向乘客提供人工售票服务，以弥补车站售票能力不足。

（3）**辅助用房**　辅助用房有更衣室、休息室、医务室、茶水间、卫生间、备品库、垃圾间（图2-26）、清扫工具间及站台监视厅等。

1）公共卫生间。车站站厅层一般设有公共卫生间，有条件的车站还专门设置残疾人专用卫生间。

图2-25　客服中心

图2-26　辅助用房垃圾间

2）公用电话。有些车站将公用电话安装在站厅层和站台层，方便乘客使用。有些车站将公用电话安装在通道一侧。

3）银行或自助银行。根据各城市的轨道交通设施状况不同，有些城市在大中型轨道车站内设置银行或自助银行，一般设在站厅层，为乘客提供兑零、取款、存款、转账服务。

4）医务室。车站设置一个医务室或类似的（房间）部门，指示与位置必须标明。这些房间必须可供担架进入，并配备工作场所需要的医疗急救设施及药品，这些医疗急救设施及药品必须防腐、防潮、防高温。在大范围工作区域，提供的医疗急救设施在需要进行手术（或加固）时，必须能够找到担架。放置医疗急救设施及担架的地方必须标明。

（4）**车站用房的位置设置**　车站用房面积受组织管理体制、设备的技术水平等制约，变化较大。它一般根据工程的具体特点和要求，由各专业根据本专业的技术标准和设备选型情况，结合本站功能需要进行确定。车站用房根据其用途分别设置在付费区和非付费区内或交界处（如补票处），具体见表2-1和表2-2。

表 2-1　地铁地下车站设备用房设置位置表

用 房 名 称	设 置 位 置	用 房 名 称	设 置 位 置
站台门控制室	站台层近站台门	变电所检修室	站厅或站台端部
配电室（照明、AFC 配电）	站厅、站台分别设置，靠近公共区	动力变压器室	站厅或站台端部
人防信号室	站厅或站台端部，近通道	高压开关柜室	站厅或站台端部
信号设备室	近综控室	消防泵房	站厅或站台端部，有水喷淋
通信设备室	近车站控制室	送风室	站厅或站台端部
信号电源室	站厅或站台端部	排风室	站厅或站台端部
信号电缆引入室	站台层端部	环控机房	站厅或站台端部
票务维修室	站厅层近票务室	环控电控室	站厅或站台端部
污水泵房	近卫生间	商业通信用房	站厅或站台端部
废水池	站房最底层		

表 2-2　地铁地下车站管理用房及辅助用房设置位置表

用 房 名 称	设 置 位 置	用 房 名 称	设 置 位 置
车站控制室	站厅层（便于观察客流情况的位置）	公共卫生间	非付费区进出站通道边付费区站台端部，近乘降区
客服中心	进出站通道近闸机处	管理区卫生间	站厅管理区较为安静隐蔽处
站长室	车站控制室旁	茶水间	站厅端部管理用房区，近公共区
警务室	近站厅乘客活动区域	站台门管理室	站台层靠近车控室一侧
站务员室	站厅端部，近公共区	清扫工具间	公共区端部
AFC 票务室	站厅端部管理用房区	垃圾堆放点	近公共卫生间
通信仪表室	近车站控制室	检修及备品用房	站厅或站台端部
交接班室	站厅管理区较为安静处	驾驶室	仅设在折返站站台层，靠近道岔区
更衣室	站厅管理区较为安静隐蔽处	列检室	仅设在折返站站台层，靠近道岔区

（三）车站照明设施设置

地铁车站的地下地域特征及地铁运营性质决定了地铁内照明种类的多样化，进而决定了照明配电回路的数量不亚于动力用电回路。车站照明按属性分，有应急照明、节电照明、标志照明、出入口照明、一般照明、广告照明、事故照明等若干种。

一般照明是地铁车站地道、站厅、站台内设置灯具最多的一种照明。这种照明用来保证乘客在地铁车站里能安全地候车和上下车。

应急照明是正常照明以外的一种备用照明。这种应急照明装置是一种新颖的照明灯具，其内装有小型密闭蓄电池、充放电转换装置、逆变器和光源等部件。

照明系统按区域划分为出入口照明、公共区照明、区间隧道照明以及电缆廊道照明。

1. 照明设施设置原则

1）避免使出入地铁的人员感受过大的亮度差别。

2）保证停留在地铁内人员感觉安全和舒适。

3）光源的光色和灯具的安装位置都不能导致出现和信号图像相混淆的现象。

2. 照明设施设置要求

根据《城市轨道交通运营技术规范》（GB/T 38707—2020）的规定，照明系统应满足以下要求：

1）车站公共区域、区间线路、管理用房、设备用房、车辆基地和控制中心等场所的照度要求和照明质量应符合相关规定，限制或防止直接眩光，并在相关区域设置应急照明。

2）地下车站出入口、地面车站和高架车站应优先利用自然光。

3）照明灯具应采用便于安装、拆卸、更换的节能灯具，灯具的安装位置应便于日常维护。

4）照明的控制方式宜采用智能型。智能控制发生故障时应具有人工操作功能。

3. 照明控制

照明控制一般由控制中心控制，而隧道照明灯应可用通信设备接通（在 50m 以内直接使用的开关除外）。当牵引供电失压超过 60s 时，隧道照明应能自动接通，该开关只能由控制中心关断。

4. 紧急疏散照明

1）当正常照明电源或部分正常照明电源发生故障时，紧急疏散照明可完成下述功能：

① 清楚无误地指示出疏散路径。

② 在疏散路径中指示安全的行进方向直到所提供的出口。

③ 应确保疏散途中的火警报警点及消防设施安装到位并可随时启用。

④ 能够对有关的安全措施进行操作。

2）紧急疏散照明不仅在正常照明电源完全发生故障时起作用，而且在局部故障时也可起作用。

3）必须为下述地点提供紧急疏散照明：

① 因交通流量及运营条件而需要的站台，特别是在高架及地下车站和相关出入口。

② 紧急疏散的路径上。

③ 隧道内避难所（站台下的安全室及桥型通道除外）。

④ 紧急出口，包括相关出入口的乘客服务基础设施。

4）紧急疏散照明必须使上述区域处于足够的照明状态。当正常照明出现故障时，紧急疏散照明必须作为必要的运营要求在 0.5s 内开启。对隧道及紧急出口该时间要求可增加到 10s。

5）出口或方向标志沿疏散路径应清晰。所有出口标志和疏散路径标志应明亮。

6）出口标志应是可维护型的。其他紧急照明可为免维护型。最小应急照明持续时间为 3h。

（四）车站安全设施设置

1. 紧急疏散设施

紧急疏散设施是地铁车站在发生紧急情况时保障乘客及工作人员人身安全的重要设施，因此在设计过程中应严格按照规定进行设计。紧急疏散设施按照所处区域不同可分为车站紧急疏散设施、列车紧急疏散设施及区间隧道紧急疏散设施，由于地铁车站、列车、区间隧道是密不可分的整体，在疏散过程中需要相互联系、相互配合，因此下面列举各区域的一些典型设施进行说明。

（1）**站台门中的应急门** 站台门的组成主要包括固定门、应急门和滑动门等。

应急门（EED）在正常运营时保持关闭且锁紧状态，作为站台公共区与隧道区域的屏障。当列车进站无法对准滑动门时，乘客能在轨道侧手动打开应急门，作为乘客的疏散通道。每节列车车厢都对应一道应急门，在紧急情况下，乘客能在轨道侧手动打开逃生，应急门上设置推杆，可以将门扇推向站台方向旋转90°平开。

（2）**车站疏散通道** 根据《城市轨道交通运营技术规范》（GB/T 38707—2020）的规定，车站每个站厅公共区应至少有2个独立、直通地面的出入口投入使用；地下一层侧式站台车站的每侧站台应有不少于2个直通地面的出入口投入使用；地下车站连通站台、站厅、地面的消防专用通道宽度应不小于1.2m，并保持畅通。

在车站紧急疏散设计中，车站内所有步行楼梯、自动扶梯和出入口宽度总和应能满足远期高峰小时设计客流量在紧急情况下，6min内将一列车满载的乘客和站台上候车的乘客（上车设计客流）及工作人员疏散到安全地区（此时车站内所有自动扶梯、楼梯均作上行，其通过能力按正常情况下的90%计算）。垂直电梯不计入疏散能力内。车站通道、出入口处及附近区域，不得设置和堆放任何有碍客流疏散的设备及物品，以保证疏散的通畅性。

2. 人防设施（图2-27）

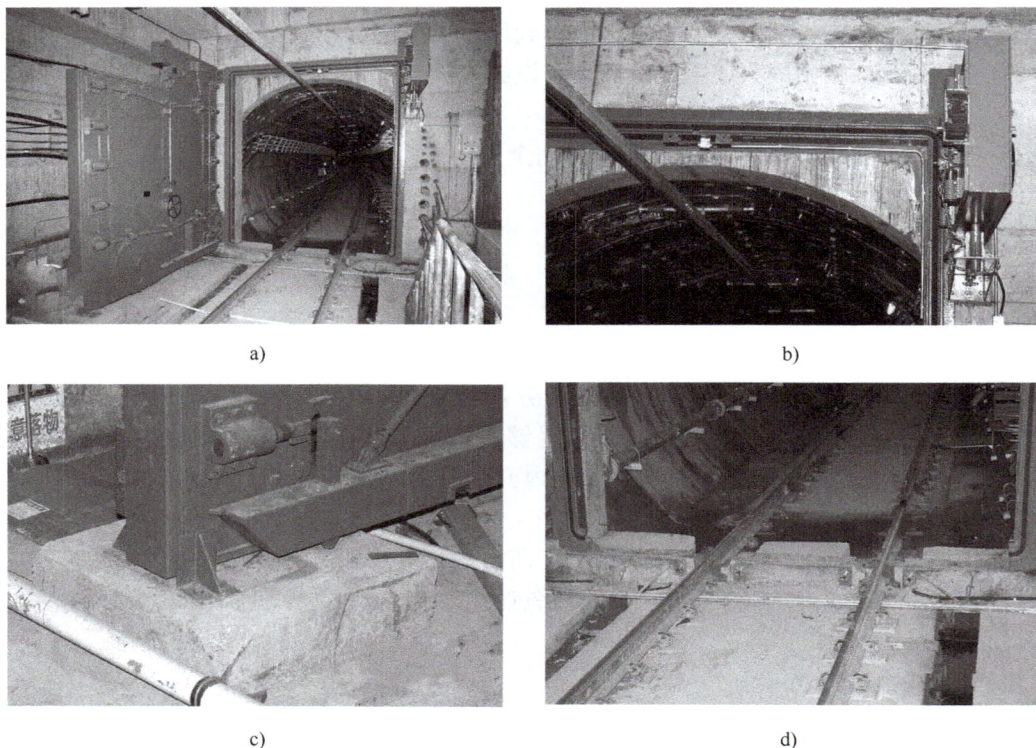

图2-27 地铁人防设施
a）区间隔断防护密闭门 b）当门关闭时，右上方的小门将会切断接触电网以保证安全
c）固定器：可以加强门打开状态时的稳定性 d）铁轨和门槛重合的部分做过密封处理

地下车站平时以交通运营为主，战时或特殊情况下是人员和物资交通运输的安全通道，紧急时作为人员的临时掩蔽场所使用，保障人民生命和财产安全。地铁人防工程能够抵御外部灾害威胁，提高整座城市的防空抗毁综合防护能力。

在车站的人防设计中，应结合六级抗力等级设防，"平、战结合"；将一个车站加一个区间隧道作为一个防护单元，相邻防护单元设置一道防护隔断门；在出入口密闭通道两端设活置式门槛防护密闭门、密闭门各一道；每个车站还要设置不少于 2 个人防连通道，连通口净宽不小于 1.5m。在附近没有人防工程或暂不知设施情况下，人防连通口做完，通道应预留出接口；在进排风口及活塞风口采用一道防护密闭门的设置；内部装修应考虑防震抗震要求。

3. 消防设施

消防设施设计时在车站内划分防火分区，一般中间公共区（售检票区或站台）为一个防火分区，设备用房区为一个防火分区。有物业开发区的车站，物业开发区为独立的防火分区。每个防火分区内设两个独立的、可直达地面的疏散通道。

现场级火灾监控与报警设备包括：

（1）**火灾传感器**　它用于对站内设备用房、站厅、站台旅客公共区等进行火灾自动探测。根据《城市轨道交通运营技术规范》（GB/T 38707—2020）的规定，火灾自动报警主机应设置在 24h 有人值守的值班室内。区间变电所及区间风井无人值守场所的火灾自动报警应由相邻车站监控；车辆基地无人值守场所的火灾自动报警应由车辆基地消防控制室的火灾报警主机监控。

（2）**手动报警器**　在站内旅客公共区、设备用房区域及列车上安置手动报警器，以便及时通报火灾情况。

（3）**感温电缆**　它用于对站台层变电所下的电缆夹层实施火灾自动探测报警。

（4）**紧急电话插孔**　在站内旅客的公共区以及设备用房区域设置的消火栓箱上，配置紧急电话插孔，对于区间隧道以及站内轨道外侧所设的消火栓箱，也应设紧急电话插孔。

（5）**干粉灭火系统**　干粉灭火系统具有灭火历时短、效率高、绝缘好、灭火后损失小、不怕冻、不用水、可长期储存等特点。灭火器轻便灵活，使用广泛，对扑灭初期火灾具有显著效果（车站使用的灭火器有干粉、泡沫、二氧化碳等多种灭火器）。

（6）**灭火系统的选择**　应根据地铁不同部位的环境条件、器材安装、设备特点等要求，选择相应的灭火系统和器材。消防系统的配置要有针对性，不能千篇一律，否则灭火效果不好。在车站公共区，要以消防栓系统为主，将整个车站覆盖在消火栓的保护范围下。在车站的设备用房，由于仪器众多，设备复杂，在此类相对封闭的区域要以气体灭火系统为主。自动喷水系统在公共区的作用不是很显著，甚至会造成地滑影响人群疏散的速度，因此在车站的公共区可不设自动喷水灭火系统。在区间隧道中要沿线布设消防栓灭火系统，当条件允许时可在区间隧道中加装移动式灭火系统。移动式灭火系统宜采用泡沫灭火器。

4. 防洪涝设施

防洪涝设施是基于城市轨道交通地下铁道车站防洪等特殊要求而设置的不可或缺的设施，其他高架及地面车站则对该类设施要求标准相对低一些。

根据《城市轨道交通运营技术规范》（GB/T 38707—2020）的规定，地下车站应满足当地防淹要求，入口地面平台标高应高出室外地面 300～450mm；必要站外应设置防洪、防涝设施。

地铁水灾主要是由于暴雨、排水系统不畅、地震、战争等导致，水灾时地面大量积水涌入地铁隧道内造成事故，危及乘客生命财产安全。因此，防洪涝设施应主要对地铁与地面连接相通处进行设计。

1）加高通道口。加高通道口主要是加高车站出入口台阶和通风亭口，具体高度按照实际地势地貌情况而定。必要时出入口可设置全封闭或半封闭密闭门，通风亭设置防雨设备。

2）车站出入口设活动挡板。根据地铁所处位置，处于洪水常发地带的地铁应在出入口设置活动挡板，两侧墙面要有挡板卡槽。另外在雨季应常备防洪沙袋和防滑垫等设备。

3）隧道防洪设备主要有防淹门，参见本项目人防设施。

六、车站自动扶梯日常操作及常见问题处理

城市轨道交通车站的自动扶梯、垂直电梯、自动人行道及楼梯升降机（供特殊需要人群使用）统称为车站电扶梯系统。

电扶梯系统在车站客流组织方面发挥着很重要的作用，尤其是自动扶梯。因此，车站站务人员应该掌握电扶梯系统的基本构造和简单故障的处理办法。

自动扶梯是城市轨道交通车站通道的主要组成部分。与垂直电梯不同的是，自动扶梯具有连续输送能力，能够在短时间内输送大量乘客，其主要特点有：输送能力大，生产效率高；可设置上下行，满足不同需要；在断电或发生电源故障时，可做普通楼梯使用。安装自动扶梯的目的是将进入车站或下车出站的乘客快速舒适地运送到站台或地面上。自动扶梯的设置数量应与相应的步梯或通道通过能力相匹配，一般根据设置位置的高峰小时客流量计算确定。对出站客流还应考虑客流不均衡系数。

自动扶梯的运行方向应有明显醒目的指示牌，在自动扶梯两端应具备紧急停止开关，自动扶梯的出入口应有开阔的空间。

1. 自动扶梯的构成

自动扶梯是由一台链式输送机和两台胶带式输送机组合而成的升降传送系统，基本结构包括主驱动系统、润滑系统、安全保护系统和电气控制系统。主驱动系统由驱动牵引主机、主驱动链条、主驱动轮系统组成；润滑系统对主驱动链、扶手带驱动链及扶梯进行实时润滑，确保扶梯平稳运行；电气控制系统包括主控制柜、操作面板、检修控制盒及各种安全保护开关。自动扶梯的外部结构主要包括扶手带、旁板、围裙板（也称保护裙板）、梯级、梳齿板和踏板；内部结构主要包括桁架、驱动链、梯级链、减速机、电动机、主驱动轴、梯级链张紧装置、导轨、扶手带驱动装置、控制系统、安全装置等；另外还有自动扶梯操作盘、控制盘、踢板、踏板、防尘密封橡胶、安全开关等部件。

2. 自动扶梯的日常操作

目前各城市轨道交通系统使用的自动扶梯品牌和型号不尽相同，而各品牌的操作程序也有差异，因此以下只列举其中一种扶梯的操作程序供学员学习参考。

（1）自动扶梯操作开关及按钮　在自动扶梯扶手的上下及左右两端，有"紧急停止"按钮、"上/下行运行"钥匙开关、"报警停止"钥匙开关等操作按钮，用于自动扶梯的现场操作及控制（图2-28）。

1）"紧急停止"按钮用于当自动扶梯出现威胁乘客安全等紧急事故时自动扶梯的紧急停车。

2）"上/下行运行"钥匙开关用于自动扶梯运行方向的选择。

3）"报警停止"钥匙开关用于自动扶梯开启前的鸣笛及自动扶梯的正常停止操作。

另外，在自动扶梯内侧面面板的上下端部贴有安全提示形象贴图，以生动形象的图示方式向乘客提示乘坐自动扶梯的安全注意事项。

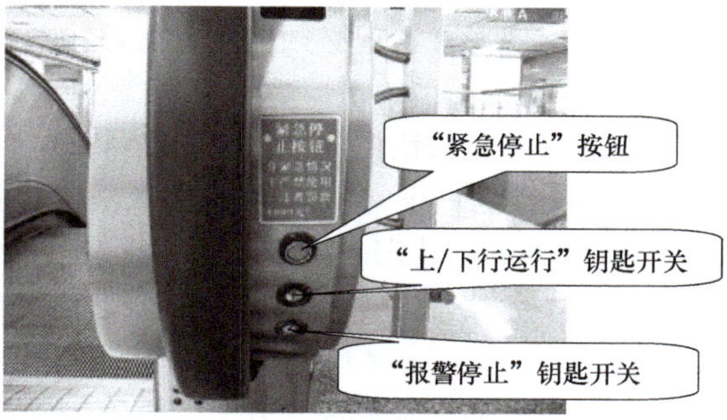

图2-28　自动扶梯左右两端按钮及开关

"紧急停止"按钮

"上/下行运行"钥匙开关

"报警停止"钥匙开关

（2）自动扶梯日常起动操作

1）自动扶梯运行前的准备工作。

① 检查扶梯踏板、扶手带、梳齿板、裙板和裙板与梯级间的间隙。清除夹在里面的碎纸、小石子、口香糖等。

② 检查自动扶梯周围的安全设施（三角区的护板，防止进入的栅栏、隔板及防护网）有无破损等异状。

③ 确认紧急按钮是否处于正常状态。如果其处于动作状态，必须将其恢复到正常状态。

2）开启扶梯的程序。

① 鸣响警笛提醒周围人自动扶梯即将运转不要靠近。

② 将钥匙插入操作盘上的报警停止开关，鸣响警笛，发出开始运转信号，放手后钥匙将回到中央位置，将其拔出。

③ 确认自动扶梯的踏板和梯级上没有人后，将钥匙插入运行开关，向运行方向（上或下）旋转，自动扶梯开始运作，待稳定运行后放手，钥匙自动回到中央位置，即可将其拔出（起动时一只手旋转钥匙的同时另一只手按在"紧急停止"按钮上，当出现异常时可及时按动"紧急停止"按钮）。

④ 观察有无异常声响和振动，确认正常后，乘坐一次。确认扶手带是否正常转动，如有异常声响或振动，要立即按动"紧急停止"按钮，停住自动扶梯，同时通知维修人员。

⑤ 确认正常运转后，再试运转5～10min。

⑥ 如果试运转中按动"紧急停止"按钮，待问题处理后，必须将红色罩复原。

（3）自动扶梯日常关闭操作

1）确认有无异常声响或振动。如有问题则停止自动扶梯的运行。

2）停止运行之前，不允许乘客进入自动扶梯的梯口。

3）将钥匙插入"报警停止"开关，鸣响警笛。

4）确认自动扶梯附近或扶梯梯级上无人后，再用钥匙开启停止开关，自动扶梯则停止运行。

5）一天的正常运行结束后须认真检查并清扫扶梯踏板、扶手带、梳齿、裙板以及扶梯下部专用房。

6）正常停止扶梯运行后，应采取措施，如用栅栏挡住梯口，设置"暂停使用"牌，防止乘客将其当作楼梯使用。

（4）紧急停止按钮使用程序

1）当出现异常状况必须使用紧急停止按钮时，应大声通知乘客"紧急停止，请抓住扶手"后，再行操作。

2）紧急停止按钮操作。

① 现场操作：正常状态下红色罩呈向外膨胀凸出状（图2-28），操作时用手指按动，凸起状态变为塌陷状态。操作后用手指按动红色罩的周围，使其中部恢复正常状态。

② 车站控制室操作：按压按钮，最后复位拔起按钮。

（5）扶梯转换运行方向的操作程序

1）将钥匙插入报警停止开关，鸣响警笛。

2）确认扶梯梯级上无人后再用钥匙开启停止开关，将钥匙拔出。

3）待扶梯停止运行后，将钥匙插入运行开关，开启希望运行方向的开关（上或下）。

（6）自动扶梯日常检查操作　根据城市轨道交通运营企业的相关规定，车站工作人员需要对自动扶梯进行定期检查和日常巡查，检查项目主要包括以下几项内容：

1）扶手带。检查是否有异常膨胀或者老化，是否附有口香糖、有无污垢，如有则擦去（日常巡查）。

2）梯级。检查是否有异物，螺钉是否松动，梳齿及梯级面板是否有断裂或者损伤（日常巡查）。

3）乘客舒适感。乘搭时，感觉扶梯是否顺畅平稳且宁静，扶手带和梯级是否同步（日常巡查）。

4）紧急停止按钮。接下按钮，扶梯停止（定期测试）。

3. 自动扶梯常见问题处理

自动扶梯常见的故障有卡异物、异常停梯、反转、异响、漏油等。无论发生何种故障都需要专业维护人员到现场进行维护和处理，作为车站的站务员只需要进行必要的配合即可。主要包括：

1）当发现扶梯异响、运行异常后，应及时关闭电梯。

2）若出现扶梯急停，要立即到现场查看是否有乘客受伤，是否有异物。确认符合开放条件后方能重新启动。

3）当故障发生时，现场的工作人员必须保证及时停梯并疏散扶梯上的乘客。

4）若扶梯无法起动，可用钥匙多试几次，若仍无法起动，应报机电人员维修，报告故障扶梯编号和故障现象。

5）当扶梯停止使用后，要在扶梯出入位置设置相应的提示牌和安全围栏（上、下方都需要设置），并向乘客做好宣传解释工作。

6）扶梯不能使用，将会导致步梯或通道的压力增加，在重点时段时，要在通道、站厅等位置提前对客流进行控制。

7）当客流压力很大时，可将扶梯临时作为步梯使用，但由于扶梯梯阶较高，需提示乘客注意。客流压力减缓后，重新开放使用。

七、车站站台门系统

站台门系统是新型的轨道交通设备，当列车到达车站和离站出发前，该设备能自动进行活动门的开、关门控制。

（一）站台门技术的应用

在正常情况下，当列车停站满足停车精度要求时，必须保证站台门的双扇滑动门与列车客室门同时打开后，形成的乘客上下车通道净宽度不小于列车客室门打开的净宽度，以便乘客顺利通过。在正常工作模式时，站台门应由列车司机或信号系统监控，并应保证站台门关闭不到位时，列车不能起动或进站。站台门应在站台侧或轨道侧设置人工控制开关，并应在任何条件下均能手动打开或关闭每扇站台门。当站台门失电或控制系统发生故障时，必须有手动解锁措施，使站台上的站务员在站台侧或使列车上的乘客在轨道侧可手动解锁打开站台门，提供上下车通道。

（二）站台门系统的构成

站台门系统由门体结构和门机结构组成。门体结构包括固定门、滑动门、应急门、端门。固定门设置在两扇门之间，结合规定条件进行设置。滑动门分为标准双扇滑动门和非标准双扇滑动门。非标准双扇滑动门一般设置在靠近列车驾驶室相应的站台门。应急门不带动力，在紧急情况下由乘客在轨行区侧手动打开逃生。端门设置在站台两端，由列车司机或站务员手动打开，紧急情况可用作乘客疏散通道。

站台门实物图如图 2-29 所示。

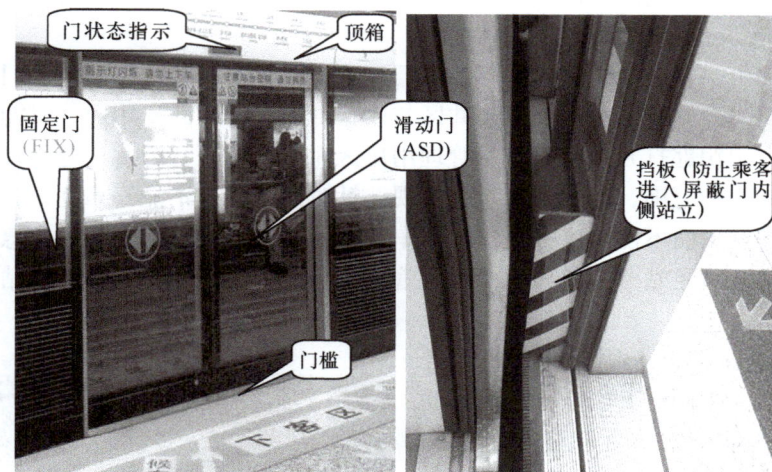

图 2-29　站台门实物图

（1）门体承重结构　门体承重结构由下部支撑组件、立柱、横梁、顶部钢结构及伸缩装置等组成，用于安装门机、滑动门、固定门、应急门、端头门等，并承受站台门的垂直载荷、隧道通风系统产生的风压、列车运行时形成的正负水平荷载和乘客挤压等荷载。

（2）门槛　门槛又称"踏步板"，安装在站台板边缘，上表面与站台装饰层平齐，为乘客进出地铁车厢的必经之路。门槛包括固定门门槛、应急门门槛和滑动门门槛。

（3）踢脚板　踢脚板采用的是不锈钢材料，主要用来防止乘客有意或无意地踢脏或踢碎门体玻璃。

（4）顶箱　顶箱由前后盖板、上封板、底部装饰板、密封件等组成。顶箱置于门体顶部，内置有门驱动机构、滑动门锁紧装置、门控单元、端子排、导轨、滑轮装置、传动装置、门机梁、横梁等部件。顶箱零部件采用铝合金型材制成，具有屏蔽电磁波的作用，可以保证顶箱内电气组件的正常工作。

顶箱上一般会设置一些导向标志。站务员如果发现顶箱没有完全关闭，应立即汇报，并采取必要的措施，否则站台门系统可能会因其他设备的电磁干扰而无法正常工作。

(5) 门状态指示灯　门状态指示灯通过显示颜色、显示方式（常亮、闪烁等）来表示站台门所处的状态。

(6) 滑动门（ASD）　滑动门又称"活动门"，是指在列车进站时可以和车门同时开/关的门，其数量应与列车客室车门数量一致，并具有障碍物探测功能，是正常运行时乘客上下车的通道。

每个门单元的左滑动门上都装有手动解锁装置，在紧急状态下乘客可以在轨道侧操作解锁把手打开活动门，工作人员也可以从站台侧使用专用钥匙将门打开。

(7) 应急门（EED）　在正常营运时，应急门保持关闭且锁紧状态，作为站台公共区与隧道区域的屏障。当列车进站无法对准滑动门时，乘客能在轨道侧手动打开应急门，作为乘客的疏散通道，该门可向站台侧旋转开启且可90°定位。

应急门由钢化玻璃、门框、闭门器、推杆锁装置等组成，采用上下转轴方式固定，竖框内设置有推杆锁装置。应急门设有位置信号装置，可以将门锁闭信号和解锁信号反馈到综合自动化系统（PSC）。

应急门只能由乘客在轨道侧当列车客室门打开后，再手动打开；而站台门本体在站台两端所设的工作门，是站务员进出站台公共区与设备管理用房区的专用门，只能由站务员在站台公共区侧用专用钥匙打开或者在设备管理用房区侧手动打开。因此，这两种门均不列入站台门控制系统的控制范围，但状态信息受监视。针对列车因故不能停靠到位，并导致所有双扇滑动门与列车客室门不能对应并提供上下车通道的情况，必须考虑设置应急门，以满足乘客疏散的需求；为满足站务员进出站台设备管理用房区的需要，必须考虑在站台两端设置工作门。

(8) 固定门（FIX）　固定门为不可开启的门体，放置在滑动门与滑动门、滑动门与端门之间，是车站与区间隧道隔离和密封的屏障。根据滑动门的间距，在满足门本体结构强度、刚度的前提下，一般采用整体固定门。固定门高度与滑动门一致。

(9) 端门（MSD）　端门（图2-30）布置于站台两端，与站台门垂直，将乘客区与设备区分开。其结构与应急门基本一致，安装有紧急推杆锁。

正常运营状态，端门保持关闭且锁紧。

端门

图2-30　站台端门

端门在轨道侧设有手动开门推杆，在站台侧设有门锁和隐蔽的开门机构。当列车在区间隧道发生火灾或故障时，列车司机或车站工作人员可手动打开端门，作为乘客的疏散通道，它也是车站工作人员进入隧道的专用门。端门可向站台侧旋转90°平开，且在打开后能自动复位关闭。端门配有位置开关，其状态由位置最靠近的门控单元监控。端门净开度应尽量保证1200mm，困难情况下应保证900mm。

（三）站台门系统的控制

（1）站台级控制　站台级控制是指通过两侧站台的就地控制盘（PSL）或者通过综合后备盘（IBP）上的站台门开关对站台门施行的紧急控制。

1）就地控制盘（PSL）。某站站台门就地控制盘（PSL）如图2-31所示，每侧站台的发车端均设置PSL，安装在端门内，供列车司机在驾驶室瞭望或离开驾驶室进行操作。就地控制盘上一般设有关闭锁紧状态指示灯、互锁解除状态指示灯、开关门钥匙开关和互锁解除钥匙开关等。

① 关闭锁紧状态指示灯。该指示灯用来提醒列车司机所有站台门是否关闭且锁紧。一般来说，当所有门单元关闭并锁紧后，指示灯亮；否则，该指示灯将熄灭。

② 互锁解除状态指示灯。当强制执行互锁解除钥匙开关时，该指示灯被点亮。

③ 互锁解除钥匙开关。此开关为自动复位的钥匙开关，即当转动的力释放后，钥匙通过自动复位功能自动回到正常位置。操作互锁解除钥匙开关，可将"互锁解除"信号送到信号系统，发送强制发车信号，允许列车离站，一般在站台门故障时使用。

图2-31　某站站台门就地控制盘（PSL）

④ 开关门钥匙开关。该开关设有关门位、开门位等档位，通过旋转开关到达各自位置，可以向该侧所有滑动门发出开/关门命令。

2）综合后备盘（IBP）。IBP以每侧站台门为独立控制对象，一般设在车站控制室内。在车站紧急情况下（如火灾），可以操作IBP上的开门按钮，打开滑动门，该命令属于紧急状态下的紧急开门命令，优先级高于PSL控制和系统级控制。某站IBP上的站台门控制盘面如图2-32所示，正常情况下，站台门打在自动位。

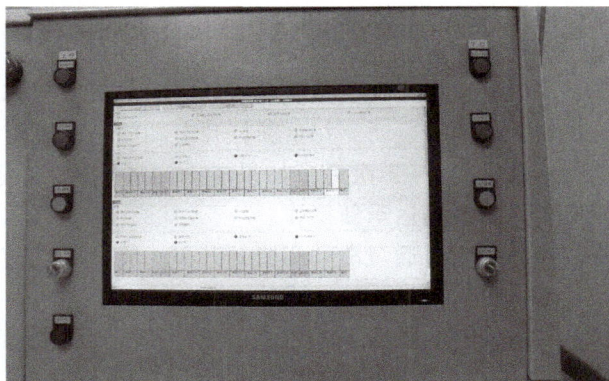

图2-32　某站IBP上的站台门控制盘面

（2）**手动级控制** 手动级控制又称就地控制，是通过每个门单元的就地控制盒（LCB）来进行开关门操作或者由工作人员通过钥匙进行开关门操作。

每个滑动门都配有一个就地控制盒（LCB），便于工作人员就地操作。就地控制盒（LCB）一般设"自动、关门、开门、隔离"四位钥匙（图2-33）或设"自动、隔离、手动"三位钥匙。以三位钥匙为例，当转换开关处于"手动"位置时，维修人员可操作站台门顶箱内的开关门按钮进行手动操作。当转换开关处于"自动"位置时，允许门控单元接收中央控制盘的"开门命令"与"关门命令"。当转换开关处于"隔离"位置时，单个滑动门单元与系统隔离，隔断本单元的电力供应，不影响整个系统的正常工作，便于维修。如果是四位钥匙，当转换开关处于"开门"或"关门"位置时，不执行来自中央控制盘的命令。

图2-33 某站站台门就地控制盒（LCB）四位钥匙

（四）站台门系统的运行模式

站台门系统的运行模式包括正常运行模式、非正常运行模式和紧急运行模式。

1. 正常运行模式

正常运行模式下，站台门系统由列车司机控制。对无人驾驶或自动驾驶的列车，站台门系统由信号系统控制。列车停站，列车司机发出开门指令给信号系统，信号系统经过比对发出命令给站台门门控单元，进行解锁开门。当列车准备发车时，列车司机发出关门指令给信号系统，信号系统将命令传给站台门主控机，通过门控单元进行关门闭锁操作，然后将信号一直返回给列车司机，可以发车。

2. 非正常运行模式

非正常运行模式下，可以通过站台端头控制盒进行开门与关门操作。当滑动门关闭检测到不小于20mm的障碍物时，门停止运动，并重新打开滑动门，以便使被夹障碍物解脱，过一定时间重新关闭。这种运动重复2～3次后，如果滑动门还不能关闭到位，则滑动门打开并保持静止，由工作人员排除障碍物后重新操作。

当个别滑动门出现故障时，应可通过滑动门脱开开关，将故障门与系统脱开，其他滑动门可正常工作。

当控制系统与信号系统之间有故障时，采用站台级控制。当控制系统有故障时，采用手动操作。

3.紧急运行模式

当区间隧道发生火灾等紧急情况时，应采用紧急控制模式通过报警控制系统操作打开站台门，或由站台工作人员用钥匙打开滑动门，或由乘客使用手动解锁把手自行开启站台门。当发生其他意外突发事件时，应通过就地控制盘操作滑动门，或通过报警控制系统操作滑动门。紧急事件处理后，应对此项操作进行核实、记录存档和恢复确认。

当车站站台发生火灾等紧急情况时，应采用站台门不能开启的紧急控制模式。

根据《城市轨道交通客运组织与服务管理办法》（交运规〔2019〕15号）的规定，站台门发生故障无法关闭时，应安排专人值守，做好安全防护；无法打开时，应通过列车广播、标识或其他方式告知乘客，引导乘客从其他站台门下车。站台门发生大面积故障的，列车司机应及时报告行车调度员采取越站等应急措施，车站服务人员通过广播及时告知乘客，维护候车秩序。车站客运人员应将站台门故障情况及时报告设施设备维保人员进行处理。

（五）站台门系统简单故障的处理

在信号系统正常工作时，由于站台门和信号系统的联动性，如果站台门意外打开，则列车无法进站，如果站台门无法关闭，则列车也无法出站。因此，作为车站工作人员必须及时处理站台门故障，保障列车的正常运行。地铁运营公司有关站台门故障处理的总体原则是在确保安全的前提下，优先保证行车。

1.站台门故障处理的原则

1）当发生站台门故障时，应坚持"在确保安全的前提下，先发车后处理"的原则，确保站台乘客的人身安全并维护正常的运营秩序。

2）需要人工手动打开单个或多个站台门时，车站必须征得行车调度员同意，先将门隔离，关闭电源，并密切注意站台旅客信息屏显示的列车到站时间，当显示"列车即将到达"信息时必须停止操作。

3）对不能关闭的滑动门，必须设置安全防护栏或安排专人看护。专人看护时，原则上每个人只监护五个相邻站台门。

2.常见的站台门故障

（1）站台门与信号系统通信故障　单元控制器（PEDC）无法接收信号系统指令进行自动开、关门操作时，就需要由站台工作人员通过操作站台端部的PSL进行站台门的打开和关闭操作。具体操作如下：

1）将钥匙插入"PSL operation enable"（初始位置为"OFF"位）。

2）开门时，顺时针转动钥匙至"door open"位置并停留4s（不得拔钥匙），滑动门打开，"door open"灯亮。在滑动门完全打开后，"door open"灯灭，门头灯常亮，开门操作完成。

3）关门时，接2）点操作，逆时针转钥匙至"door close"位置并停留4s（不得拔钥匙），滑动门关闭，"door close"灯亮，门头灯闪亮。在滑动门完全关好后，"door close"灯灭，门头灯灭，"ASD/EED CLOSED"灯亮，关门操作完成。

4）关门操作完成后，旋转钥匙至"OFF"位，再拔钥匙。

（2）单对滑动门无法正常关闭故障　根据信号系统的工作过程，只有所有的站台门关闭且锁紧后，PSC才会发送门全关闭信号到信号系统，信号系统才能允许列车离站。因此，当单对滑动门无法正常关闭时，列车将无法出站，此时工作人员必须及时到现场查看原因，若不能立即解决，应将该对滑动门断电后再送电，若还未成功，则需要切断该对滑动门与信号系统的联动性，保证列车出站并留守提醒乘客不要靠近故障站台门，从而保证乘客安全和减少列车延误。某站单对滑动门无法关闭时的基本处理程序见表2-3。

表2-3 某站单对滑动门无法关闭时的基本处理程序

现场确认故障滑动门引导轨处是否有障碍物，若有进行清除并确认是否可以关闭		
可以关闭	不可以关闭	
向有关上级汇报	将LCB打到"隔离"位，观察数十秒看门是否能自动关闭	
列车出站	若可以关闭，则向有关上级汇报，列车出站	若不可以关闭，则将LCB打到"手动"位，向有关上级汇报，列车出站，留守提醒。

（3）多对滑动门无法正常关闭故障（注：多对是指大于等于3对） 当多对滑动门无法正常关闭时，可以先使用PSL关闭该侧所有滑动门，若未关闭成功，则需要通过PSL上的互锁解除来发出强制发车信号。某站多对滑动门无法正常关闭的基本处理程序见表2-4。

表2-4 某站多对滑动门无法正常关闭的基本处理程序

操作PSL，确认门是否可以关闭	
可以关闭	不可以关闭
向有关上级汇报	将所有门的LCB打到"隔离"位，保证所有滑动门在全开位置
列车出站	车站工作人员确认列车司机已关闭所有车门后操作PSL"互锁解除"
	列车出站，工作人员提醒乘客注意安全，待下趟列车到达后通知列车司机并操作"互锁解除"

当所有站台门关闭后，信号系统还不能确认门全关闭信号，此时可操作互锁解除开关，发出强制发车信号，允许列车离站。

（4）单对滑动门无法正常开启故障 当单对滑动门无法正常开启时，会影响乘客的下车，给乘客带来不便，此外该故障门有可能会出现意外打开的情况，存在一定的安全隐患。某站单对滑动门无法正常开启的基本处理程序见表2-5。

表2-5 某站单对滑动门无法正常开启的基本处理程序

现场确认故障滑动门引导轨处是否有障碍物，若有进行清除并确认是否可以自动开启		
可以开启	不可以开启	
向有关上级汇报	将LCB打到"隔离"位，手动打开滑动门	
乘客乘降，原地观察三班车	乘客乘降，将LCB打到"自动"位，观察门状态	
	若可以自动关闭，向有关上级汇报，列车出站	若不可以自动关闭，将LCB打到"手动"位，向有关上级汇报，列车出站，留守工作人员提醒乘客注意安全

（5）多对滑动门无法正常开启故障（注：多对是指大于或等于3对） 当多对滑动门无法开启时，对乘客下车速度有很大的影响，容易造成上、下车时间过长，站台乘客秩序混乱等突发状况。某站多对滑动门无法正常开启的基本处理程序见表2-6。

表 2-6　某站多对滑动门无法正常开启的基本处理程序

操作 PSL，确认门是否可以开启	
可以开启	不可以开启
向有关上级汇报	将所有门的 LCB 打到"隔离"位，手动打开滑动门
乘客乘降，原地观察三班车	车站工作人员确认列车司机已关闭所有车门后操作 PSL"互锁解除"
	列车出站，工作人员提醒乘客注意安全，待下趟列车到达后通知列车司机并操作"互锁解除"

（6）**站台门玻璃破碎或破裂**　当站台门发生破碎或破裂现象时，首先要保证乘客的安全，防止乘客或物品掉入轨道，还要防止列车进站时的活塞风造成站台门的爆裂。具体处理要点如下：

1）指派工作人员在故障站台站岗监护，以防止乘客或物品掉入轨道。

2）设置故障指示牌，提醒乘客远离故障站台，防止乘客受伤。

3）将破裂玻璃用封箱胶纸粘贴，防止突然爆裂，若已破碎应马上进行清理，同时防止玻璃碎片掉入轨行区。

4）上报运营控制中心并要求列车在进出站时进行相应的限速。

5）通知故障报警中心。

（7）**站台门关闭后无法发车的故障处理**　当站台门全部关闭，但列车自动控制系统因无法确认站台门全部关闭且锁闭的信号而不能发车时，由列车司机用钥匙打开 PSL 上的"操作允许开关"，再用钥匙打开 PSL 上的"ASD/EED 互锁解除开关"，即切除列车关门控制电路中的屏蔽门互锁控制环节，然后列车司机再次执行发车操作。

（8）**系统级控制和站台级控制均出现故障**　出现此故障时必须由站台工作人员用钥匙打开滑动门或由乘客使用手动解锁把手自行开启站台门。

1）滑动门手动操作是当系统级控制和站台级控制均不能操作站台门，或个别站台门操作机构发生故障时需要进行的操作。该操作为在站台侧由站台工作人员用钥匙打开滑动门；在轨道侧，由列车司机通过车内广播，通知乘客使用滑动门上的手动解锁把手（或按钮）自行开启轨道侧滑动门上的站台门。

2）当列车无法在规定范围内停车，且偏移量较大，导致乘客无法从滑动门进出时，需对应急门进行手动操作。在站台侧由站台工作人员用钥匙打开应急门，或在轨道侧由列车司机通过广播指导乘客压推杆锁，打开应急门。

3）当在隧道内发生火灾、列车出轨等情况下，需要在隧道内停车时，可由乘客或站台工作人员在站台侧用钥匙手动打开端门，将乘客通过端门疏散到站台。

手动开门操作：

①将钥匙插入需手动打开的滑动门（应急门、端门）的锁孔，顺时针旋转 90°。

②将两扇滑动门用力向两边推开（应急门和端门朝站台方向拉开），拔出钥匙，门头灯亮。

③关门时，将钥匙插入需手动打开的滑动门（应急门、端门）的锁孔，逆时针旋转 90°，用力推拉两扇门至关闭，门头灯灭，拔出钥匙，关门操作完成。

（9）**滑动门及应急门互锁解除操作**　当站台门与信号联锁发生故障时，站台工作人员需通过 PSL 进行互锁解除操作。操作步骤：

1）接车时，站台工作人员首先将 PSL 操作允许开关打到"close"位，再用钥匙将"ASD/EED 互锁解除"开关转至"互锁解除允许"位并保持，以便列车进站。确认列车到站停稳后松开钥匙开关。

2）发车时，站台工作人员确认无夹人、夹物，开启的站台门已做好安全防护后，用钥匙将"ASD/EED 互锁解除"开关转至"互锁解除允许"位并保持，以便地铁车辆关门发车。确认列车驶出安全区段（列车尾部离开轨道电路 S 棒）后松开钥匙开关。

3）取出钥匙并带走。

3. 专用钥匙的管理

站台门操作的专用钥匙，应由车站控制室统一管理，每把钥匙应有明确的标志。模式开关、滑动门、应急门的钥匙应在站台监控亭存放一份，方便紧急时使用。

八、城市轨道交通车站其他建筑及设施

城市轨道交通车站其他建筑设施主要有风亭、风道及冷却塔等。

风亭、风道及冷却塔是基于城市轨道交通地下铁道车站通风等特殊要求而设置的不可或缺的建筑，其他高架及地面车站则基本不需要该类建筑。

1. 风亭（图 2-34）

风亭是为车站及隧道提供通风、换气的设施，在车站或隧道发生火灾时还能排烟。风亭按其功能不同分为活塞风亭、进风亭和排风亭。其结构一般为出地面的高风井构造，上部设通风口，风口外面设金属百叶窗，下沿距地面的高度一般不小于 2m，起到防水防洪作用。风亭的设计根据周边环境的条件许可采用独立式或合建式。城市道路两旁的地面通风亭一般应设在建筑红线以内，与其他建筑物保持一定的距离，保证周围空气良好无污染。

图 2-34 上海徐家汇（市百六店）前地铁风亭

2. 风道

目前地铁车站普遍采用环境与设备监控系统保证站内良好的通风和适宜的温度、湿度。一般至少设 2 个通风道，地面与风亭相通，地下与站台隧道相通，通风管道一般设在车站吊顶内或站台板下的空间内。

3. 冷却塔（图 2-35）

冷却塔的功能主要是为车站的环境与设备监控系统散热，也是出地面的结构。冷却塔利用水与空气流动接触后进行冷热交换产生蒸

图 2-35 某地铁站冷却塔

汽，蒸汽挥发带走热量达到蒸发散热的目的。利用对流传热和辐射传热等原理来散去制冷空

调中产生的余热来降低水温的蒸发散热装置一般为桶状，故名为冷却塔。地铁站冷却塔为中央空调系统最前端的水循环系统，也可以说是空调主机系统的冷却水系统，也是地铁站需建出地面的建筑之一。冷却塔原则上按"一端布置，每站一组"设置。当冷却塔工作时一般有噪声污染，所以建筑位置一般与行人或乘客活动区域保持一定距离。

九、列车设备设施

城市轨道交通列车是指根据运营需要，由若干列车单元组成，包含车次号等身份信息，可供调度系统识别的客运列车和工程列车。客运列车基本都使用动车组列车，根据轨道车站规模的大小，一般列车编组 4~8 节车厢。

（一）客车的性能及标志

1. 客车的性能

客车主要的功能是载客，一般采用轻质材料制造，车体线条采用流线型设计，车内设备的设计则应注意到乘客的流动方便和最大限度地提高车内空间的利用率。

一般载客人数根据各车型不同而有所区别，有些客车按每车载客人数来计算，有些列车按照面积容积计算载客人数和定员，如标记"AW_2"客车定员载荷按 6 人/m^2 计算，标记"AW_3"客车定员载荷按 9 人/m^2（载重乘客按 60kg/人）计算。

2. 客车标志

客车标志一般由城市地铁或轻轨徽记、标志灯和运行灯组成。

（二）列车内设备设施

地铁列车车厢内的设备相对比较简单，其主要功能是运载乘客，提供足够的乘车空间。城市轨道交通客流的特点为流量大、乘车时间短、波动规律、快进快出、流动频繁等，车厢内如果大量设置座位，在方便部分乘客的同时会给大部分乘客带来上下车移动的不便。另外，座位占地面积比较大，设置过多会减少乘客站立面积，降低列车的载客能力。大部分乘客的乘车时间短，无须座位即可完成乘车过程，所以车厢内的座位数量设置要适中，其位置一般靠近车厢两侧壁。为了增加座位的利用率，有些座位设计采用长条板凳形式。

车厢内除了座位外，为了保证乘客乘车途中的安全，站立的乘客在列车起停车及晃动时必须有所依靠，因此列车需设置一些吊环手把、吊杆或立杆等。对残疾人、儿童、老人等特殊乘客来讲，使用吊环手把和吊杆有一定的困难，而立杆对他们来讲比较适合。普通乘客使用立杆也会感觉比较舒适方便一点，因此有些列车内部设置较多的立杆来保证乘客安全。不过立杆的设置会给乘客的流动带来障碍，也不利于特殊情况下车厢内乘客的疏散，而设置吊环手把和吊杆相对要有利一些。

轨道列车客室内一般没有乘务人员现场提供服务，因此应具有广播报站和广播服务设施，大部分列车客室内设置了电视，供旅客途中消遣观看，同时可以利用其为载体来宣传一些交通知识或播放公益广告，有些电视也播放商业广告。

大部分列车为了方便乘客随时了解自己的位置，在车厢内不同的位置设置城市轨道线路、车站示意图。随着外籍乘客的增多，车站站名一般用中、英双语显示，配合电子技术，用不同的灯光显示，随时为乘客提示列车运行所在线路位置和前方停车站等信息。列车车厢内设备示例如图 2-36 所示。

a)

b)

c)

d)

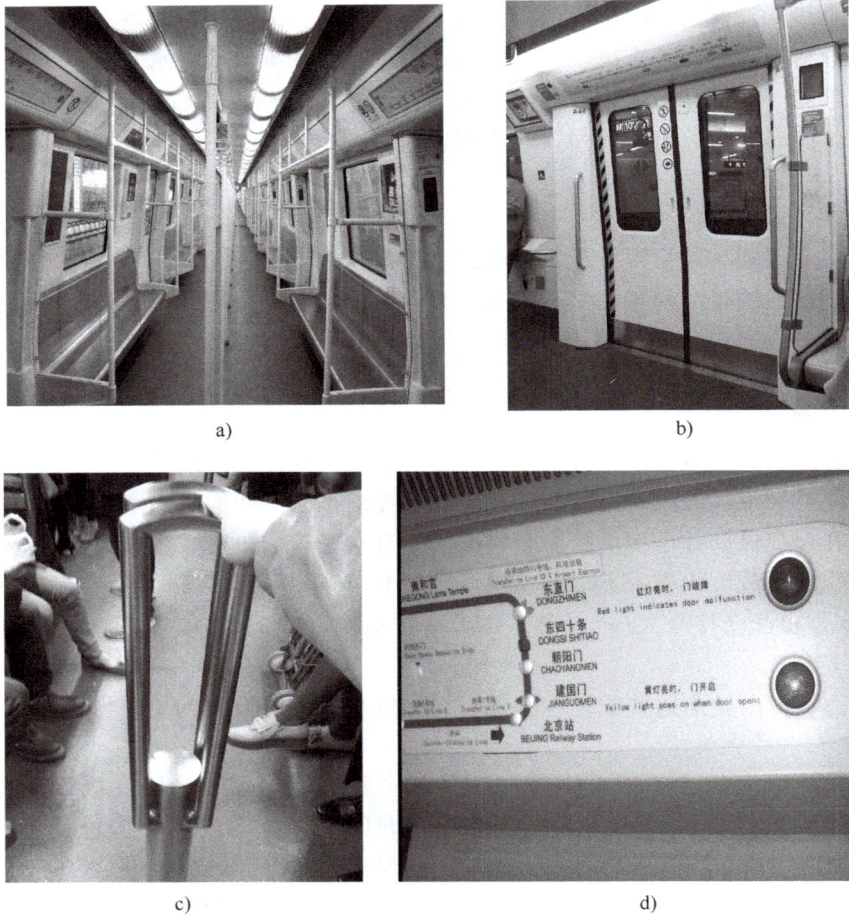

图 2-36　列车车厢内设备示例
a) 车厢坐席　b) 列车车门　c) 车厢手扶把　d) 列车门灯及线路车站显示

　　列车客室车门应设自动控制和联锁的装置，并应具有防夹功能，每个车门内侧都应设置手动解锁开门装置（图 2-37），解锁手柄所在处应设明确告示，并写明操作注意事项。手动解锁开门装置主要是在车门处发生特殊情况时能够单独操作车门的开关。

　　客室还设有乘客遇到特殊情况（如火灾、爆炸等）时使用的请求救援的紧急对讲机设备（按照面板提示操作即可与列车司机直接通话）（图 2-38）和紧急破窗锤（图 2-39）。列车运行时所有车门应处于锁闭状态，当车门未全部关闭时，列车应具有起动防护功能。客室内应配置紧急制动手动操作装置（图 2-40），该装置应具有自动报警功能，并应受列车司机监控。为了便于安全管理，目前已经有大量城市轨道列车客室安装了摄像设备，

图 2-37　手动解锁开门装置

如图 2-41 所示。

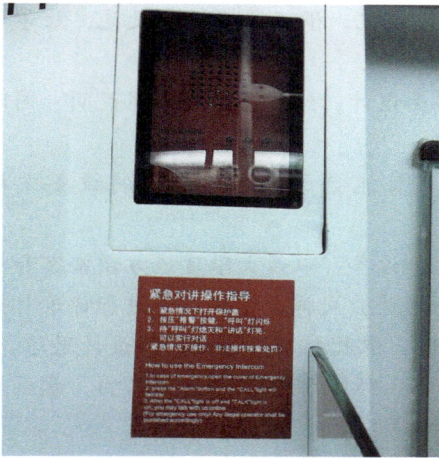

图 2-38　车厢内紧急对讲机设备

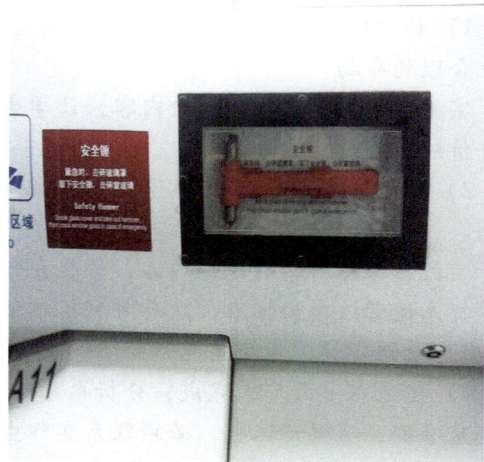

图 2-39　车厢内紧急破窗锤

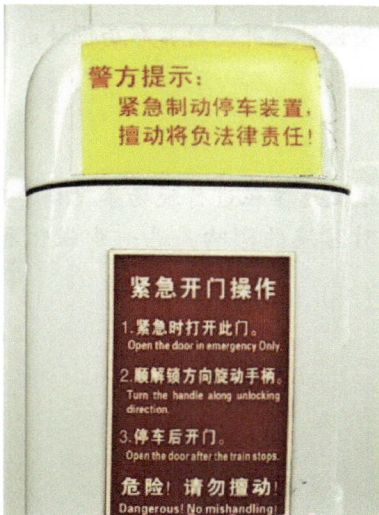

图 2-40　车厢内紧急制动手动操作装置

图 2-41　车厢内摄像头

项目实施

1) 如何优化乘客的乘车环境以达到最大限度的便捷化，根据给定设备设施，让学员设置出合理的布局。

实施：根据以上所学理论内容，让学生先分组书面设计，然后再口头描述说明，同时设定评价组进行评价打分。

2) 如何提高现代化设备设施的服务功能，让学员能自己设计出合理的设备设施及布局。

实施：根据所学的理论内容，学生分组设计车站和设备，以最大限度地方便乘客和最大限度提高运营效率为标准，然后可利用模型进行现场摆放，同样设置评价组进行评价打分。

3) 分组实施，互换角色体验所学内容，进行评价，取长补短，开拓完善设计思路。

4) 论述以书面形式完成，分析车站设备设施设计从哪些方面对客流有影响。意思表达要完整准确，有理论依据，必须联系实际生活中的所见所闻。

5) 教师或企业人员示范指导学生练习处理自动扶梯和站台门简单故障。

拓展与提高

上网或通过其他途径收集各种车站及列车的布局设计，并能对其布局设计进行优缺点分析，提出合理的改进方案。

实践训练

有条件的学校可组织学生到相对先进的城市轨道交通单位进行现场参观和学习，比较典型的城市轨道线路车站，观察车站设施布局设计对客流的影响，进一步强化和提高学习效果。

项目三

城市轨道交通导流信息及电话通信系统

🎥 **知识要点** ⚙

1. 乘客服务信息系统。
2. 城市轨道交通通信系统。

📖 **项目任务** ⚙

1. 根据给定车站或列车设备的布置状况及功能，设计文字或图形信息来揭示其内容及位置。
2. 根据给定的模拟情景，编排乘客信息系统（PIS）的内容。
3. 论述车站信息服务系统对客流的影响。
4. 会操作自动扶梯的开关并能够处理特殊情况。
5. 会进行各种情况下站台门的操作。
6. 会操作交通通信系统终端设备，处理简单的设备故障。

✍ **项目准备** ⚙

准备车站直接服务乘客相关设备设施模型，如车厢、站台、通道设备、闸机、售票机、票务处理机、站台门、股道、街道等。

📘 **相关理论知识** ⚙

一、乘客服务信息系统

《城市轨道交通运营技术规范》（GB/T 38707—2020）规定，车辆应配备乘客信息系统。在运营阶段，运营单位应采取措施，保证硬件设施的功能正常，向乘客提供规范、有效、及时的信息。

乘客需要信息服务的原因大致有如下几种：

1）正常健康者在面对相同、相似的空间和设施时易发生错误，需要明确标记信息。
2）外地乘客和外国乘客对该城市交通不熟悉，需要尽可能详细的信息。
3）乘客在黑暗中辨别导向标志困难，有趋光性，需要有能发光的标志。

4）幼小儿童对生僻字、简化字、非口语化语言不易理解，对鲜艳色彩和易辨认的图形标记敏感，需要卡通类提示标志。

5）老年人和听觉障碍者对声音诱导反应迟钝或听不见声音，对位置需要反复确认。

6）轮椅使用者的视点较低且恒定，特殊设施应予以标志。

7）视觉障碍者对面积过大的导向标志不便掌握理解，需要针对性标志。

针对不同乘客群体对信息的不同需求，地铁运营公司就需要有针对性地提供相应的信息服务内容和方式。

（一）乘客服务信息标志

运营单位应统一提供清晰可靠的乘客服务信息，并应设置标准的静态或动态标志系统，标志的设置应符合《城市轨道交通客运服务标志》（GB/T 18574—2008）的有关规定。

根据《城市轨道交通客运组织与服务管理办法》（交运规〔2019〕15号）规定，城市轨道交通线网应统一标志，车站醒目位置应张贴本站首末班车时间、周边公交换乘信息、无障碍设施指引、车站疏散示意图以及禁止、限制携带物品目录等。出入口、站内指示和导向标志应清晰、醒目、连续、规范。车站控制室、设备房、轨行区等区域应设置醒目的禁行标志，应急装置应设置醒目的警示标志。

车站乘客信息标志分为导向信息标志、公共信息标志、警示信息标志等。

车站乘客信息标志的设置方式包括附着、悬挂、悬臂、柱式、摆放式、站立式等，附着式导向信息标志和站台式定位信息标志分别如图3-1和图3-2所示。

图3-1 附着式导向信息标志

1. 导向信息标志

车站导向应包括固定显示牌、临时标牌、电子显示牌和广播、视频系统等。车站导向标志应设在车站（包括通道、出入口）明显的位置，不得有其他障碍物阻挡导向标志的视觉效果。临时导向标志的摆放不得影响乘客的正常通行和紧急疏散，临时导向设施的设置时间不应超过3个月，若需超过3个月应改为固定导向标志。

车站各类导向标志应保持清晰、完整和处于正常的工作状态。当车站需要改造布局和调整客

图3-2 站台式定位信息标志

流组织时，应及时对有关导向标志进行相应的调整。

城市轨道交通车站乘客导向信息标志系统在功能设计上要充分表达站房设计时的客流组织理念，满足引导乘客快进快出，快捷换乘的要求，同时方便工作人员组织客流。为了更好地与乘客进行信息沟通，地铁运营公司应尽可能多地把乘客应该了解的信息用文字、图形、图表或电子显示等形式进行及时揭示。由于乘客在车站流动速度相对较快，因此车站导向信息标志系统应以静态标志、信息揭示为主，以电子信息显示及语音导乘为辅。

对于换乘站，导向信息标志系统应为各种交通工具之间的快捷切换提供引导服务，同时车站导向信息标志系统应将地域、历史文化、民俗风情等人文因素与信息导向标志信息系统的功能性相结合，赋予导向标志信息系统文化内涵，体现人性化设计，有利于城市的品牌形象建设，北京地铁圆明园站文化墙如图 3-3 所示。

图 3-3　北京地铁圆明园站文化墙

（1）导向信息标志的设计　乘客导向信息标志系统应本着乘客"看得见、看得清、看得懂、找得到"的原则设计，以标志系统化设计为导向，综合实现信息传递、识别、辨别和形象传递等功能，乘客导向标志系统的设计目标如图 3-4 所示。

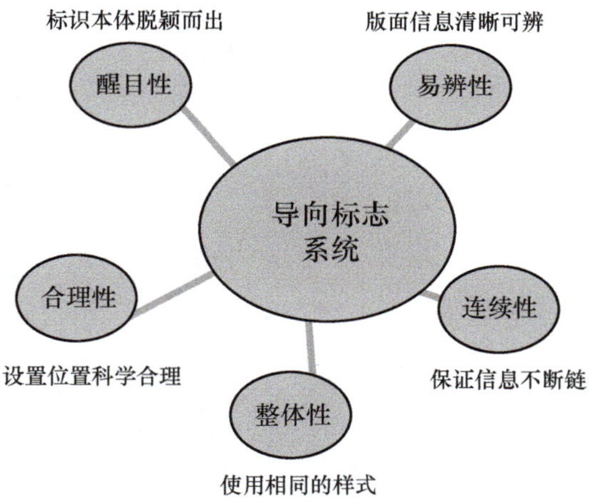

1）标志本体的醒目性。导向标志设置的位置应显而易见，避免被其他固定物体遮挡，与广告之间应有一定间隔，易于让旅客在复杂的站区环境中及时发现，避免旅客因寻找标志长时间停留，导致客流拥堵。导向标志在夜间使用时，应保证有足够的照明或使用内置光源，方便旅客识别。

2）导向信息的易辨性。导向信息中的图形符号、中英文字、数字等彼此之间应清晰可辨，可通过笔画粗细、字体形式、色彩对比等条件来实现。同时标志图形、文字的间隔群组方式、行列间距、周边留白等版面设计也将直接影响到旅客对导向信息的判断。导向标志版面信息排版方式应首先考虑人体生理特征及阅读习惯，版面信息应以横向排版为主，将视觉重心作为优选区，将主要的导向信息和乘客最需要获取的信息排列在此位置，以达到快速导向的效果。

图 3-4　乘客导向标志系统的设计目标

3）标志设置的合理性。标志必须设置在乘客流线相应节点的位置，能为乘客提供在此位置最需要的信息。设置方向应与主客流来向垂直。应尽量避免引导乘客改变方向的情况。避免标志重复设置混淆乘客感观。

4）传递信息的连续性。为了保证乘客在进出站过程中不产生疑问，导向信息的连续表示非常重要。导向系统的点位设置不能仅仅考虑单体，而要前后关联，相互呼应，避免形成导向信息的断链。

5）标志系统的整体性。导向标志系统的设计应注重整体性。各类标志在材质、形式、规格、色彩等方面都要保持统一，形成一个较为稳定连贯的体系，使旅客不易混淆。

（2）乘客导向标志的分类 导向标志按用途分为引导性导向标志、定位性导向标志；按材质分为通电发光导向标志、蓄能或蓄电发光导向标志、不发光导向标志。

所有紧急标志均为夜光标志，如紧急疏散标志、出口导向标志等。

1）引导性导向标志。引导性导向标志是指引乘客进站、乘车、出站以及换乘最为主要的一种导向标志，其作用就是要清晰、准确地将乘客从起始点引导至目的地。标志主要显示的是去目的地的方向，但也包括一些站域周边公共建筑物、车站公共设施指示等辅助信息，以便让乘客更加快速、准确地选择其走行的路线。引导性导向标志包括进站导向标志、出站导向标志、换乘导向标志、安全疏散导向标志等。

① 进站导向标志。进站导向标志是将乘客从地面经由出入口、通道、站厅非付费区、进站检票口、楼扶梯、站台引导至所乘目的列车的导向标志，主要包括：站外路引（沿城市轨道方向500m范围内连续设置）、进站乘车导向、站内乘车导向（按20～30m距离连续设置）、售票导向及定位、检票口定位、行车方向导向等标志（图3-5）。

图3-5 进站导向标志
a）站外路引标志 b）进站乘车导向标志 c）站内乘车导向标志 d）检票口定位标志

② 出站导向标志。出站导向标志是将乘客从城轨列车引导至目的地车站，经由站台、楼扶梯、出站检票口、站厅非付费区、通道、出入口直至地面的导向标志，主要包括：楼扶

梯导向、出口导向、换乘导向、地面信息、出口导向（按
20～30m 连续设置）等标志（图 3-6）。

③ 换乘导向标志。换乘导向标志是将乘客从某线路的
站台引导至另一条线路的站台，经由站台、楼扶梯、站厅
付费区、楼扶梯至另一站台的导向标志，主要包括：楼扶
梯导向、换乘方向、乘车导向等标志（图 3-7）。

④ 安全疏散导向标志。安全疏散导向标志一般设在自
站台设备区和公共区至车站出入口处。其在天花板或站房
房顶下方或沿地面和墙壁连续设置（包括在隧道墙壁上连
续设置引导往车站方向的疏散标志），引导乘客在紧急情况
下迅速疏散。安全疏散导向标志一般采用蓄能或蓄电发光
导向标志，如图 3-8 所示。在车站、列车上、线路、隧道
及客流集散的其他运营场所，运营单元应选定醒目位置，
设置导向、疏散、提示、警告、限制、禁止等安全标志，
并应定期对各类安全标志进行检查和维修。

图 3-6　出站导向标志

a)

b)

图 3-7　换乘导向标志

a）上海地铁龙阳路站换乘导向标志　b）上海地铁世纪大道站换乘导向标志

⑤ 特殊导向标志。特殊导向标志主要指以无障碍原则设计的特殊导向信息标志，它体
现了城市的精神文明，如残疾人电梯、盲道等标志。特殊导向标志的目标单一且明确。墙壁
式特殊导向标志间距在 10m 以内，地面式特殊导向标志间距在 5m 以内（图 3-9）。

a)

b)

图 3-8 安全疏散导向标志

a)

b)

图 3-9 特殊导向标志

a) 上海地铁无障碍检票通道标志

b) 上海地铁敬老卡和电子钱包检票通道标志

2）定位性导向标志。定位性导向标志是对一些停顿点位置的说明和确认，以便使用者能准确、清楚地知晓当前所处的方向和位置，如出入口、售票点、设备用房门牌标志等（图3-10）。

图 3-10　定位性导向标志
a）车站出入口　b）站台定位

3）通电发光导向标志。引导性导向标志通常采用通电发光式，其悬挂在天花板下，外接电源发光，如各出入口方向、乘车导向和闸机上方状态指示标志等。

4）蓄能或蓄电发光导向标志。其主要用于疏散导向标志，通过平时蓄能或蓄电，在没有照明时能自动或主动发光，引导乘客紧急疏散到站外，如图3-11所示。

5）不发光导向标志。其主要用于一些地面信息、安全警示、公共告示和温馨提示等标志。

2. 公共信息标志

公共信息标志包括列车运营、标准时间、公用电话、警务站、卫生间（图3-12）、车站广播、宣传标语、系统适用法律等标志。公共信息标志还有辅助导向信息，如市区图、街区图、换乘图、站区图、站层图、三维透视图等。

图 3-11　蓄电发光导向标志

图 3-12　公共信息标志

3. 警示信息标志

警示信息标志包括警告信息标志和禁止信息标志。警示信息标志是提醒乘客有危险或禁止乘客不合理行为的标志。在有安全隐患的地方或禁止乘客某种行为时，均会设置一种或多种明确的警示信息标志，如"禁止跳入轨道""当心触电""禁止倚靠站台门""小心碰头""禁止饮食"等标志，如图 3-13 所示。

当心滑倒
Caution, Slippery
When Wet

a)   b)

图 3-13 警示信息标志
a) 禁止饮食卡通警示标志 b) 安全警示标志

4. 信息标志的颜色

信息标志的颜色根据标志内容，依据国家关于公共场所信息标志相关标准规范可分为红色类、黄色类、蓝色类和绿色类。一般禁止、停止类标志用红色，警告和安全注意提示类标志用黄色，指令性标志（如导向标志等）用蓝色，绿色标志为安全通行类标志（如紧急疏散出入口或安全出口导向标志等），信息标志的颜色如图 3-14 所示。

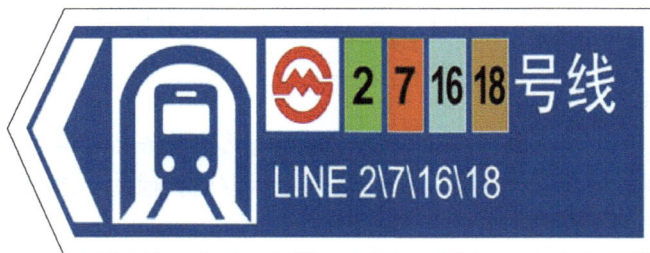

图 3-14 信息标志的颜色

相关知识链接

上海轨道交通网络线路标志色

线路标志色对于乘客识别和认知车站空间具有很好的引导功能，能为乘客提供直观、快捷的线路信息提示，方便乘客换乘。此外，色彩在空间环境和公共艺术中的应用，也为每条线路增添了各自的个性特色。国内外大部分城市的每条轨道交通线路都使用一种颜色作为线路的标志色，如上海 1 号线为红色，2 号线为浅绿色等。线路标志色主要用于站内外导向系统、列车识别、网络地图、车站环境设计等。在多线换乘的车站，如世纪大道站，循着 2 号线的浅绿色、4 号线的深紫色、6 号线的品红色和 9 号线的浅蓝色，乘客可以很方便地找到自己所要乘坐的线路，上海轨道交通网络线路标志色见表 3-1。

表 3-1　上海轨道交通网络线路标志色

线 路 标 志	线　路　号	线 路 标 志	线　路　号
1	1 号线	10	10 号线
2	2 号线	11	11 号线
3	3 号线	12	12 号线
4	4 号线	13	13 号线
5	5 号线	14	14 号线
6	6 号线	15	15 号线
7	7 号线	16	16 号线
8	8 号线	17	17 号线
9	9 号线	18	18 号线

5. 信息标志的符号

信息标志的符号应满足国家相关标准规范以及国际惯用的符号或图形等，便于乘客识别和辨认。我国城市轨道交通信息标志大部分不是很规范，应参照《公共信息图形符号 第 1 部分：通用符号》（GB/T 10001.1—2012）来设计。随着我国对外开放的不断深入，各城市轨道交通文字性信息标志应尽可能采取双语标志，即中、英文双语，特殊地区可加入当地语言，但最多不应超过三种文字，双语标志如图 3-15 所示。

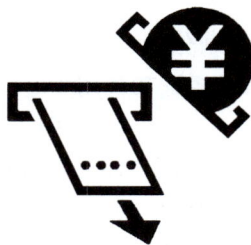

自动售票
Automatic Ticket

6. 信息标志的形状

信息标志的形状一般采用几何形状，如正方形、

图 3-15　双语标志

三角形、长方形、圆形等。如导向标志一般用长方形，警示性标志用圆形或方形，禁止性标志多用三角形或圆形等（图3-16）。

禁止跳下
No jumping down

禁止入内
No entering

图3-16 禁止性圆形标志

（二）乘客信息系统

乘客信息系统（Passenger Information System，PIS）是指为站内、车内乘客提供有关安全、运营及服务等综合信息的设备的总称。PIS以计算机系统为核心，利用网络技术、多媒体传输、显示技术，在指定时间内，通过车站和车载显示终端将指定信息显示给指定人群。

根据《城市轨道交通运营技术规范》（GB/T 38707—2020）的规定，PIS应由控制中心统一采编、制作、管理、下发信息，宜具备各车站发布本站紧急信息的功能。

PIS应确保信息发布的安全可靠，根据《城市轨道交通客运组织与服务管理办法》（交运规〔2019〕15号）的规定，车站PIS应当准确发布当前列车到达时间、后续一班列车到达时间、开行方向等信息，发生突发事件时，及时提供紧急信息。车站PIS出现故障或信息发布错误等情况时，应及时处置。

PIS包括信息发布和信息查询的功能。PIS通过控制中心、广告制作中心、车站控制等系统，对所需的信息实施编辑、制作和传递，并通过车站或列车上的显示器为乘客及工作人员提供以运营信息为主、商业广告为辅的多媒体综合信息显示，如图3-17～图3-19所示。PIS在正常状态下播放列车运行信息、出行信息、政府公告、公益广告等多媒体资讯；在紧急状态下中断其他信息，发布各种救援和疏散指示等文本或图像信息，辅助防灾疏散引导工作。此外，乘客还可以通过触摸屏自行查询气象信息、换乘信息等。

1. PIS的结构

PIS从结构上可划分为六个子系统：控制中心子系统、车站子系统、车载子系统、网络子系统、广告制作子系统和备用中心。

（1）控制中心子系统　控制中心子系统通过接口采集外部信息流（如地面交通路况、天气预报等），对内它将所需的信息以及列车运行状况等进行整合，经编辑、处理手段，生成内部信息，按既定规则或版式播出，以达到向乘客传递信息的目的。控制中心子系统负责视频流的转换及各类信息的播放，监控网络及终端设备的工作状态，并负责系统故障维修的集中管理，确保系统正常运营。

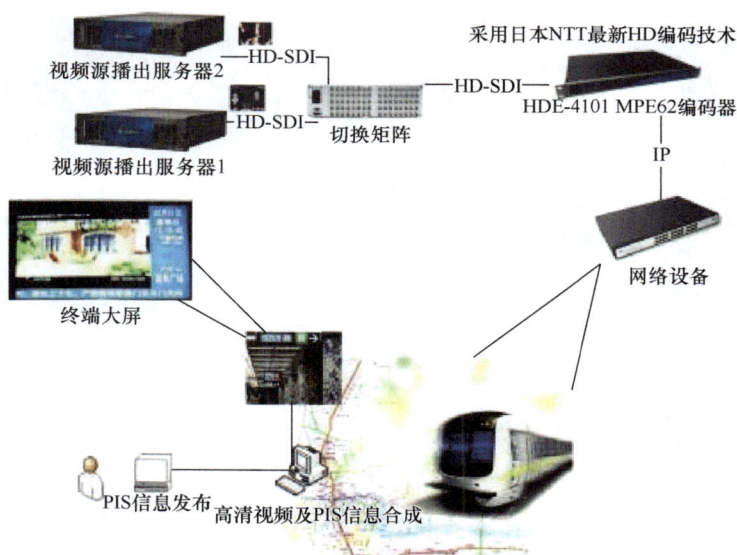

图 3-17　PIS 框架结构示意图

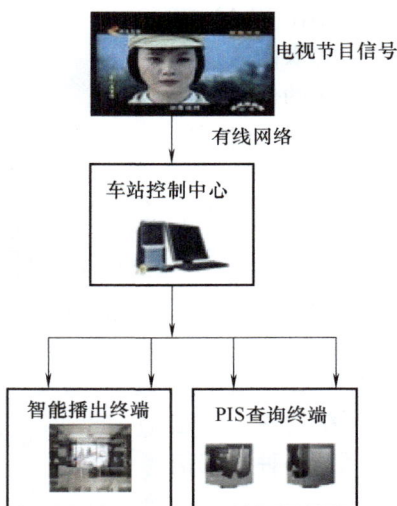

图 3-18　PIS 网络拓扑示意图

（2）车站子系统　车站子系统主要负责管理车站内的 PIS，它集中监控本车站内的 PIS 设备，接收并下载控制中心子系统的数据，如命令、各类信息内容（连同节目列表）、系统参数（时钟信息等）等，并分发至车站内的 PIS 的每个显示终端，此外还负责外部系统数据的导入、导出，控制站内 PIS 每个显示终端的信息发布和站务信息的编辑保存。在控制中心子系统或网络子系统出现故障时，车站子系统按照下载的节目列表和节目内容在本站显示终端上自动播放。

a)　　　　　　　　　　　　　　　　b)

图 3-19　PIS 终端设备

a）终端显示屏　b）智能查询机

　　车站子系统的主要设备包括车站服务器、车站操作工作站、显示控制器、各类显示终端。

　　（3）车载子系统　车载子系统用 WLAN 接入技术，可以实现列车与地面之间的双向高速实时通信。车载设备通过接收无线传输的信息，经处理后可实时地在列车车厢 LCD 上进行音频、视频播放。本系统兼有对列车乘客乘车情况的监视功能，能够通过监视器采集列车车厢内乘客的乘坐情况，并对视频信息进行记录、显示，实时上传控制中心，车载子系统显示终端如图 3-20 所示。

　　（4）网络子系统　网络子系统是利用系统自身构建的以太网给 PIS 提供网络通道，该通道用来传输从中心到各车站、车辆的各种数据信息、视频信息和控制信息。网络子系统包括有线网络、无线网络和车载局域网络三部分。

　　（5）广告制作子系统　广告制作子系统主要用于广告节目的制作和播放，它提供直观方便的界面供业务人员与广告制作人员制作广告节

图 3-20　车载子系统显示终端

目、编辑广告时间表、控制指定的显示屏或显示屏组播放显示指定的时间表。制作好的素材经审核通过后通过网络传输到控制中心和各车站进行播出。

　　（6）备用中心　备用中心设置在车辆段，当控制中心发生灾难性事故时，实现控制中心的主要功能，代行控制中心的职责。

2. PIS 显示终端的位置

PIS 显示终端一般设在比较醒目的地方，设置位置有：

1）出入口外的户外双基色 LED 显示屏。

2）出入口通道连接站厅处 LED 显示屏。

3）下行自动扶梯上部 LED 双基色大屏幕。

4）AFC 闸机群上方 LED 条屏。

5）车站触摸屏（LCD）查询机。

6）站台双面等离子屏。

7）列车车厢内等其他地点。

3. PIS 的功能

（1）信息播出功能　PIS 会将信息分为四种形式播出，包括紧急状态信息、重要信息、预定信息和一般信息。PIS 播出的信息主要包括：

1）乘客引导信息、乘车须知等。

2）即时显示列车到达（图 3-21）和离开的时间。

3）重要通知和突发事件的通知。

4）各种广告信息和便民信息（图 3-22）。

5）转播电视节目（图 3-23）。

6）时钟信息。

7）其他内容。

图 3-21　列车到达时间显示

图 3-22　广告信息及便民信息

图 3-23　转播电视节目

（2）预设紧急信息功能　PIS 可以预先设定多种紧急灾难警告模式（如火警、恐怖袭击等），并设定每种模式的警告信息及各种警告发布参数，方便自动或人工触发进入警告模式。当指定的灾难发生时，PIS 就会进入紧急灾难警告模式。此时，相应的终端将显示乘客警告信息以及人流疏导信息。

（3）实时显示功能　屏幕上不同区域的信息可根据数据库信息的改变而随时更新。实时信息的更新可以采用自动方式或手动方式。实时信息包括：数字电视、网上新闻、天气

（图 3-24）和通告等。工作人员可以即时编辑指定的提示信息，并发布至指定的终端显示屏，提示乘客注意。除此以外，工作人员还可以设定实时信息的发布形式，发布高优先级的信息可以及时打断原来正在播放的信息内容，并及时显示。

（4）时钟同步显示功能　PIS 可以读取时钟系统的时钟基准，并同步读取整个 PIS 所有设备的时钟，确保终端显示屏幕显示时钟的准确性。屏幕可以在播出各类信息的同时提供时间显示服务（图 3-25）。在没有安装时钟的地方，PIS 可以设置终端显示屏或指定的子窗口显示多媒体时钟。

| 图 3-24　列车运行信息及天气实时信息 | 图 3-25　时钟同步显示 |

（5）多语言支持功能　PIS 可以支持简体中文、繁体中文、英文同时混合输入、保存、传输和显示。PIS 也支持 Windows XP 操作系统支持的文字的导入、保存、传输和显示。

（6）集中网管维护功能　为确保系统正常运行，乘客信息系统提供了完备的网管功能。控制中心设置的中心服务器可以实时监控各终端节点的状态，车站服务器管理各自车站的乘客显示终端。中心网管工作站动态显示系统各设备的工作状态，实时监控系统，实现智能声光报警，并能自动生成网络故障统计报表，智能分析故障，实现远程集中控制，理论上可以做到无人值守。

（7）权限管理功能　PIS 是一个面向公众的信息系统，系统分布范围广、节点众多，因此信息安全性十分重要，做好对操作员权限的管理便成了重要工作之一。每个站台的操作员工作站均受 OCC 的操作员控制；OCC 的操作员可设定每一车站的操作员工作站以及其信息录入权限。

4. PIS 信息显示的优先级

PIS 每天都给乘客提供大量的乘客信息，确保乘客安全、顺畅地到达目的地。

根据各种信息的紧急情况，PIS 设置了信息显示的优先级，具体加下：

1）紧急灾难信息的优先级最高，然后依次是列车服务信息、旅客导向信息、站务信息、公共信息和商业信息。

2）高优先级的信息可中断低优先级信息的播出。当高优先级信息被触发时，低优先级信息被中断而停止播出。

3）如果出现紧急信息，则自动进入紧急信息播出状态，其他信息播放终止，系统将以醒目的方式提示乘客紧急疏散，直到警告解除为止。

4）相同优先级的信息，按信息产生的先后顺序播放。

（三）广播系统

广播系统控制台一般设在车站控制室，可对通道、站厅层和站台层同时进行广播，也可进行分区单独广播。有些车站站台监控亭另设有站台广播控制台，车站站台监控亭值班人员可通过广播控制台对本站的站台广播区进行广播。

《城市轨道交通客运组织与服务管理办法》（交运规〔2019〕15 号）中规定，车站站台应广播排队候车、安全乘车等提示信息，列车进站时站台应广播列车到站和开行方向。列车应广播到达车站和换乘信息，需要开启另一侧车门时，应通过广播提前告知乘客。

广播的方式有：人工语音广播、语音合成广播、音乐广播和多路平行广播等。

根据《城市轨道交通运营技术规范》（GB/T 38707—2020）的规定，广播系统还应满足以下规定：

1）广播系统应具备多信源、跨区域广播功能，监听、检测、负载反馈功能，人工、自动预录和播放等功能。

2）广播系统应与火灾自动报警系统联动，并具备消防自动广播或人工广播的功能。

3）广播系统和 PIS 均应获得线路列车运营时刻信息，广播系统和 PIS 的信息内容应保持一致。

二、城市轨道交通通信系统

城市轨道交通通信系统是确保城市轨道交通正常运营的中枢神经，它为城市轨道交通运营各系统、各部门和控制中心之间相互传递信息提供传输手段和通道，确保整个系统正常运营。通信系统应安全、可靠，在正常情况下应为运营管理、行车指挥、设备监控、防灾报警等进行语音、数据、图像信息的传送。在非正常或紧急情况下，通信系统应能作为抢险救灾的通信手段。

在突发事件时（如火灾、列车出轨等紧急情况下），通信系统应能够提供多种通信手段，例如广播、有线和无线调度电话都可以起到指挥通信的功能，电视监视系统能提供图像信息作为辅助决策，传输平台能确保传送各类紧急状态信息，通信系统能快速对外联络，将"119"（火警）、"110"（公安报警）、"120"（救护）等特种业务呼叫自动转移至市话局的"119""110"和"120"上。

城市轨道交通通信系统包括传输子系统、电话子系统（公务、专用）、有线广播子系统、闭路电视（CCTV）子系统、无线通信子系统和时钟子系统。

（一）传输子系统

传输子系统应满足通信各子系统和其他系统信息传输的要求，为各个系统提供传输通道。传输子系统不仅需传输通信系统的所有话音数据、文字和图像信息，而且还需传输信号、电力、自动售检票、防灾报警和环控等系统集中监测监控的实时和非实时的信息。除此以外，通信各子系统，即广播、时钟、电话、闭路电视监视等的各类信息的传送也需要利用传输子系统完成。具体有：

1）为电话、广播、闭路电视等传输语音和图像信息。

2）为无线通信系统提供信道。

3）为供电电力监控系统提供信道。

4）为自动售检票系统提供信道。

5）为环控系统及防灾报警系统提供信道。

6）为办公及其他自动化系统提供信道。

（二）电话子系统（公务、专用）

城市轨道交通的电话子系统是利用同一套程控交换机网组成公务电话子系统和专用电话子系统。

1. 公务电话子系统

公务电话子系统是为城市轨道交通工作人员与地铁内部及外部进行公务联络的通信子系统。一般城市轨道交通可以独立设置一套公务电话系统，也可以利用市话网来满足内部通话，独立设置的公务电话子系统应利用满足市话要求的信令方式与之连接，与市话之间有计费关系。公务电话子系统设备应具备综合业务数字网络的交换能力。

各车站、控制中心、各系统设备的维修单位、各管理单位内部以及各单位之间利用程控交换机联成程控交换机网络，形成城市轨道交通内部办公的公务电话网。

2. 专用电话子系统

专用电话子系统应保证控制中心调度员与车站、车辆基地的值班员之间实现行车指挥和运营管理，调度电话系统应具有单呼、组呼、全呼等调度功能，专用电话子系统终端包括调度电话、站间直通电话、轨旁电话。

（1）调度电话 调度电话用于行车调度、电力调度、环控调度、专用调度和各车站、车辆运用单位等用户之间的直接通话。地铁调度室如图3-26所示，列车司机专用电话如图3-27所示。

调度专用电话

图3-26 地铁调度室

（2）站间直通电话 访问直通电话有专用通道，拎起即直接接通，主要用于办理行车业务。

（3）轨旁电话（图3-28） 设置在线路轨道旁的电话称为轨旁电话，用于有关专业人员和调度及其他有关分机联系，及时报告运行线路发生的故障及其他紧急情况，一般轨道旁隔一定距离就设置一部轨旁电话。

图 3-27　列车司机专用电话

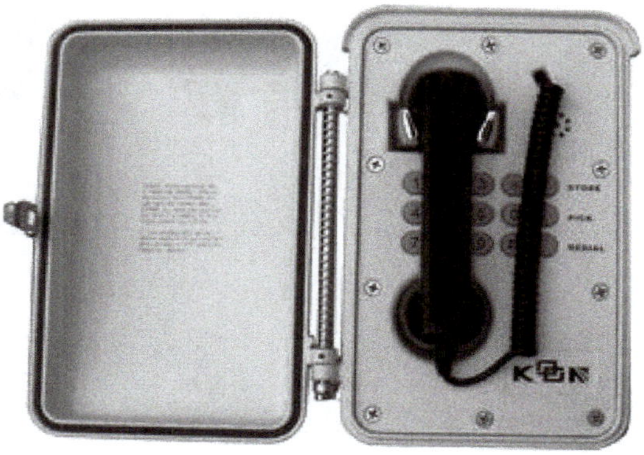

图 3-28　轨旁电话

（三）有线广播子系统

有线广播子系统的主要作用是：对外向乘客及时通报运营信息，播放温馨提示或音乐以改善候车环境；在故障等非正常情况下通报行车、客运等安排情况；对内也可紧急召唤检修、抢修人员和车站其他工作人员等。有线广播子系统应保证控制中心调度员和车站值班员向乘客通告列车运行情况以及安全、向导等服务信息时正确无误，向工作人员发布作业命令和通知时要及时准确。

（四）闭路电视（CCTV）子系统

闭路电视子系统通过安装在车站各处所的摄像设备，供控制中心的调度人员或车站的值班人员实时、有选择地监视沿线各车站或本站站台及站厅的状况；监视客流动态以确保乘客进出站及乘降列车的安全和有序；监视列车在车站的作业情况，以确保行车安全。闭路电视子系统如图 3-29 所示。闭路电视子系统能够为控制中心的调度员、各车站值班员、列车司机等提供有关列车运行、防灾、救灾、乘客疏导以及社会治安方面的视觉信息。闭路电视子系统应根据需求实现中心、车站和列车司机各级的监视要求，各级监视可共享图像资源、按优先级控制云台和摄像机。系统应实现中心一级、车站一级、列车司机或站台站务员一级的三级彼此独立的监视。系统应进行不间断录像，录像资料应至少保留 7 天。

中心一级的用户如行车调度员、环控（防灾）调度员应能任意选择车站和车站内摄像机的图像，并切换至相应的监视器上。中心调度员具有录像和放像权限。

车站一级的用户如车站值班员应能任意选择本站内摄像机的图像，并切换至相应的监视器上。

列车司机和站台站务员一级，供用户监视相应站台摄像机的图像，无控制功能。

中心和车站的监视，均可在固定监视和自动循环监视之间切换。

各监视器显示的图像应伴有监视区域名称、车站名称、摄像日期和时间。

（五）无线通信子系统

无线通信子系统主要供处于移动状态的运营工作人员（列车司机、便携台作业人员、现场检修人员、公安及站务员等）与控制中心、车辆段、车场或指挥处所值班员保持联系，必要时可以使用无线通信设备发布调度口头命令，指挥行车，这是确保行车安全、应急抢险救灾的重要手段。无线通信子系统应具有选呼、组呼、全呼、紧急呼叫、呼叫优先级权限等

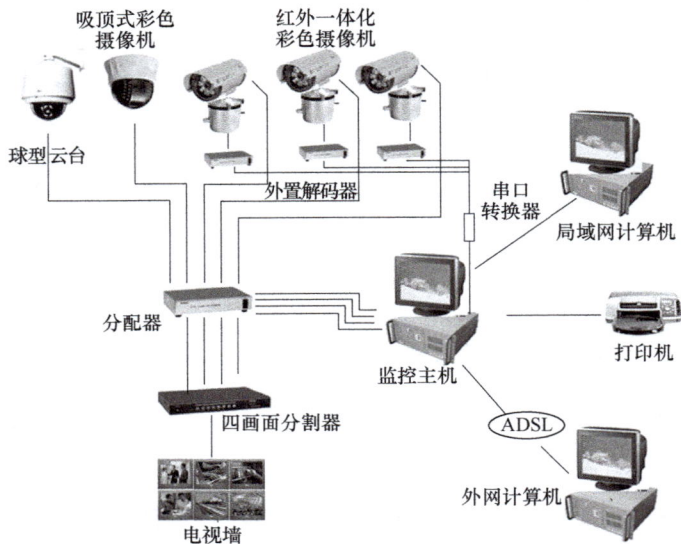

图 3-29 闭路电视子系统

调度通信、存储及监测功能。无线通信子系统由基地台、天线（隧道内漏泄电缆）、列车无线台、便携式无线台及电源等设备组成。

无线通信子系统根据使用主体不同分为列车无线调度电话、车辆段无线电话和应急抢险无线电话等。其中，列车无线调度电话又简称无线列调，是指挥行车的重要工具之一，可实现列车司机与行车调度员、车站值班员之间的即时通话联系，使列车运行置于调度员的实时控制之下，图 3-30 所示为列车司机与调度员进行无线通信联络。

（六）时钟子系统

时钟子系统主要为工作人员、乘客及相关系统设备提供统一的标准时间信息，为城市轨道交通的其他各设备系统提供统一的定时信号。时钟子系统由中心母钟

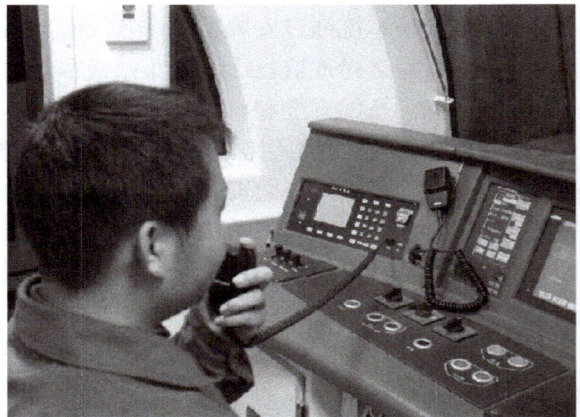

图 3-30 列车司机与调度员进行无线通信联络

（简称一级母钟）、车站和车辆段母钟（简称二级母钟）和时间显示单元（简称子钟）组成。时钟子系统还应适应具有运营关联的线路，同时满足线网运营及各机电系统对统一标准时间信息的需求。

一级母钟设置在控制中心，二级母钟设置在各车站和车辆段，子钟设置在中心调度室、车站控制室、牵引变电所值班室、站厅、站台，以及其他与行车工作直接相关的办公场所。

当设有数字同步网设备时，一级母钟应能接收外部全球卫星定位系统（GPS）基准信号进行校准，一级母钟定时向二级母钟发送时间编码信号用以校准，二级母钟产生时间信号提

供给车站等地的子钟。

项目实施

1）根据给定车站或列车设备的布置状况及功能，设计文字或图形信息来揭示其内容及位置。

实施：

① 老师给定一些资料，如城市轨道交通系统线路图、该车站在线网的具体位置、街道重点建筑标志等。

② 学生根据所学理论知识以及老师提供的设计资料，具体设计文字信息来揭示其内容，并标明其揭示的位置。

2）根据给定的模拟情景，编排乘客信息系统（PIS）的内容。

实施：

① 老师给定一些车站和列车资料，设计一些模拟场景，如地铁突发爆炸等情景。

② 学生根据所学知识编排出 PIS 应该提供的信息内容及方式，如广播子系统的信息编排、视频系统的显示画面设计等，学生应充分发挥创新思维，理解并运用所学知识。

3）论述站车信息服务系统对客流的影响。

实施：由老师指导启发，学生根据以上所学理论知识，结合实际生活中的所见所闻论述，自由发挥，可以分组进行，然后各组互评，达到共同提高学习效果的目的。

4）若有实训设备，则应进行实训练习操作。

拓展与提高

上网或通过其他途径了解其他同类行业的信息服务系统状况，如航空机场、铁路火车站等，结合地铁车站的特殊性，思考地铁系统的信息服务发展的方向。

实践训练

有条件的学校可组织学生到相对先进的城市轨道交通单位进行现场参观和学习，去机场或火车站参观也可以起到触类旁通的教学效果，进一步强化和提高学习效率。

项目四

城市轨道交通车站日常运作

知识要点

1. 车站管理模式及组织架构。
2. 车站各部门岗位工作关系。
3. 车站员工票务职责。
4. 值班站长岗位职责及作业流程。
5. 值班员岗位职责及作业流程。
6. 站务员（售检票员）岗位职责及作业流程。
7. 车站安全员岗位职责及作业流程。
8. 车站开关站作业。
9. 车站边门管理办法。
10. 乘客事务处理。

项目任务

1. 熟悉并掌握各岗位职责及作业流程。
2. 在模拟场景里能按照各岗位作业流程标准作业。
3. 学员能安全使用相关设备备品，能正确操作相关设备。

项目准备

1. 现金、车票、半自动售票机（BOM）等售票用相关备品。
2. 站务安全员用相关备品，如对讲机等。

相关理论知识

《城市轨道交通客运组织与服务管理办法》（交运规〔2019〕15号）中规定，运营单位应根据车站规模、客流情况、设备设施布局、设备系统自动化程度、服务标准、公众需求等，科学设置客运人员岗位，相应配备符合要求的客运人员。人员上岗前应经过岗位培训，掌握本岗位知识和技能。

车站各岗位职责及作业流程是职业教育的重点知识，随着城市轨道车站设备设施的不断发展变化，我国各大中城市轨道车站的设备设施及岗位设置也不尽相同，对各客运岗位的职责及作业程序设计也有很大差异。本项目所列各岗位工种职责及作业流程标准，仅以某些城市地铁公司的车站岗位职责及作业流程标准为例，仅供教学参考。

一、车站管理模式及组织架构

车站是城市轨道交通运营单位（一般为城市轨道公司）的基本单元之一，城市轨道交通运营单位的组织架构设置基本形式如图 4-1 所示。

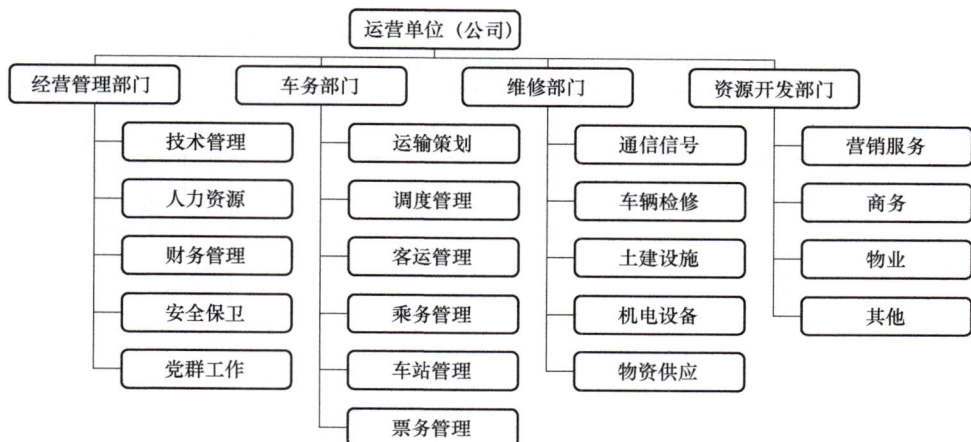

图 4-1　城市轨道交通运营单位的组织架构设置基本形式

各运营单位（城市轨道公司）车站的管理组织架构不尽相同。

1. 上海地铁某号线车站管理层级框架图（图 4-2）

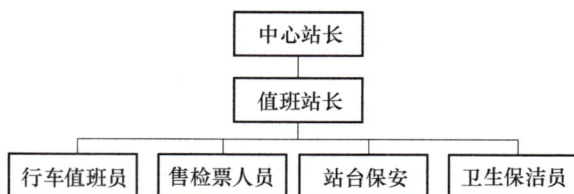

图 4-2　上海地铁某号线车站管理层级框架图

2. 广州地铁车站管理层级框架图（图 4-3）

3. 深圳地铁某公司车站管理层级框架图（图 4-4）

正常情况下，车站管理实行层级负责制，由下至上顺序依次为站务员→值班员→值班站长→副站长→中心站长。信息汇报按照层级关系实行逐级汇报。在非正常情况下，可越级管理、越级汇报。

二、车站各部门岗位工作关系

1. 一般车站常驻部门人员

一般车站常驻运营部门人员、保洁部门人员、设备维修部门人员、城市轨道交通公安部门人员、银行部门人员、商业部门人员等。

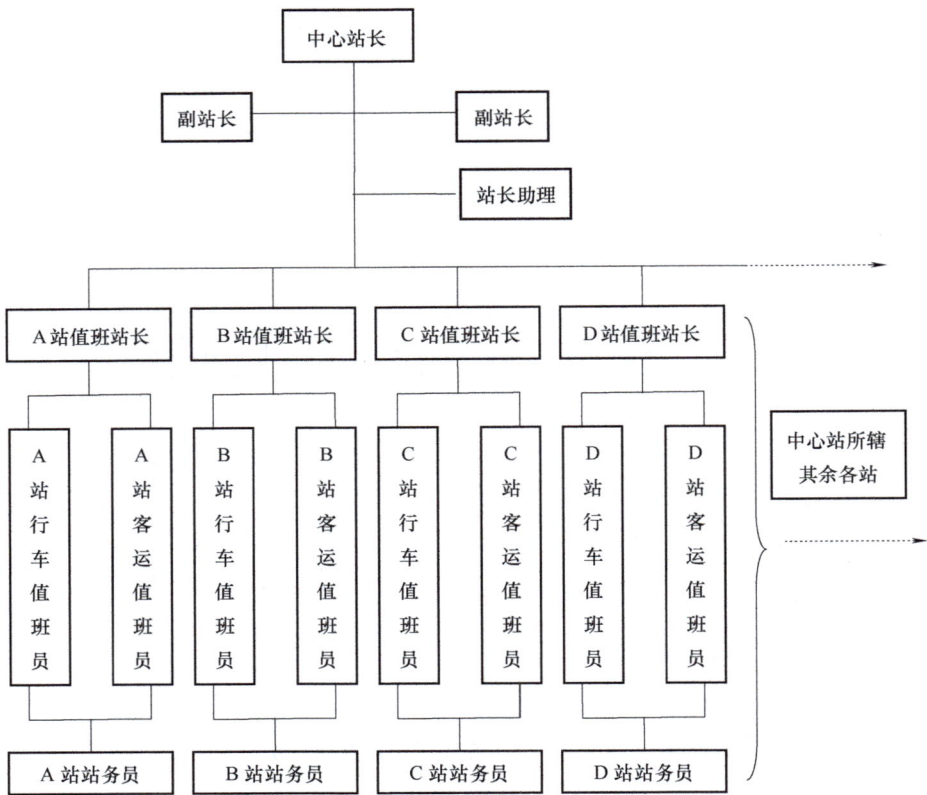

图 4-3　广州地铁车站管理层级框架图

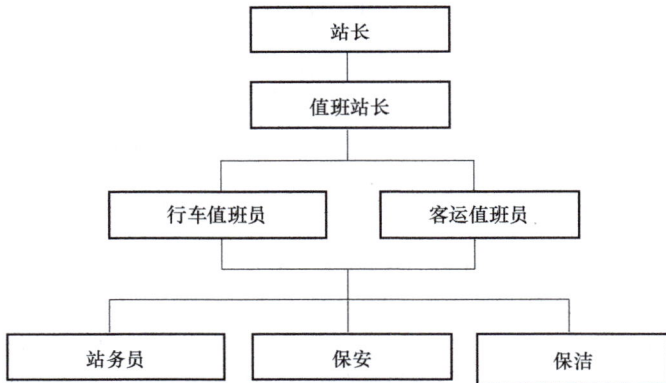

图 4-4　深圳地铁某公司车站管理层级框架图

2. 站内各单位间的工作协调关系

安全是交通运输部门的生命线，因此，在车站日常工作组织中，驻站各单位部门之间的合理分工和密切配合是安全运输的有力保障。《城市轨道交通客运组织与服务管理办法》（交运规〔2019〕15 号）中规定，运营单位应以服务乘客安全出行为导向建立客运、行车、维保等业务工作协调机制，根据客流变化优化客运、行车、维保方案，不断满足客流需要。由于各城市轨道车站组织形式有所差异，因而各部门的协作也有所区别。例如，有些车站成立以中心站站长为组长，警务站负责人为副组长，各单位负责人为组员的综合治理小组。综合治理小组每月至少组织一次会议，解决、协调车站内的治安等工作。

3. 运营部门与其他单位人员工作关系

当运营部门人员需要与其他部门配合工作时，应建立完善的相关沟通制度，例如，有些车站运营部门与其他部门人员工作协调关系如下：

1）综合治理小组成员相互通报相关信息。尤其在重大节假日前，运营站务员应将有关行车方案及站内客运应急方案通报各部门。

2）定期组织各部门参加消防检查或应急与紧急疏散演练。

3）车站站长、值班站长可调动保洁、各专业维修人员、银行人员、商铺人员，参与车站特殊情况下的客运组织及大客流应急处理。

三、车站员工票务职责

（一）站长（图4-5）

1）总体负责车站的票务管理工作，确保车站的票务运作顺畅。

2）负责车站的车票、现金、票务备品安全。

3）处理票务紧急情况。

4）检查、监督、落实车站员工的票务工作。

5）必要时，处理乘客的票务纠纷。

6）保管部分备用票务钥匙。

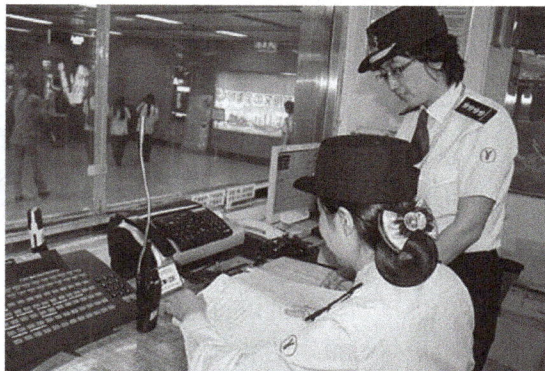

图4-5　站长检查车控室台账

（二）值班站长

值班站长工作岗位和值班站长班前点名会分别如图4-6和图4-7所示。

图4-6　值班站长工作岗位

图4-7　值班站长班前点名会

1）负责本班的车站票务管理工作，确保本班的票务运作顺畅。

2）负责本班的车票、现金、票务备品安全。

3）负责安排票务巡查工作。

4）负责监控车站计算机（SC）的运作。

5）负责补币的监督工作。

6）处理票务紧急情况。

7）检查、监督、落实本班员工的票务工作。

8）必要时，处理乘客的票务纠纷。

9）保管部分票务钥匙。

10）负责跟踪 AFC 设备的运作，并做好记录。

11）按客运方案组织乘客购票乘车

（三）客运值班员（图 4-8）

1）及时安排自动售票机（TVM）钱箱、票筒的更换、补币、补票工作及车票回收盒的清理工作。

2）保管车站的车票、现金、票务备品、部分票务钥匙，并负责其安全。

3）完成相应票务报表、账册的填写。

4）负责车票、报表的接收、上交等工作。

5）负责钱箱的清点工作。

图 4-8 客运值班员在给站务员配票

6）负责车站票款的解行。

7）负责每月报表的装订和存档。

8）安排并监督站务员的票务工作。

9）处理与乘客相关的票务事宜。

10）处理简单的 AFC 设备故障。

（四）行车值班员（图 4-9）

1）负责在运营开始前开启 SC 设备，同时监控 SC 的运作。

2）负责安排钱箱、票筒的更换、补币、补票工作及废票筒的清理工作。

3）安排并监督站务员的票务工作。

4）负责跟踪 AFC 设备的运作，并做好报修及记录工作。

（五）站务员

1）引导乘客正确操作票务设备。

2）负责票务处的票务工作。

3）检查乘客车票的有效性。

4）完成相应票务报表的填写。

5）巡视车站 AFC 设备的运作情况。

图 4-9 行车值班员工作岗位

6）处理与乘客相关的票务事宜。

7）处理简单的 AFC 设备故障。

8）完成上级布置的其他票务工作。

四、值班站长岗位职责及作业流程

（一）通用标准

1）按规定统一着装，挂牌上岗。

2）上岗时精神饱满，举止规范，态度和蔼。

3）遵章守纪，坚守岗位，服从车站管理。

4）认真负责，履行岗位职责，遵守职业道德。

5）扶老携幼，遵守公德，服务为本，不损害乘客利益。

6）服务语言文明，讲普通话，使用"您好、请、谢谢、对不起、再见"10 字文明用语。

（二）岗位技能

1）掌握车站突发及紧急情况下的处理方法。

2）熟悉列车时刻表。

3）掌握局域操作员工作站（LOW）的操作，以及 CCTV、BAS、FAS 的监控。

4）按照公司规定掌控车票、钱款流的操作，确保车票、现金安全。

5）处理乘客的服务需求，解决与乘客的纠纷。

6）合理安排岗位，协调岗位工作。

7）其他需要掌握的技能。

（三）岗位职责

值班站长一般负责本班全站日常的行车、客运管理、乘客服务、事故处理、设备日常管理、安全管理、员工培训、执法管理等工作。客运管理还包括平峰客运组织、高峰客运组织、重点节假日的客运组织、宣传性任务、客运清扫道床管理、临时任务管理等内容。平峰客运组织主要指根据站区的组织方案对平峰时期的客运进行组织、实施与监督；高峰客运组织主要指根据站区的客运组织方案做好早晚高峰客运的保障准备及组织实施；重点节假日的客运组织主要指根据站区的客运组织方案做好重点节假日（如国庆黄金周等）时期的限流及人员布控的准备及组织实施工作；宣传性任务主要指摆设服务台、悬挂横幅等；客运清扫道床管理主要指清扫道床的计划编制、人员安排、安全保障；临时任务管理主要指重大活动、高级领导参观等。

1. 行车、客运和票务管理

1）听从行车调度员指挥，执行行车调度员命令，督导值班员接发列车。

2）负责本班车站的车票、现金安全。

3）督导操作 LOW。

4）负责安排 AFC 设备或其他票务运作系统设备巡站工作。

5）组织特殊、紧急情况下的车站工作。

6）根据需要巡视检查和指导各个岗位的工作。

7）督导票务流程的执行和票务系统的正常运作，现场处理与乘客的票务纠纷。

8）保管部分票务钥匙。

9）其他相关事项。

2. 乘客服务

乘客服务主要包括残疾人服务、乘客接待、应急服务以及特色服务 4 项内容。残疾人服务主要指做好对残疾人的接续服务和预约服务等；乘客接待主要指做好乘客的问询接待工作；应急服务主要指在特殊天气情况条件下组织、落实车站提供的一次性雨衣等；特色服务主要指对有特殊需要的人群提供实用英语、手语等特色服务。具体职责如下：

1）处理特殊乘客的服务需求，如帮助突发状况的乘客、处理失物等。

2）处理乘客投诉、来访、乘客纠纷等。

3）督导本站各岗位按服务标准作业，提供优质服务。

4）处理、汇总当班的服务事件和问题，并及时向站长汇报。

5）对站外导向标志每两周巡视一次，并及时向有关调度报告巡视情况。

6）对站内的服务设施进行巡视，对故障情况及时报修和登记。

7）其他相关事项。

3. 员工关系管理

关系管理主要包括与上司关系管理、员工关系管理、班组间协作管理、外部关系管理 4 项内容。其中员工关系管理具体职责如下：

1）按规定在班前组织接班员工召开接班会。

2）合理安排岗位，协调岗位工作。

3）对当班人员进行督导、检查、考核。

4）对当班员工进行培训、教育，掌握员工思想状况。

5）其他相关事项。

4. 安全管理

安全管理主要包括安全培训与教育、安全业务布置、安全检查、参与事故调查分析以及编制安全应急方案 5 项内容。安全管理具体职责如下：

1）确保行车、车站员工及乘客的安全。

2）确保车站收益安全、设备运行安全。

3）监督车站治安安全、消防安全工作。

4）负责监控和管理夜间站内的施工安全和防护。

5）负责定时全面巡视车站，定时巡视长大通道。重点巡视内容：消防设备设施的状态；站台门的状态；电扶梯运行状态；站台、站厅、通道、出入口设备设施的状态等。

6）处理违反本市"城市轨道管理规定"的行为。

7）负责车站各项安全检查。

8）及时向站长汇报安全情况。

9）其他相关事项。

5. 员工培训

有些城市轨道车站值班站长还需负责本班组员工的实地业务培训，具体有：

1）组织实施车站培训工作，检查评定培训效果。

2）定期总结培训工作，提出改进意见或建议。

3）负责本班业务培训。

6. 执法工作

1）佩戴执法证件上岗，按规定程序执法。

2）负责执法证件、文书、票据的管理交接。

3）填写相关票据，上交罚金和上报处罚情况。

（四）作业流程

1. 班前

1）与前一班值班站长进行交接，熟知上一班的运营情况；早班值班站长负责参加中心站组织的接班会。

2）检查、清点钥匙、行车备品、对讲设备以及执法证、文书、票据等备品。

3）认真检查"当班情况登记本"（图4-10），具体内容大致见表4-1。

4）检查各种台账记录并做好交接，如"钥匙管理登记本""施工登记本""每日运营重要信息""故障设备设施跟踪处理表""中心站交班会会议记录本""每日防火巡查本""调度命令本""行车日志""设施故障登记表"等。

5）检查文件、通知，核实夜班完成或未完成的工作，在接班中模糊、有疑点的问题要问清楚。

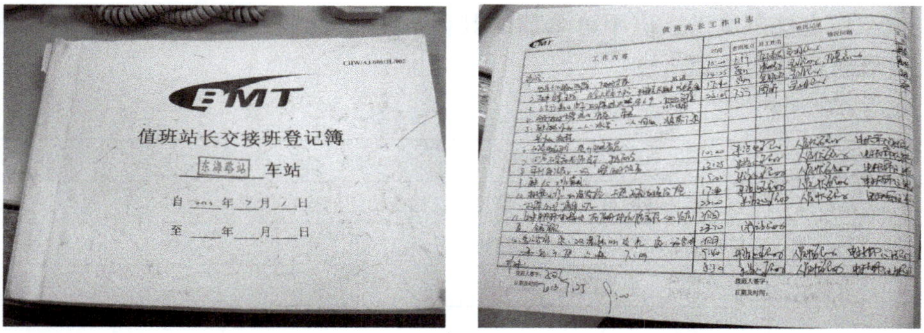

a)　　　　　　　　　　　　b)

图4-10　当班情况登记本

表4-1　当班情况登记本内容

序　号	项　目	内　容
1	行车事项	1）列车运行情况；2）相关新通知；3）施工情况
2	乘客服务	乘客事务
3	票务	1）票务新通知；2）客运值班员工作情况
4	其他事项	上级临时安排或车站发生的事
5	重点事项栏	一些重点工作的完成时间和负责人

6）完成交接后早班要在"当班情况登记本"上签名。签名后如果出现因交接不清产生的问题，由接班值班站长负责。

7）更换服务窗照片。

2. 班中

1）检查人员到岗情况，安排好各岗位的工作。遇突发事件，应及时了解详细情况，到现场担任事故处理组长，并及时向有关生产安全组及相关领导报告事故处理情况。

2）按消防安全要求对车站全部设备进行一次检查，包括站厅、通道、站台以及各设备房。

3）安排所有 TVM 纸币钱箱的更换与清点工作；跟客运值班员结账，开启尾箱；到 AFC 室进行打包返纳的确认与尾箱加封工作；监控客运值班员的交接。

4）定时（运营时间内）全面巡视车站，重点的巡视内容：消防设备设施的状态；站台门的状态；电扶梯运行状态；出入口、站台、站厅、通道设备设施的状态等。

5）督导各岗位员工按章作业，发现违章情况及时作出处理。

6）运营开始或结束时，负责车站的清客、开关站。开站时应确认出入口、电扶梯、照明、AFC 设备状态良好，应在首班载客列车到站前××分钟巡视全站，首班载客列车到站前××分钟完成开启出入口大门、电扶梯的工作，并巡视全站。关站时清站，确认出入口、电扶梯、照明、AFC 设备全部关闭。

7）监控车站当天的施工情况，负责设置特殊指示灯、带施工人员到端墙。

8）及时处理、跟踪当班发生的乘客特殊事务及服务投诉事件。

9）安排有关岗位职工用餐。

10）组织所有接班员工、班中可参加的其他员工（如学员、顶岗班人员等）召开交接班会，交接班内容见表4-2。

表4-2 交接班内容

序号	内　　容
1	参加接班会的员工立岗，值班站长检查员工的仪容仪表
2	传达中心站交班会的会议精神
3	重要文件、通知的传达
4	运营信息的传达

3. 班后

1）与下一班值班站长做好交接工作。工作交接主要包括安全工作交接、票务工作交接、现场工作交接、车站秩序交接、车站记录交接、外委人员出勤交接和临时事宜交接。

2）检查本班所填写的"钥匙管理登记本""施工登记本""车站巡视检查本""每日防火巡查本""行车日志""故障设备设施跟踪处理表"等台账。

3）在"当班情况登记本"上签名。

五、值班员岗位职责及作业流程

（一）通用标准

1）按规定统一着装，挂牌上岗。

2）上岗时精神饱满，举止规范，态度和蔼。

3）遵章守纪，坚守岗位，服从车站管理。

4）认真负责，履行岗位职责，遵守职业道德。

5）扶老携幼，遵守公德，服务为本，不损害乘客利益。

6）服务语言文明，讲普通话，使用"十字文明用语"。

（二）岗位技能

1. 客运值班员

1）能够处理简单的 AFC 设备故障。

2）掌握相关的票务报表、账册的填写。

3）掌握 SC 的有关知识，能够熟练操作 SC。

4）按照公司规定掌控车票、钱款的操作，确保车票、现金安全。

5）处理与乘客相关的票务事宜。

6）掌握车站的客流动态，协助值班站长合理安排售检票员岗位。

7）其他需要掌握的相关技能。

8）掌握车站周边的地理环境及交通状况。

客运值班员工作岗位如图 4-11 所示。

2. 行车值班员

1）掌握 LOW、人机界面（MMI）、局域控制板（LCP）的操作，LOW 停用时负责现场人工排列进路。

2）非正常情况下的各种接发列车方法，如电话闭塞法。

3）做好各项施工登记和注销手续。

4）做好 CCTV、BAS、FAS 的监控。

5）掌握车站安全应急处理程序，如乘客纠纷、车站火灾、乘客落轨等。

6）其他需要掌握的相关技能。

图 4-11　客运值班员工作岗位

（三）岗位职责

1. 客运值班员

1）在值班站长的领导下，主管车站客运、票务管理，组织客运服务工作。

2）负责在 AFC 票务室内的票务处理终端上监控 AFC 设备的运作，负责车票的收发、回收及保管工作。

3）负责车站营收统计工作，统计车票库存情况，及时申请调整库存车票种类、数量，负责各种票务收益票据填写及保管，在 AFC 票务室票务处理终端输入相应数据。

4）负责安排补币、补票工作及车票回收箱的清理工作，安排票箱、钱箱的更换及清点工作，保管车站的车票、现金及部分票务钥匙并负责其安全，负责票务备品的完整、齐全和车站收益解行的实施和安全。

5）协助值班站长管理站务员，处理与乘客相关的票务事宜。

6）安排、监督、协助售票员和厅巡的票务工作。

7）在非运营时间统计汇总当日营收情况。

8）紧急情况下，协助值班站长处理紧急事务。

9）执行分公司、部、中心、车站的有关规章制度，做到令行禁止。

10）完成上级领导临时交办或外部门需协办的其他工作。

2. 行车值班员

1）在值班站长的领导下，主管行车组织工作。

2）负责监控和操作 LOW、LCP、BAS、FAS、主控等设备，通过 CCTV 监视各区域情况。

3）LOW 停用时负责现场人工排列进路。

4）做好各项施工的请销点手续。

5）按规定做好施工监控，负责车站施工作业登记、施工安全监控、施工负责人管理等工作。

6）若有应急信息，按规定做好汇报工作。

7）协助值班站长管理好站务员。

8）做好对乘客的应急广播。

（四）作业流程

1. 客运值班员

（1）日班班前

1）清点车票、现金备用金、票款、钥匙、票务设备备品情况。

2）检查 AFC 设备、门禁卡/钥匙、工器具、备品备件及对讲设备情况及"值班员交接班本""票务钥匙交接记录本"是否按要求填写。

3）检查与票务、客运相关的文件、通知。

4）检查上一班的台账及票务报表，清点交接行李票、发票。

5）其他需要交接说明事项，与交班值班员交接清楚后在有关交接簿签名交接，登录 AFC 票务室 SC 系统。

（2）日班班中

1）首班车到站前给各售票岗配好票、备用金，并检查售票员到岗情况，对 BOM 进行管理卡认证。

2）巡视车站，监督指导客运及票务工作，检查售票员工作情况，进行必要的复核，监督票务政策的执行。

3）及时将相关数据输入 SC 系统，上交票务报表、车票。

4）处理相关客运、票务、乘客事务，做好车站客流组织与控制、票务设备故障的报修与处理，做好失物处理、乘客投诉等工作。

5）保持 AFC 票务室及售票问讯处整洁，并检查是否有车票、现金遗漏，检查发票使用情况。

6）及时做好配票工作，与值班站长共同做好补币、补票的清点工作，并在运营开始一定时期内进行补币、补票，及时更换钱箱和票箱并清点钱箱，与各售票员结账，及时到票务处进行预收款的工作，在规定时间内做好打包返纳的准备工作及封箱工作。

7）统计好本班的车票、现金、发票、钥匙及票务设备备品情况，并在"值班员交接班本""票务钥匙交接记录本"上做相应的记录，与接班客运值班员按规定进行交接（夜班没有交接），退出 AFC 票务室 SC 系统。

8）协助值班站长、行车值班员做好车站非运营期间的工作，确保非运营期间的车站安全；按程序关站，运营结束后更换钱箱和票箱，开启钱箱，清点并打包、结账；填写报表，按要求封好要加封的车票、现金，及时将相关数据输入 SC 系统；在规定的解行时间内做好解行工作：在 AFC 票务室验明押运员身份，填写"现金缴款单""地铁公司装箱清单"，将缴款单、装箱清单与清点打包的票款一同装入缴款钱箱并上锁加封盖章，然后交予押运人员，并在押运单上签字（押运员在押运单上签字盖章）。

（3）日班班后　班后到车控室在"车站工作人员签到簿"上签字，并注销退出 SC。

（4）夜班班前

1）提前 30min 到岗，到车控室在"车站工作人员签到簿"上签字，学习重要文件及上级指示精神。

2）在点钞室与上一班客运值班员进行交接。

3）检查车票、现金、钥匙、票务设备备品情况。

4）检查"客运值班员交接班本"是否按要求填写。

5）检查票务、乘客服务的文件通知是否有要注意的重点工作。

6）检查上一班的票务报表。

7）与交班客运值班员交接清楚后签名。

（5）夜班班中

1）填写各类台账、报表。

2）每两小时巡视一遍车站，检查售票员工作及 AFC 设备运行状态。

3）通过 SC 监控 AFC 设备运行情况，及时更换票箱及清点 TVM 钱箱；发现故障及时报设备调度；维修人员到场后，全程监控其工作。

4）运营结束前 5min 关闭所有 TVM 和进站闸机，到站厅协助值班站长做好对乘客的宣传解释工作。

5）运营结束后，与售检票员结账，钱款封包，封包后与值班站长一起收取 TVM 钱款，核对钱款封包，填写相关台账，核对后签字确认。

6）完成部分报表台账。

7）开站前 20min 协助值班站长巡视各个出入口。

8）开站前 15min 做好配票工作，并检查售票员到岗情况，开启 TVM 和闸机。

9）完成本班全部报表、台账，整理票务室，准备交班。

10）同接班客运值班员交接，交接清楚后签名。

（6）夜班班后

1）班后到车控室在"车站工作人员签到簿"上签字，并注销退出 SC。

2）夜班收车后完成相应的票务报表，按要求封好要加封的车票、现金。

3）夜班运营结束后到票务处检查对讲设备、卫生内务，检查有没有遗漏的车票、现金，检查乘客求助按钮、电器电源等。

2. 行车值班员

（1）班前

1）签到，检查行车备品状态数量，清点钥匙，填好交接台账，登记进入 LOW。

2）检查、阅读"当班情况登记本""钥匙登记本""每日运营重要信息""行车日志"

"设施故障登记表"等台账。

（2）班中

1）正常情况下监控 LOW 和 CCTV，负责站台区域的安全管理。当发生紧急情况时，负责协助值班站长处理。

2）运营前 30min 组织检查线路出清情况并及时报告行车调度员。

3）按要求的模式打开环控设备并检查运行情况。

4）首班载客列车到达前 15min 打开车站照明和 AFC 设备（除闸机）。

5）确认首班载客列车到达前 10min 闸机开启。

6）全面负责车站行车组织，接听各调度电话，执行系统发布的电子调度命令。

7）做好各项施工请销点登记手续，做好施工和工程车（调试列车）开行的安全防护措施。

8）检查、管理对讲机设备的充电情况。

9）监控尾班车广播的播放情况，尾班车开出后关闭 TVM、入闸机、一般照明灯、广告照明灯、协助值班站长清客关站。

（3）班后

1）检查"当班情况登记本""钥匙登记本""行车日志"等台账是否漏填、错填，做好交接班。

2）注销退出 LOW。

3）在"当班情况登记本"上签名下班。

六、站务员（售检票员）岗位职责及作业流程

我国各城市轨道交通系统对站务员的具体岗位描述也有差异，如有些地铁的站务员工作包括售票、问讯、厅巡、站台巡岗等，有些地铁车站则将上述工作内容各自将岗位定义为售票员、售检票员、站务员、厅巡员等。但不论岗位如何定义，其具体负责的是车站最基层的工作，内容大致如下：

（一）通用标准

1）按规定统一着装，挂牌上岗。

2）上岗时精神饱满，举止规范，态度和蔼。

3）遵章守纪，坚守岗位，服从车站管理。

4）认真负责，履行岗位职责，遵守职业道德。

5）扶老携幼，遵守公德，服务为本，不损害乘客利益。

6）服务语言文明，讲普通话，使用"10 字文明用语"。

（二）岗位技能

1）熟练掌握 BOM、TVM 的操作方法。

2）熟悉票卡，熟知票务政策。

3）掌握售票员结算单及乘客事务处理单等相关报表的填写。

4）按照公司规定掌控车票、钱款的操作，确保车票、现金安全。

5）处理与乘客相关的票务事宜。

6）其他需要掌握的相关技能。

7）掌握车站周边的地理环境及交通状况。

售票员工作岗位如图 4-12 所示。

（三）岗位职责

1）执行分公司、部、中心、车站的有关规章制度，做到令行禁止。

2）在客运值班员领导下，负责车站售票工作，按规定处理与乘客相关的票务事宜。

3）按规定时间开关售票窗口。

4）严格执行"一收、二唱、三操作、四找"的作业程序，准确发售票、卡，按规定提示乘客确认票卡面值，不得拒收分币。

5）负责售票问讯处的相关工作，热情接待乘客，对乘客提出的问题，要按规定妥善解决。

图 4-12　售票员工作岗位

6）对无法过闸票卡进行分析，并按规定处理。

7）完成相应票务报表的填写，准确填写结算单，交清当班票款。

8）正确使用设备，确保售票亭内整洁和设备内部清洁。

9）加强防范，确保票款安全。

10）完成上级布置的其他票务工作。

（四）作业流程

1. 班前

1）首班载客列车到站前 ××min 按规定着装，到车控室签到，参加点名交接班，学习重要文件及上级指示精神，了解班中注意事项，听从当班值班站长的岗位安排。

2）到 AFC 票务室领取车票、票务备品（票箱、硬币托盘、验钞机、售票员结算单、乘客事务单、发票）及备用金。领取对讲设备以及票务钥匙，首班车开行前 ××min 到岗，做好开窗准备。

3）首班载客列车到站前 ××min 到岗，检查对讲设备能否正常使用，检查票务设备、备品（验钞机、分钞盒、发票等）的状态、数量。

4）在售票员结算单上填好 BOM 上左右票箱的车票数量，做好开窗的一切准备。

5）检查售票问询处卫生情况及售票问讯处外栏杆、立柱的摆设。

6）检查售票问询处内有无来历不明的现金、车票，若有问题，应立即报值班站长或客运值班员。

7）中班签到并参加点名和交接班会，了解注意事项后，到 AFC 票务室领票及备用金。

8）到岗后，与早班售票员按交接班制度规定交接。交接完毕，与早班售票员共同在"车站售票问询处交接班本"上签认后登录 BOM。

9）管理卡认证成功后，登录 BOM。

10）叠放好一盘硬币，将备用金放入抽屉。

11）将本班验钞机投入使用。

12）插入工号牌，开始开窗服务。

图 4-13 所示为售票员整理钱票，图 4-14 所示为售票员放置服务牌。

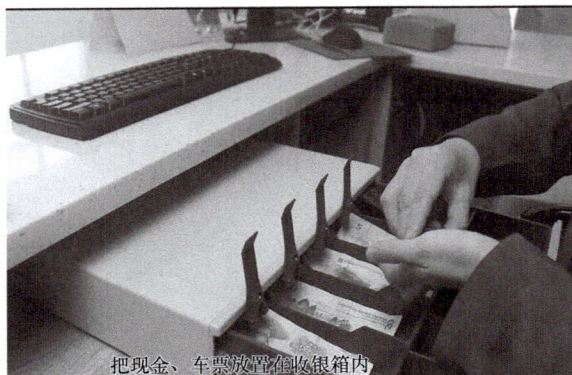

把现金、车票放置在收银箱内

图 4-13　售票员整理钱票

把本人服务牌置于窗口旁乘客容易看见的位置

图 4-14　售票员放置服务牌

2. 班中

1）保持票务处的整洁，票证、报表、钱袋应摆放整齐。

2）当报表、硬币、车票将不够时，提前报客运值班员。

3）锁好门，不能让非当班人员随意进出，收到的现金要分类摆好，数量过多时，应用橡皮筋扎好，通知客运值班员预先收款。

4）班中如需要替换岗位时须退出 BOM，做好票务钥匙、票务设备、对讲设备的交接工作。

5）当乘客索取发票时，给予相应面额的报销凭证。

6）严格按售票作业程序工作，特别在出售、充值储值票时要让乘客确认（表 4-3）。

7）发现站厅异常情况（如乘客携带"三品"，出现乘客纠纷，有老、病、伤、残等特殊乘客进闸等），应及时通报相关岗位或车控室。

8）早班交班时，退出 BOM 与中班售票员按交接班制度规定进行交接，交接完毕后，与中班售票员共同在"车站售票问询处交接班本"上签字，收回工号牌。

9）整理钱、票，带回 AFC 票务室与客运值班员结算，结算完毕后签字。

表 4-3　售票作业程序

步骤	程序	内　容
1	收	收取乘客购票的票款
2	唱	讲出票款金额，重复乘客要求的购票张数和车票类型，如果未听清乘客的要求，应主动礼貌地询问
3	操作	正确、迅速地操作： 1）检验钞票真伪，若为伪钞，则要求乘客另换钞票 2）在 BOM 上选择相应功能键，处理车票，让乘客确认余值
4	找	清楚说出找赎金额和车票张数，将车票和找赎的零钱一起礼貌地交给乘客

"一收、二唱、三操作、四找"的售票作业程序分别如图 4-15～图 4-18 所示。

图4-15　"一收"

图4-16　"二唱"

图4-17　"三操作"

图4-18　"四找"

3. 交接班

（1）交班

1）退出 BOM，报告车控室。

2）将抽屉里的钱和车票整理后放入票盒。

3）将硬币清理好装回硬币袋。

4）关闭本班验钞机。

5）拿走本班的钱袋。

6）填写"票务处交接班本"。

7）拿齐本人所有车票、现金回 AFC 点钞室结账。

8）夜班最后一趟载客列车到站前 5min 停止兑零、售票。

9）夜班清站后，摆好"服务停止"牌，并搞好票务处卫生，整理好票务处内务，退出 BOM。

此外，应正确填好"售票员结算单"上的关窗张数，注销 POS 机，清点好自己的钱款及备品，与交班售票员交接班（交接当班事项，交接所领用的对讲机）；到票务室与客运值班员结账，填写"售票员结算单"及"封包明细表"，将票款打包；归还在票务室领取的票务备品；到车控室在"车站工作人员签到簿"上签字。

（2）接班

1）登记进入 BOM。

2）摆放好车票。

3）叠放好一盘硬币，将备用金放入抽屉。

4）将本班验钞机投入使用。

4. 班后

1）到点钞室结账。

2）结账完毕，到值班站长处报到，在"当班情况登记本"上签名。

七、车站安全员岗位职责及作业流程

（一）通用标准

1）按规定统一着装，挂牌上岗。

2）上岗时精神饱满，举止规范，态度和蔼。

3）遵章守纪，坚守岗位，服从车站管理。

4）认真负责，履行岗位职责，遵守职业道德。

5）扶老携幼，遵守公德，服务为本，不损害乘客利益。

6）服务语言文明，讲普通话，使用"10 字文明用语"。

站务安全员作业岗位如图 4-19 所示。

图 4-19 站务安全员作业岗位

（二）岗位技能

1）掌握站台层发生意外情况时的各种处理方法（参照站务安全员应知应会）。

2）掌握信号灯使用及其显示规定。

3）掌握必须使用工具的操作和维护。

（三）岗位职责

1. 总则

《城市轨道交通客运组织与服务管理办法》（交运规〔2019〕15 号）中规定，车站站台服务人员应维护站台候车及上下车秩序，查看车门和站台门的开闭状态，防止夹人夹物动车。遇紧急关闭按钮触发或消防报警装置启动，要立即查明原因，妥善处置。发生信号故障等突发情况时，车站站台服务人员应按规定协助行车人员做好接发列车引导。具体工作要求如下：

1）实行属地管理，必须服从值班站长和值班员指挥，执行值班站长和值班员命令。

2）执行分公司、部、中心、车站的有关规章制度，做到令行禁止。

3）注意乘客候车动态，防止乘客跳下站台、进入隧道，维护车站正常的候车秩序。

4）引导乘客站在安全线内候车。

5）当列车关门时，密切注意列车车门状态。

6）当列车起动时，注意乘客和列车动态。

7）当遇有清车或列车不停本站时，做好解释劝说工作。

8）当车站发生伤亡事故时，做好取证工作，并协助公安人员清理现场。

9）完成上级领导临时交办的工作。

2. 厅巡职责

《城市轨道交通客运组织与服务管理办法》（交运规〔2019〕15号）中规定，车站工作人员应对车站出入口、站厅、站台、通道等公共区域进行巡视，检查应急设施、PIS、自动售检票设备、标志标识、照明设施、电扶梯、站台门、站台候车椅状态，巡视频率不应低于每3h一次，发现异常情况及时进行处理；遇客流高峰、恶劣天气、重大活动等情况，应根据需要增加巡视次数。具体巡视职责如下：

1）站厅和通道巡视时，注意站厅付费区、非付费区乘客的动态，发现有违反地铁规定（精神异常、醉酒的乘客等）的要及时制止，必要时请求警务人员或其他同事协助；帮助乘客，回答乘客询问，特别注意帮助老、弱、病和有困难及伤残乘客，为乘客提供优质服务；发现携带违反地铁管理条例物品（"三品"、超长、超重物品等）的乘客，要及时劝其改乘其他交通工具并报车控室；引导不能正常进出闸的乘客到票务处处理（图4-20）；负责站厅员工通道门的管理，对通过通道门进出的人员进行严格登记；设备异常摆放暂停服务牌（图4-21）留意地面卫生，对水渍、杂物等及时清理和设置警示牌（图4-22），防止乘客摔倒。

图4-20　厅巡引导乘客出闸

图4-21　设备异常摆放"暂停服务"牌

图4-22　地面有积水摆放"小心地滑"牌

2）负责处理简单的 AFC 设备故障；引导乘客正确操作票务设备；巡视车站 AFC 设备的运行情况；协助票箱、钱箱的更换（或清点）工作；完成其他相关票务事宜。

3）在站厅、出入口范围发生的治安、安全（客伤）事件，要及时赶到，保护现场，同时通知车控室，寻找两名及以上目击证人，对伤者可使用外用药。

4）负责站厅、通道设备、设施的安全，运营时间内定时巡视出入口并将巡视情况报车控室，车控室做好记录。发现有故意损坏或偷窃地铁设备设施行为时要及时制止，留下肇事人，报车控室处理。

3. 站台巡视岗职责

1）站台巡视时，检查站台监控亭内所有设备设施的状态是否良好，有无缺失（接班后第一次巡视站台时完成即可）；检查消防设备设施的状态；确认消防栓、灭火器箱上的封条是否完好，发现破封的，要检查里面的设备是否齐全；检查站台门的状态，包括站台门上的顶箱前盖板是否锁闭，站台门和端墙门是否正常关闭等；检查上、下行尾端的缝隙灯状态是否良好；检查电扶梯运行是否正常，包括电扶梯有无异响，梯级上有无异物（有异物应及时清理）等；检查站台其他设备设施的状态，如电扶梯处栏杆、线路导向牌、站台候车椅等的状态是否良好（是否松动）；留意站台乘客的候车动态，及时提醒特殊乘客注意安全（如对不便乘坐扶梯的乘客提醒其走楼梯），提醒乘客不要倚靠站台门等。另外，巡视时还需要携带相关备品和钥匙（如对讲机、扶梯钥匙等）。

2）车门（或站台门）关门时，确认其运作情况，发现车门（或站台门）未关闭好时，第一时间通知列车司机，并及时汇报车控室，负责处理故障站台门。

3）必要时，如需要清客，负责清客工作。按规定或应列车司机要求确认站台安全后向列车司机显示"好了"信号。

车站巡查作为站厅岗（厅巡）和站台岗（安全员）日常工作的重要内容之一，它的主要目的就是及时查明和消除隐患，避免事故的发生。

车站巡查时，需要定期巡查车站所有公共区，主要包括：站台（确认地面、相关设备情况，乘客是否在安全线以内候车等）；通道（确认地面、相关设备情况，有无乘客在通道内滞留等）；电扶梯（确认是否有携带大件行李的乘客、行动不便的老年人等）；自动人行道。

4）车站巡查乘客管理作业：

① 随时关注客流情况，避免因人多拥挤而构成危险，防止乘客抢上抢下（图4-23）。

② 迅速移去任何阻碍客流的障碍物。

③ 做好在发生紧急情况时疏散乘客的准备：广播、通告、应急方案。

④ 防止儿童在车站范围内嬉戏。

⑤ 防止乘客携带任何危险品、攻击性物品或有害物品进入地铁范围。

⑥ 防止乘客运送可能会导致意外、滋扰其他乘客或损坏公司财物的物品。

图4-23 站台岗阻止乘客抢上抢下

⑦ 要求携带笨重物品或行李以及使用轮椅的乘客使用垂直电梯,切勿使用电扶梯,以免构成危险。

5)车站巡查消除隐患:

① 及时清理地面积水、液体、泥泞或其他污渍。

② 当遇雨雪天气时,及时铺设防滑用品及清扫出入口外积雪。

③ 避免在湿滑砖面和金属踏板上撒沙粒。

④ 当隐患不能彻底消除时,设置适当的防护警示标志。

⑤ 在接触轨停电后,方可进入轨道区域,除非车站员工获授权处理紧急事宜,但必须穿好绝缘鞋,做好自身防护。

⑥ 有关员工在停止电扶梯或自动人行道前,必须确保梯级和踏板上均没有人,在紧急情况下也要先警告后行动。

📖 相关知识链接

某地铁公司有关岗位职责

1. 电扶梯巡视岗安全职责

1)电扶梯巡视岗人员应严格遵守巡视制度,密切注意乘梯人员动向及电扶梯运转情况。

2)阻止盲人、残障者、行动不便者及学龄前儿童等不宜单独乘梯者单独乘坐电扶梯。

3)严禁使用电扶梯运载货物、重物及可能卡坏、刮坏、腐蚀、污损电扶梯设备的物品。

4)在未得到上级部门批准的情况下,不得使电扶梯按照与规定使用方向相反的方向运行。

5)向乘客宣传文明乘梯守则,及时制止乘客不安全行为。

6)发现异常情况应立即停梯。属电扶梯故障的情况,严禁继续使用或擅自维修,应在加设护栏及故障停用标志后及时报修。

7)当发生突发事件导致运营秩序混乱影响正常运营时,根据值班站长的指令,关闭电扶梯,悬挂宣传提示牌。

8)当遇有乘客摔倒、摔伤等不安全情况时,及时关闭电扶梯,做好救治处理工作,并将情况向值班站长汇报。

9)开关电扶梯前应进行检查,确认电扶梯上的乘客全部出清。

10)当电扶梯停运时,悬挂宣传警示牌,禁止作为步梯使用。

2. 站台管理

1)维持站台舒适、安全的候车环境。

2)在特殊情况下协助列车进行事件处理。

3)确保站台设备正常,发生故障及时报修。

4)对任何非正常的情况保持警觉,如突发事件、站台门故障等。

5）提供适当协助，确保列车按运行时刻表时间离站。

6）在车门和站台门即将关闭时，劝阻乘客切勿抢上、冲击站台门；留意车门、站台门的关闭情况，特别注意是否有乘客可能被门夹住。

7）提高警惕，留意发生任何事故或异常情况的迹象；一旦出现异常情况，及时按动紧急停止按钮。

8）检查站台边缘或列车附近是否存在任何隐患，例如是否有乘客扒站台门、站在站台边缘或站台门上，或在附近摆放物品；站台上不得代人存放物品。

3. 车站房间巡查

有关站务员必须经常巡查其可进入的房间，确保已关闭所有不需要的照明灯；房间清洁，没有垃圾；无其他异常情况。

车站巡查可以消除或减少车站安全隐患，因此，在车站的日常运作中占有极其重要的地位。车站巡查可以分为站厅日常检查、站台日常检查、车站每周检查、车站每月检查、车站定期/每季度/每半年/每年的检查等。这些检查分别使用相应的站厅每日检查表，见表4-4。车站当班的工作人员需要认真填写检查表，记录巡查的大致情况。

表4-4　站厅每日检查表

车站：　　　　　　　　　　　　　　　日期：

检查项目	甲班	乙班	丙班	备注（行动）
（1）AFC 设备				
（2）出入口、行人天桥和通道				
（3）地面				
（4）乘客信息显示系统				
（5）电扶梯及电梯旁广告板				
（6）标志牌				
（7）广告板				
（8）排水管道				
（9）玻璃围栏和手控闸				
（10）天花板				
（11）消防栓和火灾报警器				
（12）客用电梯				
（13）公用电话				
（14）垃圾箱和烟灰缸				
（15）照明				
（16）电源插座和电视架				
（17）墙壁和墙柱				
（18）小贩和乞丐				
（19）时钟/闭路电视摄像头/直拨电话台阶				
（20）楼梯（特别注意出入口楼梯和台阶边缘是否磨损）				

（续）

检查项目	甲班	乙班	丙班	备注（行动）
（21）无线对讲机功能检测				
站厅站务员签字				
值班站长签字				

注：检查时，必须关注卫生保洁、环境和照明的情况；若有任何异常情况，必须立即向值班站长报告，并说明设备的正确位置和设备的损毁情况。

（四）作业流程

1. 班前

1）早班上岗前到车控室签到，阅读文件，接受上级交代工作及注意事项。

2）领取相关钥匙（票务设备钥匙、员工通道门钥匙、电扶梯钥匙等），在"门禁卡、钥匙借用登记本"上登记，领取站台应急卡、电喇叭、口哨、切门控钥匙＋贴纸、信号灯或信号旗、对讲机等，在"车站备品（借）用登记本"上登记。

3）带齐工作备品准时到岗。

中班签到后应参加点名和交接班会，了解注意事项；与早班巡视岗按交接班制度规定岗上交接。

2. 班中

（1）站台安全员

1）站台立岗地点：立岗时，必须站立在站台两端"紧急停止按钮"附近5m范围内（图4-24），站台有三名安全员时，四班倒安全员在站台中部。站台有一名安全员时，按照"三部曲"立岗；接车时，在扶梯口或楼梯口等人较多处立岗，并疏导乘客到人少处候车，监控乘客是否携带违规物品，引导乘客排队；车停稳后，引导乘客按秩序先下后上，防止抢上；关门时，面向列车，观察站台的站台门关好、列车车门没有夹人夹物后，走到站台紧停处立岗。

2）站立姿势：接、送列车时，必须呈立正姿势，遵循"一迎、二接、三送"原则。其他时间可呈稍息姿势，但不得坐在站台座椅或灭火器箱上，不得双手背于身后或插在裤兜内。

①一迎（图4-25）：列车进站前面向列车开来方向呈立正姿势，提醒乘客文明乘车，先下后上有序登车；站在黄色安全线内候车，切勿探头张望；分散车门上车。

图4-24　站立在站台两端"紧急停止按钮"附近5m范围内

图4-25　"一迎"

② 二接（图4-26）：列车进站越过站立处所时，向左转90°面向列车，左右扫视提醒乘客不要拥挤、不要手扶车门、注意列车和站台之间的间隙；列车上下客中间至发车前，注意防止乘客在列车和站台间隙处受伤；列车关门时防止乘客被车门夹伤。

a)　　　　　　　　　　　　　　　　b)

图4-26　"二接"

③ 三送（图4-27）：列车发出越过站立处所时，再向左转90°面向列车尾部呈立正姿势，至列车尾部出清站台区域时结束。

3）当上/下行列车同时到站时，接发列车工作由各车站根据实际情况自行制订，原则上由处于列车头部位置的人员接发相应的列车。

4）除接发列车立正时间外，在下一次列车到站前应对站台区域进行不少于一次的巡视。

5）当发生影响行车安全事件时，立即按"一按、二呼、三汇报"程序处理。

（2）站厅安全员（巡视岗）

1）引导乘客正确使用AFC设备（图4-28），对初次乘坐地铁及需要帮助的乘客进行重点关注，引导其购票和进闸乘车。在出站客流高峰期，守候出站闸机，引导乘客出闸和防止单程票流失；及时处理AFC设备故障，解答乘客咨询，若遇解决不了的问题，立即报车控室，并协助客运值班员更换钱箱和票箱。

图4-27　"三送"

图4-28　厅巡指导乘客购票

2）运营时间内定时全面巡视车站，重点的巡视内容：消防设备设施的状态；站台门的状态；扶梯运行状态；站台、站厅、通道设备设施的状态等。若发现有违反城市地铁运营管理办法及地铁乘客守则的行为要及时劝阻，必要时报车控室，按其指示处理。

3）按规定每天巡查车站公共区消防器材和每周巡查车站设备区消防器材，并按规定填写"灭火器检查记录"卡。

4）当站厅、站台发生紧急情况时，第一时间报车控室，并负责协助值班站长处理。

5）在上/下行末班车到站前 5min，在 TVM 上、每组进闸机前摆放相应告示牌。

3. 班后

1）上/下行末班列车开出后，清理站台，确认站台区域无滞留乘客、无异常情况后向值班站长汇报。

2）按照就近的原则，协助关闭站台至站厅的电扶梯。

3）夜班运营结束后，配合值班站长做好清客关站工作。协助客运值班员收取 AFC 设备钱箱和票箱并清点钱箱和票箱。将相关钥匙及对讲设备交还车控室，并在相应台账上注销，交接完毕后签字。

4）参加由站长或值班站长组织的车站交接班会（完工会），学习相关文件和业务知识，阅读当天文件或规章。

5）到车控室归还对讲机，签名下班。

相关案例

车站站台门与车门间夹人动车事件

1. 事件概况

某日 10：12，某次列车到达某站上行站台，列车开门后约 20s，值乘司机看乘客已基本上下完毕，发车计时器（DTI）时间显示为"0"，关车门、站台门，站在站台门与车门缝隙之间确认车门上方指示灯全灭、驾驶室关门灯亮，站在红线外确认站台门状态，看到后端有一个站台门上方指示灯亮，随后站台门关好，于是呼叫"站台门关好"便进入驾驶室，未再观察一下车门与站台门之间的缝隙是否安全。站台岗发现站台门与车门间夹人后呼列车司机，但列车司机没有反应。列车动车后，站台岗在站台显示紧急停车手信号。值班站长通过对讲机听到此信息后立即在车控室按压紧急停车按钮，此时列车已经起动，造成一起站台门与车门缝隙夹人动车事件的发生。本次事件直接对当事男乘客（一名七十多岁的老人）造成了严重的人身伤害（断了三根肋骨），需入院治疗，影响恶劣。

2. 原因分析

1）当值列车司机在站台作业时和进入驾驶室前，未认真确认车门与站台门之间缝隙（图 4-29）的安全，未发现有人被夹在站台门与车门之间；在进入驾驶室后听到对讲机有人呼叫列车司机，列车司机没有问清楚原因，也没有采取任何措施就动车，是造成本次事件的主要原因。

2）站台岗在发现车门与站台门之间夹人情况后，没有第一时间按压紧停按钮，只用对讲机呼叫列车司机，在列车动车后才显示了紧急停车手信号，未能采取有效措施防止列车动车，是造成本次事件的原因之一。

站台门与车门之间的缝隙，北京地铁为了防止站人，专门设计成斜坡，另外还加了挡板。

挡板

图4-29 车门与站台门之间缝隙

3. 防范措施

1）在车站动车前，列车司机必须注意观察站台情况和监听对讲机，发现站台岗显示停车信号或呼叫列车司机停车的，应立即停车，待确认安全后再动车。

2）站台岗或车控室发现夹人夹物动车的，要果断及时采取停车措施，要加强车站员工突发事件应急处理技能的培训和演练，提高员工应急处理能力及素质。

八、车站开关站作业

《城市轨道交通客运组织与服务管理办法》（交运规〔2019〕15号）中规定，车站工作人员应在每日运营前，对车站客运设施设备进行检查，应在首班车到站前完成准备工作，开启所有出入口、换乘通道和自动扶梯、电梯。末班车前一列车驶离车站后，应通过广播等方式告知乘客末班车信息。换乘站应根据列车运行计划、乘客换乘所需时间，及时关闭换乘通道，防止乘客误入。列车退出运营前，应对车内进行巡视，确认无乘客滞留后退出运营。车站关闭前，应对车站进行巡视，播放关站广播，确认无乘客滞留与物品遗留后关闭车站。根据《城市轨道交通运营技术规范》（GB/T 38707—2020）的规定，城市轨道交通线路的全天运营时间不应少于15h。

轨道交通根据其运营特点，运营时间之外余下的时间用来维护和保养运营的设备设施。因此，车站的运作规律就表现为运营时间开启，非运营时间关闭。运营时刻表是轨道交通运营组织工作的基础，车站的开关站工作也必须根据运营时刻表来组织安排，值班站长开站如图4-30所示。

（一）开站作业

不同车站的开站时间随轨道交通首班车的到达时间不同而不同。原则上应在首班车到达前10min，完成所有服务准备工作，开启车站所有出入口。

图4-30　值班站长开站

1. 行车准备工作

每日凌晨4时30分以后，根据控制中心行车调度员的指令，车站开展行车作业准备检查工作，由值班站长负责组织。

(1) 运营线路巡视　行车值班员在车控室确认站内及区间影响行车的各类施工已经作业完毕，线路出清，并已销点后，值班站长携带对讲机与保安巡视站台区域。

1) 检查接触网状态：目测接触网连接正常。

2) 检查线路状态：无异物侵入限界、隧道无渗漏水、轨面无积水现象。

3) 检查站台头、尾端墙情况：无施工遗留工器具，无影响行车物品存放。

确认正常后通知车控室行车值班员。

(2) 站台门状态检查　行车值班员在车控室检查就地控制盘（PSL）状态，故障指示灯应未亮红灯。值班站长和保安在站台区域检查站台门状态。

1) 检查就地控制盘（PSL）：使用钥匙开关站台门，整侧站台门正确开启和关闭，指示灯显示正确。

2) 检查滑动门状态：滑动门开启后门头灯常亮，关闭后，滑动门紧闭门头灯灭。

3) 检查应急门状态：锁闭时，门锁插销正常落位，相邻滑动门的门灯不亮。

4) 检查端门状态：锁闭时，门锁插销正常落位。

5) 检查监控亭控制盘状态：故障指示灯未亮红灯。

确认站台门和端门处于正常锁闭状态，确认一切正常后通知车控室各值班员。

(3) 联锁站道岔功能测试（仅限联锁站）　联锁站行车值班员在车控室进行测试。

1) 检查联锁终端操作设备状态：能正常登录，各项指令可正常操作。

2) 检查道岔状态：道岔转换后道岔位置显示正常，转换后无短闪、常闪现象。

3) 检查进路状态：排列进路后整条进路显示连续绿色光带。

(4) 重要设备状态　由行车值班员在车控室检查各设备系统工作终端运作状态。

1) 检查低压供电状态：车站工作照明及各项设备供电正常。

2) 检查环控系统状态：冷水机组和风机运作正常，环控系统工作站上无红色、黄色报警显示。

(5) 行车备品　值班站长返回车控室检查行车备品。

1) 行车备品数量：行车台账、行车备品齐全。

2）行车备品状态：行车备品功能可正常使用。

（6）收尾工作　按值班站长指示，行车值班员向控制中心行车调度员汇报检查情况。

2. 票务准备工作

客运值班员在车站票务室进行开站票务准备工作，为早班售票员准备上岗用品（客服中心钥匙、相关票务钥匙、备用金、待售储值票等）；准备自动售票机票箱、钱箱，与值班站长或厅巡一起完成售票设备的加币、加票工作，确保投入运营的设备都能正常使用。

车站控制室行车值班员开启自动售检票相关设备（进出站闸机、自动售票机、自动验票机等）。

早班售票员在首班车到站前 15min 到车站票务室客运值班员处领票、备用金、客服中心钥匙、相关票务钥匙，到客服中心上岗。

1）检查对讲设备、票务设备、备品的状态和数量，检查客服中心内有无来历不明的现金、车票，若有立即报告值班站长处理，严禁带私款、私人车票进入客服中心。

2）取下"暂停服务牌"，插入本人工号牌，开启票务处理机并用自己工号、密码登录。

3. 服务设备设施准备工作

行车值班员在车站控制室开启车站正常照明，开启相应的环控系统，在监控终端查看各联动设备的运行状态，确保开启模式正确，无设备故障。

保安开启车站各出入口，并与厅巡开启自动扶梯和垂直电梯，在开启过程中要做好安全防护，观察运行情况，有异常情况立即报车站控制室。

4. 开站程序及各岗职责

开站程序见表 4-5。开站车站各岗位人员的职责见表 4-6（以某站为例供参考）。

表 4-5　开站程序

1. 开启照明	1）开启模式标准：首班车到站前 15min，在综合监控系统（ISCS）上开启站厅、站台工作照明，确认相应模式正确开启
	2）确认状态标准：检查站厅、站台工作照明，确认无故障灯具
2. 开启 AFC 设备	1）开启设备标准：首班车到站前 10min，在车控室 AFC 系统上开启 TVM、AVM、闸机，确认 AFC 系统上所有 TVM、AVM、闸机的图标为绿色状态
	2）确认状态标准：检查确认站厅所有 TVM、AVM、闸机显示正常，后门锁闭，闸机的进出站状态箭头显示正确
3. 开启电扶梯	1）开启设备标准：首班车到站前 10min，站务员携带钥匙在现场开启自动扶梯和垂直电梯，开启前须确认梯级上无人、无杂物
	2）确认状态标准：检查自动扶梯无异常声响，运行方向正确，垂直电梯升降正常
4. 开启出入口卷闸门	1）开启设备标准：首班车到站前 10min，携带钥匙在现场开启各出入口卷闸门
	2）确认状态标准：检查卷闸门是否完全打开，出入口有无障碍物，光线较弱影响乘客通行时，须开启出入口照明
5. 准备窗口服务	1）办理配票标准：首班车到站前 30min 售票员到票务管理室领取钱、票、工器具，首班车到站前 12min 到达客服中心
	2）办理交接标准：首班车到站前 10min，售票员在客服中心与客运值班员交接客服中心工器具，并在"车站客服中心交接记录表"上签字
	3）准备服务标准：开启 BOM、对讲设备，插好服务牌，摆放好钱、票、工器具，开始服务

表 4-6　开站车站各岗位人员的职责

序　号	责 任 人	职　责
1	行车值班员	首班车到站前××min，按规定试验道岔、安排人员试开关站台门，检查站台和线路出清情况，并汇报行车调度员。首班车到站前××min 安排人员到站台接发首班车
2	行车值班员	首班载客列车到达前××min，开启环控系统并检查运行情况
3	行车值班员（或值班站长）	首班载客列车到站前××min 打开照明开关，并开启 AFC 设备，首班载客列车到站前××min 开启闸机
4	客运值班员	首班车到站前××min 配好票，并检查售票员到岗情况
5	售票员	首班载客列车到站前××min 到站领票，首班载客列车到站前××min 到岗
6	值班站长（或巡视岗、保安）	首班载客列车到站前××min 巡视全站，首班载客列车到站前××min 完成开启出入口大门、自动扶梯的工作，并巡视全站，开始服务： 　1）确认已完成对 TVM 机的补币、补票 　2）领取票卡和备用金 　3）确认各岗位人员到岗 　4）开启照明 　5）AFC 设备开启 　6）全站巡视完毕 　7）出入口大门、自动扶梯开启 　8）向乘客广播候车的注意事项
7	行车值班员	向乘客广播候车的注意事项

5. 开启车站出入口注意事项

1）一般情况下，车站出入口必须在首班载客列车到达车站前 10min 开放。

2）需要时，可提前开启车站出入口，方便乘客购票，开门前要做好一切运营准备。车站和车站出入口必须在运营时间内开放，除非存在如下因素：

① 实施车站管制而有必要暂时关闭车站和车站出入口。

② 发生紧急情况。

③ 在获得运营经理授权的情况下（必须通知行车调度员）。

（二）关站作业

与开站情况类似，不同车站的关闭时间随末班车的到站时间不同而不同。原则上，在末班车开出前 10min，车站启动关站工作。至末班车到站后，在确认所有乘客都离开车站后，关闭车站出入口，停止对外服务。

1. 关站前车站准备工作

1）末班车开出前 10min，行车值班员开始在全站播放末班车提示广播，提醒需要乘车的乘客抓紧时间购票进站。

2）末班车开出前 5min，行车值班员关停自动售票机和进站闸机，并通知售票员停止售票，播放运营结束广播。

3）末班车开出前，值班站长、站台保安进行站台检查，确认站台乘客均已上车，无异常情况。值班站长必须确保：

① 换乘站的列车接驳按编定的安排进行，获行车调度员特别指示的情况除外。

② 车站内搭乘有关行车线列车的乘客已登上该末班车。

③ 列车司机收到"一切妥当"的手信号。

④ 所有人员必须离开车站范围，获授权留下的人员除外。

⑤ 要确定个别人员是否获授权于非行车时间内留在车站，必须向行车调度员查询。

⑥ 锁上所有出入口前，值班站长必须确保最后一名乘客已离开车站。

⑦ 末班车离站后，必须关闭和锁上所有车站的出入口，防止闲杂人等进入。

⑧ 所有出入口必须在整段非行车时间内关闭。

⑨ 有关员工或获授权的工作队必须从指定的出入口进入车站。

⑩ 开启该出入口需使用其个人获发的钥匙或通行卡，或向获授权的人员借用钥匙或通行卡。

⑪ 不允许非所属站区非当班员工在车站留宿。

2. 关站作业

1）末班车开出后（终到站为末班车到站后），厅巡和站厅保安进行车站清客，在站内按自站台、站厅、通道的顺序进行清客，确保车站范围内将乘客全部出清车站。

图4-31 窗口放置"暂停使用"牌

2）关闭车站自动扶梯、垂直电梯。

3）关闭各出入口。

3. 票务关站作业

（1）客服中心 关站后，售票员在窗口放置"暂停使用"牌（图4-31），退出票务处理机，清点收银箱的钱和票并登记（图4-32），收好收银箱的钱和票，清点携带的票务钥匙、票务设备、对讲设备，离开客服中心时确认门关闭、锁好。

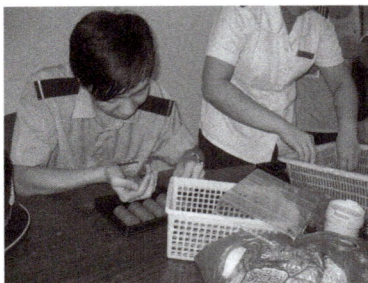

a)   b)

图4-32 清点收银箱的钱和票并登记

（2）自动售检票设备

1）客运值班员对自动售票机的纸币钱箱进行更换，剩余的硬币及车票进行回收。放置"暂停使用"牌（图4-33）。

2）回收出站闸机单程票箱的车票（图4-34）。

图 4-33 放置"暂停使用"牌

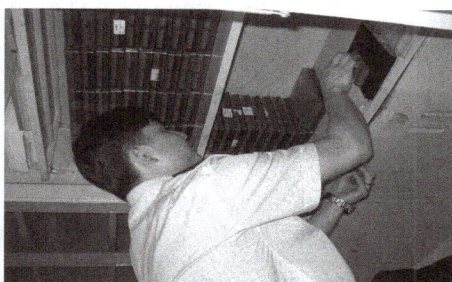

a)   b)

图 4-34 回收出站闸机单程票箱的车票

4. 关站程序及各岗职责

关站程序见表 4-7。关站车站各岗位人员的职责见表 4-8（以某站为例供参考）。

表 4-7 关站程序

1. 播放广播	1）单方向末班车广播标准：上行方向或者下行方向末班车开出前 10min，在车控室计算机上使用播放器，选择站厅区及出入口区播放该方向的末班车广播
	2）关站广播标准：最后一班车开出前 5min，选择站厅区、站台区、各出入口区播放关站广播
2. 售票窗口服务	1）停止进站服务标准：最后一班车开出前 5min，售票员停止出售进站单程票
	2）关闭售票窗口标准：清客完毕后，售票员停止客服中心服务，关闭 BOM、对讲设备，摆放好"暂停服务"牌，收拾好钱、票、工器具，与客运值班员交接客服中心工器具，并在"车站客服中心交接记录表"上签字后锁闭客服中心，回票务管理室结算
3. 关闭 AFC 设备	1）关闭设备标准：最后一班车开出前 5min，在车控室 AFC 系统上依次关闭 TVM、AVM、进站闸机
	2）确认状态标准：在 AFC 系统上确认所有 TVM、AVM、进站闸机图标为灰色状态，现场检查确认 TVM、AVM、进站闸机正常关闭，显示暂停服务

（续）

4. 清客	1）站台清客标准：最后一班车开出前，确认站台乘客均已上车，无异常情况	
	2）全站清客标准：最后一班车开出后，进行全站清客，确认无乘客及闲杂人员逗留车站	
5. 关闭电扶梯	1）关闭设备标准：清客完毕后，站务员现场关闭自动扶梯、垂直电梯，关闭自动扶梯时严禁使用紧急停止按钮	
	2）确认状态标准：自动扶梯关闭后确认无报警信息，运行状态显示为禁止信号，垂直电梯关闭后确认按压上行或下行按钮无作用	
6. 关闭照明	1）关闭照明标准：清客完毕后，在综合监控系统（ISCS）上依次关闭站厅、站台工作照明，确认相应模式关闭，执行车站节电照明模式	
	2）确认状态标准：现场确认站厅、站台工作照明是否正常关闭，节电照明模式执行是否成功	
7. 关闭出入口卷闸门	1）关闭设备标准：清客完毕后，现场关闭各出入口卷闸门及出入口照明	
	2）确认状态标准：现场确认卷闸门全部关闭，未留有空隙，卷闸门开关按钮盒已锁闭	

表4-8　关站车站各岗位人员的职责

序号	责任人	关站程序及职责
1	行车值班员	向乘客广播关站的注意事项
2	值班站长	末班车到达前××min到站厅监督检查站厅、站台、行车值班员等各岗位情况。上/下行末班车开出前×min关闭TVM，通知停止售票和进站检票工作，并监控末班车的广播播放情况
3	值班站长	最后一趟载客列车到达前×min确认所有TVM、入闸已关闭，监控停止售票广播的播放情况
4	巡视岗、保安	最后一趟载客列车到达前×min在TVM、每组进闸机前摆放停止服务告示牌。列车开行后进行检查，确认站台乘客均已上车，无异常情况
5	售票员	收拾票、钱，整理票务处备品，注销BOM，回AFC点钞室结账
6	客运值班员	与售票员结账
7	行车值班员	运营结束后，执行车站节电照明模式
8	值班站长	清站，确认出入口关闭，自动扶梯、照明、AFC设备全部关闭

5. 关站清客时行车调度员作业（表4-9）

表4-9　关站清客时行车调度员作业

步骤	作业要点	具体内容
1	停止相关轨道上的所有行车	1）即将清客的轨道需停止 2）乘客离开车厢后可能途径的轨道需停止
2	指示列车司机做好清客前的准备	停止所有列车运作，只维持无线电正常操作
3	通知环控调度员	关断牵引电流，采取防护措施
4	命令受影响区域的值班站长执行清客程序	1）亮起隧道灯，关掉鼓风扇，采取相关保护措施 2）向有关值班站长查证：列车停止的正确位置，指示其在何处清客，往列车哪一端清客

（续）

步　　骤	作业要点	具体内容
5	确认清客已结束	与列车司机确认： 1）所有乘客已离开车厢 2）是否有伤残人士还留在车上 与值班站长确认： 1）所有乘客已撤离车厢及轨道 2）要求值班站长派员工步行巡视各轨段，并确认轨段已畅通无阻
6	恢复正常运作	接获值班站长通知轨道已畅通后，指示： 1）牵引电流送电 2）列车司机限速将列车驶往下一站 3）根据情况，部分或全部恢复正常运作

九、车站边门管理办法

车站边门设置于付费区和非付费区之间，是隔离围栏的一部分，可以单独打开和关闭上锁，平时处于锁闭状态，一般车站至少设置有2个边门。

正常情况下一般不使用车站边门，只是在车站发生突发事件需快速疏散乘客时（如闸机故障、火灾等），或因地铁设备、设施维修的需要需运送大型工具时才开启边门。

当地铁车票功能和种类还未完善时，车站边门还可以临时作为人工检验车票进出站的闸口。图4-35所示为站务员指引使用边门的乘客登记，图4-36所示为站务员为乘客打开边门。

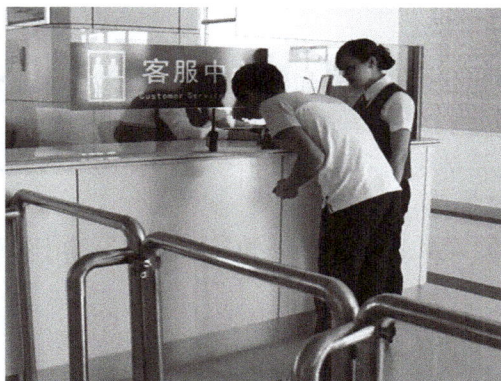

图4-35　站务员指引使用边门的乘客登记

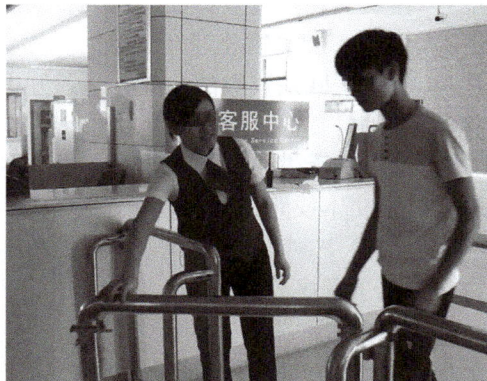

图4-36　站务员为乘客打开边门

十、乘客事务处理

城轨乘客在乘车过程中难免会出现各种各样的事务需要工作人员来处理，一般情况下处理程序及要求有：

1）接到信息后，必须第一时间处理，如果当事人无法处理，应立即通知上级，相关人员接到信息后，必须在 3min 内到场为乘客处理相关事务。

2）如乘客对车站现场回复不接受，车站工作人员可指引乘客填写《乘客意见卡》，并转交所在部门处理，由部门服务管理人员在 2 个工作日内回复乘客，如乘客仍不接受则立即将《乘客意见卡》转交服务总台处理，乘客信息处理员按照相应的流程处理，回复乘客。

3）对于较严重的乘客投诉（如人员服务态度、员工错误操作等），车站须立即报所在部门及服务总台备案。

（一）乘客失物处理

1. 乘客失物处理办法

1）公司建立完整的登记台账和监督机制，如办理交接的办法等，车站或公司对失物实行专人管理，指定人员负责遗失物品的登记、保管、认领、移交。

2）遗失物品的清点、检查、登记、认领应由两人（负责人岗位以上人员）同时进行。

3）失主认领遗失物品时，应描述失物特征，出示有效证件，负责人或负责人上级值岗人核对无误并办理有关手续后，方可将失物交还给失主。

4）遗失物品为违禁品、危险品、机要文件、大额现金或有价票据及贵重物品时，应立即转交公司公安机关、车站或公司并保存移交记录备查。

5）遗失物品未交还失主前，车站或公司应妥善保管，任何单位和个人不得侵占和挪用。

6）遗失物品按规定期限无人领取时，可按无法移交物品办法进行处理。

2. 乘客失物处理程序

（1）一般失物处理程序

1）车站客运值班员与失物拾获人当面检查、核对失物，并详细填写《车站失物处理登记单》，注明失物数量及特征，双方签名确认。

2）将《车站失物处理登记单》粘贴在失物上。

3）有失主联系资料的，先及时通知失主到车站认领失物。如无失主联系资料，车站应妥善保管失物。

4）当天如无失主认领失物，车站应在当日运营结束前利用末班车（也可在第二天）将本站失物移交本线路失物处理中心。

（2）特殊失物处理程序 信（文）件、现金、危险品、违禁品和易腐物品等属于特殊失物，按以下程序处理：

1）信（文）件。

①有"特快专递""挂号""机密""绝密"等字样或未付邮资的信（文）件，填写失物登记后立即交站内公司公安签收处理。

②已付邮资的一般信件由车站代为投寄。

③其他信（文）件按一般失物处理。

2）现金及其他有价票据。

①小额现金由两名相关工作人员核实，填写失物登记本后装入信封密封，并加盖个人私章后妥善保管。

② 大额现金及有价票据总额较大的，车站应要求公司公安介入协助，在填写失物登记本后移交公司公安签收处理。

3）危险品及违禁品。发现枪支、弹药、汽油、硫酸等易燃、易爆、腐蚀、剧毒物品时，车站人员在填写失物登记本后立即移交公司公安签收处理。

4）食品与易腐物品。

① 食品与易腐物品可由车站自行处理。

② 有包装的食品在公司规定的保管期限内无人认领时，由车站自行处理。

③ 无包装的食品及易腐物品（如肉类、蔬菜等），保管到当天关站时由车站自行处理。

（3）失物认领

1）一般失物认领程序。

① 由认领人提供失物名称、遗失地点、遗失时间。

② 请认领人提供两项以上最能表现失物特征的证明，如特征相符，则由当时负责人及以上人员至少两位工作人员共同确认并办理认领手续。

③ 认领人须凭本人身份证或其他有效身份证明办理领取手续。认领时要求认领人如实填写相关资料，并由双方在失物登记本上签名确认。

2）现金的认领程序及要求。

① 车站拾得现金后，能及时找到失主的，按上述规定办理认领手续。

② 乘客认领现金时，确认认领人身份后方可办理认领手续，双方在失物登记本上做好登记签收后，即时与失主办理交接。

③ 认领现金时，失物登记本认领事项中的证明人必须是公司定义的负责人及以上人员至少两人签名方为有效。

（4）失物存放及保管

① 失物的存放应设置专用的设备，并指定专人负责，做到有地点、有登记、有交接。

② 贵重物品，如钱包、手机、首饰、有价票据、现金存款单等，必须存放于保险柜内。其他物品，如雨伞、文件、证件等，可存放于储物架或文件柜内。

③ 定期对失物进行清点清理。

（5）无人认领失物的处理
对超过规定期限无人认领的遗失物品，公司可进行清点处理。清点处理时，应该有公司规定的相关负责人及有关证明人在场监督妥善处理，并做好签字确认登记工作。

（二）乘客投诉处理

1. 投诉的原因分析

乘客投诉的原因很多，有些乘客投诉属正当权益保护，视为有效投诉；有些乘客投诉属无理取闹型，应为无效投诉。因此，当接到乘客投诉时应认真对待乘客的两类投诉，妥善进行处理。处理时应注意：受理乘客投诉时使用礼貌规范用语，认真聆听、及时填写"乘客意见表"，问清乘客投诉的原因，记录相关资料内容和联系方式等。

2. 乘客投诉处理原则

1）调查处理工作要及时、客观、公正。

2）坚持处理彻底的原则，即原因分析要彻底、责任分析要彻底、整改态度和措施落实要彻底。

3）严格执行有关信访制度。接受乘客投诉时，如有可能则及时澄清疑点；接受投诉不得推诿，必要时应及时上报有关部门领导。

4）对乘客来信，除负责人外，其他人员不得随意拆看；来信要认真登记、填写"乘客意见表"、检查落实，并将处理结果上报有关部门。

5）对乘客电话投诉，接电话的工作人员要认真登记、填写"乘客意见表"，说明回复时间后，在规定时间报告相关负责人。

6）对于上级转发过来的投诉，由值班站长认真登记投诉内容，说明回复时间后，在规定时间报告站长相关负责人。

7）相关负责人应认真对投诉进行调查，在处理过程中经常与乘客保持必要的联系。

8）相关负责人应及时将投诉处理结果回复乘客，并表示感谢，力求使其满意；如果员工有过错，则应向乘客道歉及维护乘客合法权益。

9）相关负责人应将处理情况答复相关部门，对被投诉的相关责任人进行处理，组织员工进行学习讨论，吸取教训，制订改进措施。

3. 乘客意见管理

建立"乘客意见管理台账"，每月汇总。"乘客意见管理台账"的内容，要包括：

1）事件性质（设备设施、票务政策、人员服务、其他）。

2）乘客资料（姓名、身份证号、性别、年龄、联系方式）。

3）有关员工资料（员工姓名、编号、职务、工作地点）。

4）车票资料（类别、面值、余值、购买地点、日期、误用、过期、损坏等）。

5）有关设施资料（设施编号、地点、事件前后是否正常、不正常情况表现、乘客是否离开设施、历史记载等）。

6）已采取或将采取的行动（已解决、转交其他部门、纪律处分、奖励、其他）。

📝 项目实施 ⚙

1）学生能熟悉并掌握各岗位职责及作业流程。

实施：在理论学习的基础上背记相关内容，可以由老师或学习小组组织检查。

2）在模拟场景里执行各岗位作业流程标准作业。

实施：模拟现场，分组实施。设计各种场景如乘客组、工作人员（值班站长、客运值班员、售票员、站务安全员等）组、检查组等。模拟各工种岗位执行标准作业。

3）学生能安全使用相关设备备品。

实施：提供各种备品模型，按照模拟场景练习使用。

4）模拟场景由授课老师自行设计，原则上以帮助消化理论知识、加强学生动手能力和解决问题的能力为目标。

✍ 拓展与提高 ⚙

搜索相关行业各工种的岗位职责及作业流程，联系实际生活所见所闻，加深对城市轨道交通各岗位职责及作业流程的理解。

复习思考题

1）值班站长的票务职责是什么？岗位职责是什么？

2）客运值班员的岗位职责是什么？

3）客运值班员的岗位技能要求有哪些？

4）售检票员的岗位作业流程是什么？

5）站台安全员的主要工作是什么？

6）站厅安全员的主要职责是什么？

7）车站的开关站程序是什么？

8）一般失物的处理程序是什么？

9）乘客意见如何管理？

项目五

城市轨道交通车站客流组织

知识要点

1. 车站客流组织工作概述。
2. 日常客流组织。
3. 大客流组织。
4. 突发事件客流组织。

项目任务

1. 能正确组织日常客流工作。
2. 能正确组织大客流工作。
3. 能熟知客流组织工作相关设备的简单操作。
4. 能模拟进行突发事件客流组织工作。

项目准备

准备车站、列车、站台、站台门、电梯等模拟现场设备设施及道具。

相关理论知识

城市轨道交通主要通过合理的客流组织及设备运用来完成其大容量的客运任务。客运组织是通过合理布置客运有关设备、设施以及对客流采取有效分流或引导措施来组织客流运送的过程。

影响车站客流组织的因素较多，车站的类型不同，其客流组织的内容也不同。侧式站台的车站相对于岛式站台的车站容易将不同方向的客流分开组织，减少了客流的交叉干扰，但不利于乘客的换乘，且售检票位置设置比较分散，不利于车站管理。岛式站台车站客流交叉干扰大，不利于日常组织，但有利于乘客换乘。因此，不同类型的车站需要根据本站的具体情况科学制订客流组织方案以及各种客流组织应急预案。

一、车站客流组织工作概述

《城市轨道交通客运组织与服务管理办法》（交运规〔2019〕15号）规定，车站应根据本站客流流线组织乘客进出站、换乘。因新线开通、车站客流变化、车站设施设备布局改变、枢纽站衔接等，需要对客流流线进行调整的，应对车站整体客流流线、人员疏散进行统筹论证，必要时可组织专家进行风险评估。车站客流流线设置、设施设备布局等应综合考虑反恐防范、安检、治安防范和消防安全需要。与火车站、长途客运站、机场等相衔接的车站，提供的安检场地应为安检互认提供便利，以减少重复安检，提高通行效率和服务水平。

客流组织的核心是流线的设计。所谓流线，是指车站内乘客的流动过程和流动路线。这些流线具体反映了乘客对于车站站房各类设施的设置及布局的基本要求，其组织水平，不但影响车站的作业安全、效率及能力，同时也直接关系到对乘客服务的质量。

城市轨道交通客运组织工作必须实行集中领导、统一指挥的原则。控制指挥中心（OCC）负责全线的客运组织工作，车站的客运组织由车站站长或值班站长负责。

1. 车站客运组织工作的要求

（1）**安全准时** 安全准时是指保证乘客进站、出站和乘车的安全，确保列车按列车运行图规定的时间运行。

（2）**方便迅速** 方便迅速是指导向标志清晰准确，售检票设备操作方便，确保乘客快捷到达目的地。

（3）**热情周到** 热情周到是指耐心正确地解答乘客询问，主动热情地为乘客服务。

2. 车站客流组织工作的原则

城市轨道交通客运工作的核心是保证客流运送的安全，保持客流运送过程的畅通，减少乘客出行时间，避免拥挤，保证大客流发生时及时疏散。车站客流组织、客流疏导工作应以"流量服从安全""客流有控、疏散有力""路网限流、区域联动、节点控制"为原则，根据车站的实际客流状况采取适当的疏导措施，合理组织客流，保障客流安全、有序。

车站内各种乘客流线均有其特定的内在需求，这些需求均需要通过合理设置与布局乘客站房的各类设备设施来予以满足。为此，在进行客运组织时应特别考虑以下几个方面的原则：

1）避免各种流线相互交叉干扰。具体来讲，在对站房流线设计组织中，应该力求将各种乘客流线分开，尤其是将进站乘客流线与出站乘客流线分开，进出站乘客流线与中转乘客流线分开。

2）最大限度地缩短乘客走行距离，避免流线迂回。一般来讲，对于进、出站乘客流线中流量最大的普通乘客流线，应该首先保证其流动路线最简捷、通畅，流程距离最短。对于流量不大的其他乘客流线，也应根据其特点、需要，尽量缩短其流线距离，避免迂回。

通常，上述各种流线特点的满足及流线组织原则的实现都要依赖于乘客站房内各种服务房舍及设施的合理设置与布局（如站房出入口、楼扶梯、售检票设备的布置等）。

3）完善车站内外乘客导向系统的设置，使乘客快速分流，减少客流聚集和过分拥挤的现象。

4）乘客能够顺利地换乘其他交通工具，换乘过程中人流与车流的行驶路线要严格分开，以保证行人的安全和车辆的行驶不受干扰。

5）满足换乘客流方便、安全、舒适的基本要求，如适宜的换乘步行距离、恶劣天气下的保护、全天候的连廊系统、对残疾人专门设计的无障碍通道、适宜的照明、开阔的视野以及突发事件应急系统等。

车站客流组织内容包括日常客流组织、大客流组织及突发事件客流组织。

二、日常客流组织

车站日常客流组织是指车站客流正常平稳状态下的乘客流动过程的组织，包括进出站口客流组织、进站客流组织、出站客流组织及换乘客流组织4部分。

（一）日常客流流线

1. 进站乘客流线

进站乘客流线按照其流动过程来看，可以分为两种主要类型：

（1）**通过站房直接上车的乘客流线** 这种乘客流线主要包括绝大多数持城市一卡通或储值票等直接通过闸机结算费用的乘客。这类乘客大部分属当地居民中的上班族，在上下班时间是他们的出行高峰。

这类乘客形成的流线如图5-1所示。

进入站厅 → 闸机检票 → 站台候车 → 上车旅行

图5-1 进站乘客流线（一）

（2）**进入车站购票上车的乘客流线** 这类乘客主要是不经常乘坐城市轨道交通工具出行的当地居民或从其他交通工具换乘过来的外地乘客，一般这类客流在节假日或周末比较集中。

这类乘客形成的流线如图5-2所示。

进入站厅 → 询问或换零 / 购票 → 入闸检票 → 站台候车 → 上车旅行

图5-2 进站乘客流线（二）

进站乘客流线中除上述两种乘客流线外，还有流量较少的需要办理其他票务等业务的乘客流线以及各种类型的小股流线。

2. 出站乘客流线

出站乘客流线比进站乘客流线简单，乘客办理手续少，使用站房时间短。一般情况下，终到乘客形成的出站乘客流线如图5-3所示。

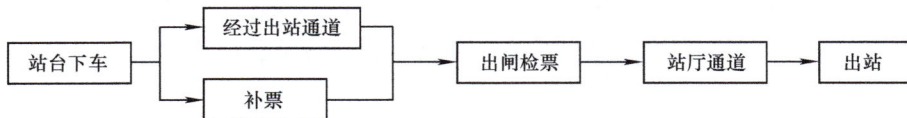

站台下车 → 经过出站通道 / 补票 → 出闸检票 → 站厅通道 → 出站

图5-3 出站乘客流线

其中，有少部分终到乘客在出站后需要办理其他票务等业务。

3. 中转乘客流线

在一些综合型枢纽站或城市轨道线路间的换乘车站，存在大量的中转换乘乘客，他们的流动过程形成了中转乘客流线（图5-4）。

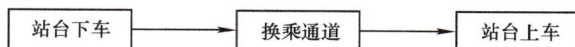

图5-4　中转乘客流线

（二）进出站口（出入口）客流组织（图5-5）

1. 正常情况下进出站口的客流组织

车站进出站口的客流组织应结合实际的客流状况，当车站设施能够满足客流需求时，应采用正常的组织方法，即各出入口全部开放，乘客可进出站双向使用，必要时可在出入口处或楼梯上设置分流设施，保证进出站客流不相互干扰，不发生客流冲突。

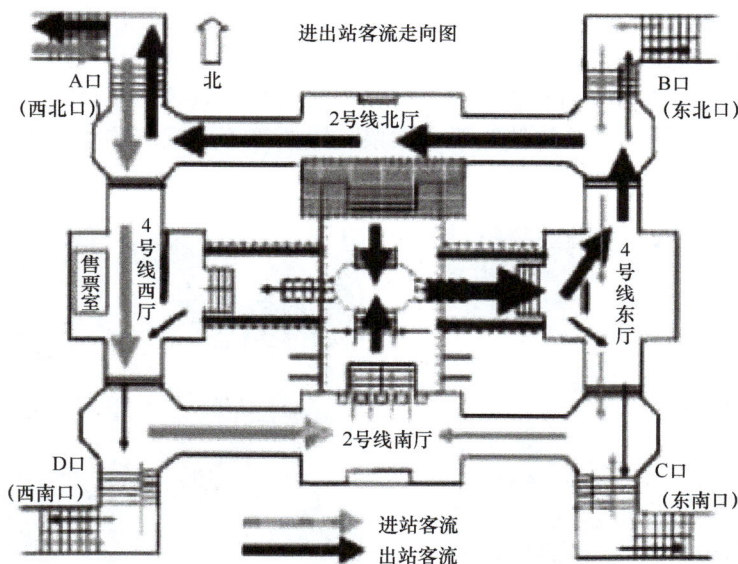

图5-5　北京地铁西直门站进出站客流

对于经过通道与站厅连接的出入口，当客流较大时，可在通道内组织排队，当客流过大时，需在出入口外组织限流。

对于与商场、单位连接的出入口，应考虑客流组成和出行特征，当客流较大时，应按照与相关单位共同制订的措施进行客流组织。

2. 天气异常时进出站口的客流组织

《城市轨道交通客运组织与服务管理办法》（交运规〔2019〕15号）中规定，出现雨雪等恶劣天气时，运营单位应采取铺设防滑垫、设置防滑、防拥堵提示等必要措施，加强广播提示和现场疏导；站内或出入口乘客聚集可能造成客流对冲等情况时，可调整自动扶梯运行方向或暂时关闭自动扶梯，危及乘客安全时，可暂时关闭出入口。

地下车站要通过对出入口的巡视来注意天气变化，遇到降雨或降雪天气，应及时启动"地铁运营车站防汛预案"或"地铁运营车站雪天预案"。

当天气突变时（尤其大雨天气），很多乘客因避雨需要，在出入口处大量聚集，会导致其他乘客进出站困难。因此车站应做好天气异常时的出入口客流组织方案，确保进出站客流安全顺畅。具体要求如下：

1）站务员要经常巡视出入口状况，观察天气状况。

2）遇雨雪天气时，应在出入口铺设防滑设施并及时清理站内湿滑地面，避免乘客摔伤。

3）雨天加强排水沟巡查及淤塞清理工作。

4）加强出入口处的宣传疏导，提高乘客出站速度，并提示乘客防止滑倒。

5）地面线及高架线车站要密切关注车站建筑设施漏雨情况，采取有效措施进行控制，向乘客做好宣传解释工作，保证乘客安全。

（三）进站客流组织

按照进站客流的路线流程进行组织：

1）组织引导客流经出入口、楼梯、自动扶梯（或垂直电梯），通过通道进入车站站厅层非付费区（图5-6）。

2）组织引导部分乘客在自动售票机、客服中心或临时票亭购票后检票通过进站闸机进入付费区（图5-7），引导部分持储值票或次票、周票等不用现场购票的乘客直接检票通过进站闸机进入付费区。

图5-6 站厅通道进站

图5-7 进站客流

3）乘客入闸检票或人工检票进入站厅付费区后，组织引导乘客再通过楼梯、自动扶梯（或垂直电梯）进入站台层候车（图5-8）。

4）乘客到达站台后，应组织引导乘客站在黄线内候车，通过导向标志和乘客咨询系统选择乘车方向和了解列车到发时刻；对于没有站台门的车站，应宣传"请站在黄色安全线以内候车，不要探身瞭望，以免发生危险"。

5）当列车进站时，应关注乘客安全。有站台门的车站，要防止乘客倚靠或手扶站台门，避免站台门开启时乘客被夹伤或摔倒。没有站台门的车站，要确保乘客均站在黄色安全线以内，特别要注意站台车尾位置，避免有乘客跳下或跌下站台，发生危险。

6）列车到站停稳开门后，应引导乘客按先下后上的顺序乘车（图5-9）。请候车乘客站在车门两侧，待下车乘客下车后，再上车，避免乘客拥堵，提高乘降效率。站台工作人员要做好组织工作，防止乘客抢上抢下造成安全问题和纠纷。

图 5-8　引导乘客在车门口候车

图 5-9　车停后引导乘客先下后上

7）当关门提示铃响后，应阻止乘客抢上抢下，请其等待下次列车，防止车门夹伤乘客和影响列车正点发车。

8）当车门关闭后，要观察车门关闭状况，当发现车门或站台门未正常关闭时，若由于乘客或物品被车门夹住，应协助取出并劝导乘客等候下次列车或征求乘客同意后帮其完全进入车厢；若为设备原因，应按相关作业办理程序进行处置。

9）在楼梯边缘和与站台边缘较近的地方，应尽量疏导乘客劝其不要在此处滞留，保证足够的通行空间，防止此处拥挤，出现意外。

10）加强对站台四角的巡视，防止乘客进入区间。

11）乘客物品掉入道床时，要阻止乘客跳下站台捡拾物品，应及时使用工具为乘客提供拾、捡服务。

（四）出站客流组织

出站客流的流动过程如下：

1）乘客下车后到达车站站台时，应组织引导其经楼梯、自动扶梯（或垂直电梯）进入站厅层付费区。

2）乘客通过出站闸机（单程票出闸时将被收回）或人工验票，进入站厅层非付费区后，应组织引导乘客通过导向标志找到相应的出入口，经通道、出入口出站。

3）车票车资不足、持无效车票或无票乘车的乘客到客服中心补足相关费用后，方可出站。

（五）换乘客流组织

1. 换乘区域

按照换乘的地点，客流换乘主要有两种：付费区换乘和非付费区换乘。

（1）付费区换乘　付费区换乘是指乘客到达换乘站下车后，不需要通过出站闸机，直接在付费区内即可根据换乘导向标志指引经楼梯、自动扶梯（或垂直电梯）、换乘通道或平台等到达另一站台层换乘候车。付费区换乘一般包括同站台平面换乘、站台立体换乘及通道换乘。这种换乘组织要求有良好的引导标志和通道设计，在容易出错的地点应安排工作人员值守引导，保证乘客尤其是初乘者安全顺利完成换乘，相关换乘示意图如图5-10～图5-12所示。

图5-10　某换乘车站南北向剖面示意图

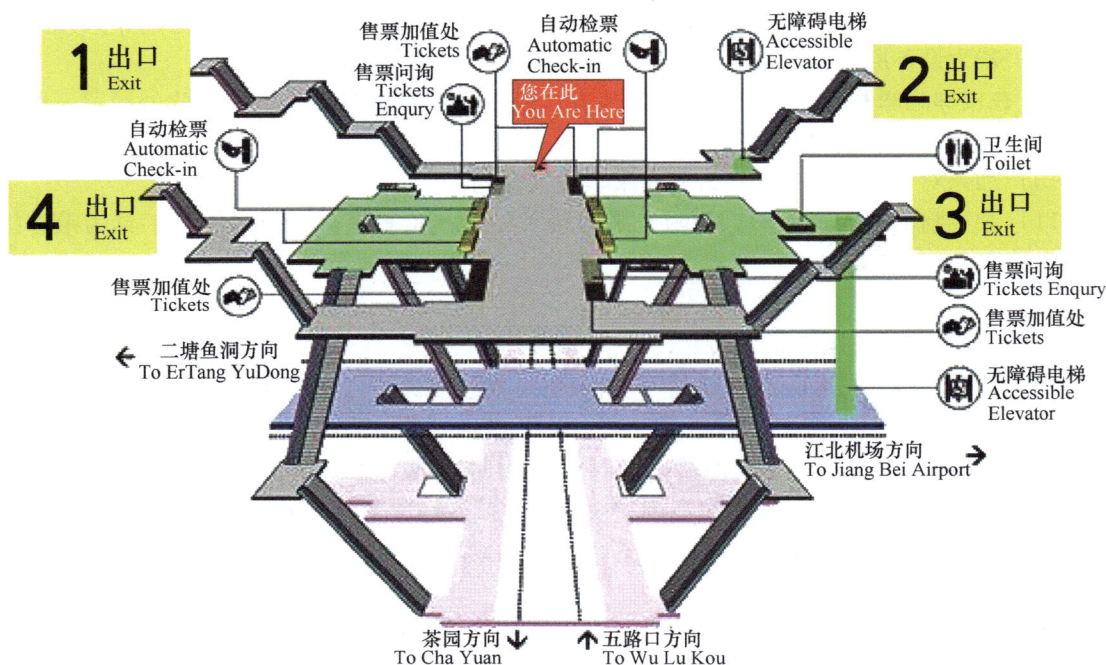

图5-11　北京地铁某站内换乘通道示意图

　　（2）非付费区换乘　非付费区换乘是指乘客到达换乘站下车后，根据换乘导向标志指引，经楼梯、自动扶梯（或垂直电梯）到达站厅层付费区，通过出站闸机进入非付费区或出站，到另一线路重新进入付费区或进站进行换乘。这种换乘组织需要最大限度缩短乘客的走行距离，要有良好的衔接引导标志，并且要避免这部分客流与其他客流的交叉干扰。

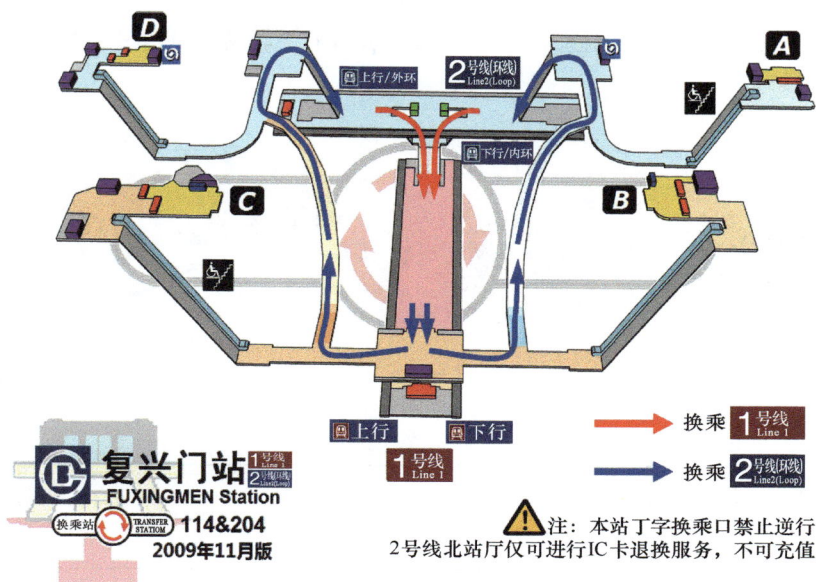

注：本站丁字换乘口禁止逆行
2号线北站厅仅可进行IC卡退换服务，不可充值

图5-12　北京地铁复兴门站客流换乘示意图

2. 换乘方式

城市轨道交通不同线路间的换乘方式如图5-13所示。

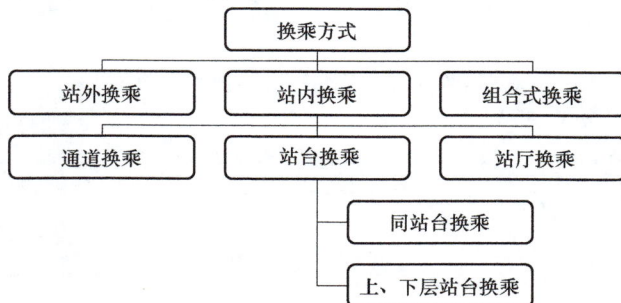

图5-13　城市轨道交通不同线路间的换乘方式

城市轨道交通不同线路间的换乘方式主要有站台换乘、站厅换乘、通道换乘、站外换乘和组合式换乘几种类型。另外还有日常客流波动引起的早高峰、晚高峰客流换乘组织。

（1）站台换乘客流组织　站台换乘有两种方式：同站台换乘和上、下层站台换乘，如图5-14所示。

同站台换乘是指两条不同线路的站线分设在同一站台的两侧，乘客可同站台换乘。这种换乘方式适用于两条平行交织的线路，为方便客流组织宜采用岛式站台设计，要求站台能够满足换乘高峰客流量的需要，乘客无须换乘行走，换乘时间最短，但换乘方向受限。双岛式站台只能实现4个换乘方向的客流在同站厅换乘，单岛式站台每一层只能实现2个方向的换乘客流，其余换乘方向的乘客仍然要通过站厅或自动扶梯、楼梯进行换乘，换乘时间相应增加。在所有换乘方式中，同站台换乘的换乘能力最大，适用于优势方向换乘客流较大的情

111

形。这种换乘方式的主要制约因素是站台的宽度与列车行车间隔，因此客流的合理组织还与站台宽度及列车行车间隔密切相关。北京地铁国家图书馆站9号线和4号线客流换乘组织属于单层同站台模式。

a)

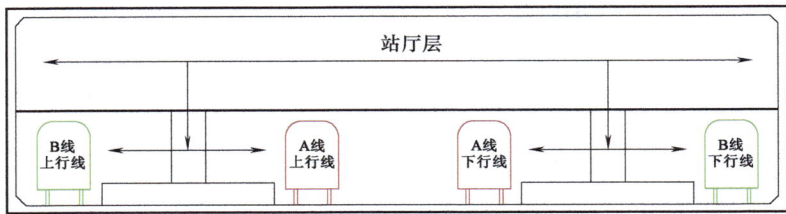

b)

c)

图 5-14　站台换乘示意图
a）示意图　b）同站台换乘　c）上、下层站台换乘

　　上、下层站台换乘是指乘客由一个站台通过楼梯或自动扶梯到另一站台直接换乘。根据地铁线路交叉的情况及两车站的位置，可形成站台与站台的十字形换乘、T形换乘、L形换乘和平行换乘的模式。

　　欧洲的地铁中也有采用同一站台、不同线路车辆停靠的方式来实现换乘的。这种换乘模式要求换乘楼梯或自动扶梯有足够的宽度，以免高峰客流时发生乘客堆积和拥挤。在所有换乘方式中，这种换乘模式的换乘能力最小，其制约因素是自动扶梯（楼梯）的运量。

　　（2）站厅换乘客流组织　站厅换乘是指乘客由一个站台通过楼梯或自动扶梯到达另一个车站的站厅或两站共用站厅，再通过站厅前往另一站台乘车的换乘方式。站厅换乘一般用于相交车站的换乘，换乘距离比站台直接换乘要长。若换乘过程中需要进出付费区，检票口的能力可能成为制约因素。

（3）**通道换乘客流组织**　通道换乘是指在两个或几个单独设置车站之间设置联络通道等换乘设施，方便乘客完成换乘的方式。若通道直接连接两个站台，则换乘距离较近，换乘时间较短；若通道连接两个站厅付费区，则换乘距离相对较远，换乘时间较长。一般情况下，换乘通道长度不宜过长，换乘通道的宽度可根据客流状况加宽。

（4）**站外换乘客流组织**　站外换乘是指乘客在车站付费区以外进行换乘。此种换乘方式往往是客观条件不允许或设计不当造成的。乘客换乘路线可分割为出站行走、站外行走。在所有换乘方式中，站外换乘所需的换乘时间和换乘距离最长，给乘客的换乘带来很大不便，应尽量避免。

（5）**组合式换乘客流组织**　组合式换乘是指上述换乘方式两种以上组合而成的一种换乘方式。实践中往往是几种换乘方式的组合，以便使所有换乘方向的乘客均能实现换乘，立体组合式换乘组织图如图5-15所示。

图5-15　立体组合式换乘组织图

因日常城市轨道客流一日内高峰期相对固定，而且方向性比较强，早高峰主要流向市中心区方向，晚高峰主要流向则相反。因此每个车站还应该做好日常的高峰客流组织方案。北京地铁惠新西街南口站换乘示意图如图5-16所示。

三、大客流组织

城市轨道车站的特殊客流组织主要是指大客流组织和突发事件的客流组织。城市轨道交通线路的走向一般都是客流集中的交通走廊，连接着重要的客流集散点，如铁路车站、汽车客运站、航空港、航运港等交通枢纽，大型商业经济活动中心、体育场、博览会、大剧院等重要文体活动中心，以及规模较大的住宅区等。正因如此，某些特殊车站会不定期地遇到大客流。为了保证乘客的安全和正常的运营秩序，这些车站在客流组织方面应备有完善的运营

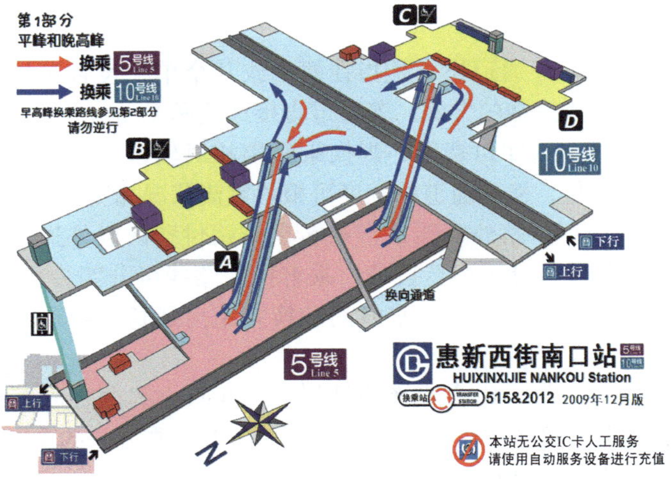

a)

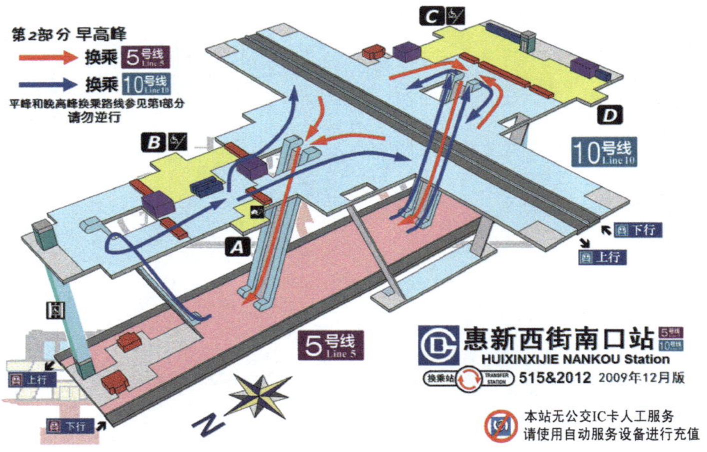

b)

图 5-16　北京地铁惠新西街南口站换乘示意图
a）平峰和晚高峰换乘　b）早高峰换乘

组织方案和措施。这些方案和措施在一定程度上可以补救硬件设施的缺陷。

当车站发生可预见性大客流或突发性大客流时，车站应合理安排人员，对客流做好疏导和组织工作，并会同地铁公安部门对客流进行控制。客流控制应坚持"由内至外，由下至上"的原则，在车站出入口、进站闸机、站厅与站台的楼梯、电扶梯处进行重点控制。

（一）大客流的定义

大客流是指车站在某一时段集中到达的，客流量超过车站正常客运设施或客运组织措施所能承担的客流量时的客流。

大客流一般在工作日上下班高峰时段、大型文体活动散场时或重要节假日期间发生。主要表现为非常拥挤或极度拥挤、乘客流动速度明显减缓、客流交叉干扰严重等。因此，大客流对乘客的出行造成不利影响，对运营安全造成了较大威胁。

（二）大客流的分类

1. 根据大客流产生的影响和后果分

（1）**一级大客流**　一级大客流的判定标准：各车站根据本站的正常乘客数量进行比较，站台聚集人数达到或大于站台有效区域的80%，并且持续时间大于实际行车间隔时间。这种情况给乘客及轨道运营安全造成影响，存在明显的安全隐患。

（2）**二级大客流**　二级大客流的判定标准：各车站根据本站的正常乘客数量进行比较，站台聚集人数达到站台有效区域的70%，并有持续不断上升的趋势。这种情况下，乘客的正常出行和轨道交通所提供的服务水平受到一定程度的影响，车站比较拥挤，乘客感觉比较压抑，但尚未对乘客及轨道交通运营安全造成影响。

2. 按照客流的时效性分

1）可预见性大客流。

2）突发性大客流。

3. 根据客流产生的原因分

1）节假日大客流。

2）暑期大客流。

3）大型活动大客流。

4）恶劣天气大客流。

其中节假日、暑期和大型活动大客流为可预见性大客流。

（三）大客流的特点

1. 工作日高峰期大客流特点

工作日上班族在早晚高峰期乘坐地铁时，地铁站会出现集中大客流，上班族客流主要用储值票乘坐地铁，所以客流的疏导主要在站厅入闸机及站台候车区。工作日早高峰时段：7:30～9:00，晚高峰时段：17:00～19:30。

2. 节假日大客流特点

节假日大客流主要由购物休闲、旅游观光和返乡探亲等乘客构成，在国家法定的元旦、春节、清明节、劳动节、中秋节和国庆节假期内，会造成地铁各站客流较平时有大幅上升，购买单程票和初次乘坐地铁的乘客居多。

3. 暑期大客流特点

暑期大客流主要由购物休闲、旅游观光和放暑假的学生等乘客构成，每年7、8月地铁各站客流较平时有明显增加。大客流高峰时段一般集中在每日的8:00～16:00。

4. 大型活动大客流特点

大型活动大客流的特点是在特定时间段（如大型活动结束后），客流会显著增加，大型活动一般都在周末举行，因此大客流所发生的时间和规模大多可预见，且持续时间较短，影响范围有限，通常只对该活动地点附近的车站影响较大。大型活动大客流主要由购物休闲的乘客构成。

5. 恶劣天气大客流特点

恶劣天气大客流的特点是在出现酷暑、大雨、台风等恶劣天气时，地面交通受到较大影响，市民改乘地铁或进入地铁车站避雨，造成地铁车站客流明显增加。恶劣天气大客流会对车站客流组织带来一定困难。

（四）大客流的组织

《城市轨道交通客运组织与服务管理办法》（交运规〔2019〕15号）中规定，运营单位应当持续监测客流情况，科学编制列车运行计划，在线路设计能力范围内合理安排运力，不断满足客流需求。

发生突发大客流时，客运人员应当协调行车调度员及时增加运力进行疏导。预判站台客流聚集超过预警值、可能危及安全时，应当实施单站级客流控制。无法缓解客流压力的，应当在本线多个车站实施单线级客流控制；预判断面客流满载率超过预警值时，应当在本线及与之换乘的线路车站实施线网级客流控制。预警值由运营单位客运人员根据站台设计容纳能力、设施设备配置、客流规律等确定。

大客流控制措施包括：

1）在站厅与站台的楼梯/自动扶梯连接处设置客流控制点。

2）改变自动扶梯走向，引导乘客走楼梯。

3）付费区/非付费区设置回形线路。

4）关闭部分进站闸机。

5）进站闸机口设置铁马实现分批进闸。

6）出入口用铁马等备品限制乘客进站。

7）出入口外设置回形线路。

8）关停部分闸机、关闭自动扶梯、关闭换乘通道、单向开放或关闭出入口等。临时采取客流控制措施的，车站应通过乘客信息系统、广播等形式及时告知乘客。常态化采取客流控制措施的，车站应公布采取客流控制措施的日期、时段等信息，并对客流控制措施的实施效果持续进行评估，可以取消的，应及时取消。

大客流的组织应在保证疏散客流安全的前提下，尽快地疏散客流。大客流组织的主要措施包括以下几点。

1. 增加列车运能

根据大客流的方向，在大客流发生时，利用就近的折返线、存车线组织列车运行方案，增加列车运输能力，从而保证大客流的疏散。增加列车的运能是大客流组织的关键。

2. 增加售、检票能力

售、检票能力是大客流疏散的主要障碍，因此车站在设置售、检票位置时应考虑提供疏散大客流的通道。在大客流疏散时，可事先做好票务服务及相关服务设备设施的准备工作。

具体工作如下：

（1）售、检票设备的准备　在大客流发生前，设备维护人员应事先对车站全部售、检票设备进行维护、检修，确保在大客流时售、检票设备能正常使用。

（2）车票和零钞的准备　车站应根据客流预测和以往大客流所消耗的车票及零钞数，在大客流发生前，向票务部门申领和储备充足的车票和零钞。

（3）临时售票亭的准备　车站应根据大客流的进出方向，选择在进站客流较集中的位置，设置临时售票亭。站厅面积较小的车站，可考虑将临时售票亭设置在进站客流较多的通道内。

（4）自动扶梯和垂直电梯的准备　车站应事先通知厂商对车站全部自动扶梯和垂直电梯进行维护、检修。重点检查自动扶梯的毛刷、梳齿板和扶手带，确保在大客流三级控制时，自动扶梯能正常开启转换。

（5）临时导向标志和隔离设备的准备　车站应储备一些临时导向标志、告示牌和铁马、伸缩铁围栏、隔离带等隔离设备，在大客流发生前，车站应根据大客流的进出方向和客流组织的要求，选择适当的位置张贴和摆放临时导向标志、告示牌和隔离带、伸缩铁围栏、铁马。

（6）其他客运设备设施的准备　大客流发生前，车站还应准备人工语音广播和语音合成广播词、乘客咨询系统发布信息及急救药品、担架等，并根据车站工作人员的情况，相应增加手提广播、对讲机等客运设备。

（7）岗位工作准备

1）检查车站各出入口、通道是否畅通，确保乘客可以顺利疏散。

2）车站站长（值班站长）合理安排各岗位工作人员的工作，并通知地铁公安协助车站维持秩序。

3）车站提前向车票主管部门提交计划，领取足够的适当面额的预制票在发生大客流时投入使用。

4）车站做好临时导向标志、告示牌、临时售票亭等客运设施的准备、设置工作。

5）对于不可预见的大客流（如突发性大客流），车站应立即报告行车调度员并立即采取相应措施。除立即组织车站员工按本站大客流组织方案的有关规定做好乘客疏导工作外，还需通知地铁公安到现场维持秩序。必要时向上级部门请求增派人员进行支援。

3. 启动大客流控制办法

大客流往往是难以预测的，因此为了保证大客流发生时能安全疏散客流，各车站应根据本站具体情况建立切实可行的大客流控制预案，合理安排各岗位和地点的具体工作，迅速缓解车站压力，避免意外发生。

（1）合理地制订控制原则

1）按"由下至上、由内至外"的客流控制原则，在车站出入口、进站闸机、站厅与站台的楼梯、电扶梯处重点控制进站客流，组织乘客上车，保证客流均匀上下扶梯和尽快上下列车，保证站台候车的安全。

2）明确客流控制组织机构分工原则。客流控制组织机构可分为点控和线控。控制指挥中心负责地铁全线的客流控制，车站站长或值班站长负责本站的客流控制。

3）坚持集中领导、统一指挥的原则。车站在实施大客流控制之前，须向行车调度员报告。

（2）大客流控制具体措施（三级人潮控制）　当车站发生大客流时，应遵照客流三级控制的原则，合理组织安排，缓解车站压力，避免发生意外。根据各城市轨道运营单位的具体情况制订大客流控制的具体措施，以保证控制客流的顺利实施。

1）控制站台客流，控制点在站厅与站台的楼梯（或自动扶梯）口。车站应将站厅与站台之间的自动扶梯改为向上方向，避免客流交叉。

2）控制付费区客流，控制点在进站闸机处。车站可根据实际情况适当关停部分自动售票机，进站闸机关停或将部分双向闸机设为只出不进，紧急情况下可以采用隔离带、铁马隔离进站闸机，以减缓乘客进入付费区的速度，防止付费区压力过大。

3）控制非付费区客流，控制点在车站出入口处。车站可组织人员人为地控制出入口的乘客进站速度，必要时可关闭部分出入口。

（3）**大客流组织办法** 各城市轨道运营单位制订大客流的组织办法不尽相同，大致内容及程序为：

1）值班站长应及时报告行车调度员，行车调度员通过监控系统加强对车站客流情况的监控，同时报告公安，请求协助维持现场秩序。

2）车站应加强现场疏导工作，增加工作人员，利用隔离带、铁马做好秩序维护和服务组织工作。

3）车站应在适当位置增设临时售票点，出售预制票，避免 TVM 前乘客排长队购票的情况出现。

4）车站应根据现场情况，利用告示牌、临时导向标志、车控室广播设备、手提广播，适时做好乘客的宣传、引导工作。

5）车站行车值班员应通过监控系统，加强对现场情况的监控工作。

6）车站应加强对出入口、站厅、站台客流的监控及疏导，避免站厅非付费区内人员过度拥挤或流通不畅。

7）车站应根据客流情况，实行楼梯和自动扶梯、闸机、出入口三级控制。

8）当站台发生拥挤时，车站应采取关闭部分自动售票机、进站闸机的措施，以减缓乘客购票进站速度，控制进站客流，或在某些出入口实行单向疏导方式，缓解站内客流压力。

9）站台保安应密切注意站台和列车情况，一旦发生列车上乘客拥挤，乘客上车有困难时，车站应立即向控制指挥中心请求加开列车。

10）列车司机发现有乘客上不了车或影响车门、站台门关闭时，应及时报告行车调度员，并通过广播引导乘客有序上车。

（4）**临时疏导措施** 在大客流组织中，临时合理的疏导是一项很重要的组织措施。临时疏导措施主要包括车站出入口、站厅层的疏导，电动扶梯以及站台层的疏导。车站出入口、站厅层的疏导主要根据临时售检票位置的设置，引导、限制客流的方向。临时售检票位置宜设置在站外或站厅层较空旷的位置，应为排队购票的乘客留出充分的空间，确保通道的畅通，维护出入口、站厅客流的秩序。电动扶梯以及站台层的疏导主要是为了尽量保证客流均匀上下扶梯和尽快上下列车，保证站台候车的安全。站务员应在靠近楼梯、扶梯处站岗并分散在站台前、中、后部疏导乘客，采取的疏导措施主要有设置临时导向标志、设置警戒绳或隔离栏杆、采用人工引导及通过广播宣传引导等。

（5）**特大客流应急措施** 当车站遇特大客流时，应遵循由下至上、由内至外的人潮控制原则，采取站台客流控制、站厅付费区客流控制、出入口（站厅非付费区）客流控制三级客流控制方法。

第一级控制站台客流，控制点可设在站厅与站台的楼梯（或电扶梯）口处，站务员应分散在站台的各部维持候车、出站秩序，协助列车司机开关车门，确保乘客安全上下车。第二级控制付费区客流，控制点可设在进站闸机处，站务员应确保有序、快捷的进站秩序，及时处理票务问题。第三级控制非付费区客流，控制点可设在车站出入口处，可在站外设置迂回的限流隔离栏杆，延长进站时间，最大限度缓解站台层客流压力。只要严格按照上述三级客流控制方法，遇特大客流时，是能确保乘客安全和车站秩序的。

4. 大客流进站客流组织

可根据站台是否还能容纳和承受更大的客流，分两种情况来进行进站客流组织工作。

1）当站台还能容纳和承受更大客流时，可采取以下措施：

① 增加售检票能力。准备好足够的车票、零钞；在地面、站厅增设临时售票点，增设临时售检票位置或增加自动售票设备的投入。

② 加开进站方向的闸机。

③ 加开通往站台方向的自动扶梯。

④ 适当延长列车停站时间。在站台上做好乘客上、下车的引导工作，在保障安全的前提下，争取让更多的乘客上车，增加本次列车的运能。

2）当站台不能容纳和承受更大客流时，可采取以下措施：

① 暂停或减缓售票速度，关闭部分自动售票机。

② 暂时关闭局部或全部进站方向闸机。

③ 更改自动扶梯方向，将部分或全部自动扶梯调整为向站厅层及出入口方向运行，延缓乘客进站速度。

④ 适当延长列车停站时间，尽可能让更多乘客上车。

⑤ 采取进出分流导向措施，将部分出入口设置成只能出不能进，限制乘客进入，延长站台层大客流的疏散时间。可在公安人员的配合下关闭出入口，暂停客运服务，安排人员到出入口做好乘客服务解释工作，并张贴车站关闭的通告。

5. 大客流出站客流组织

出站客流组织工作的指导思想是保证乘客出站线路的畅通，加快出站速度，使其安全、快速、有序地离开车站。站务员可采取以下措施：

1）更改自动扶梯方向，将部分或全部自动扶梯方向调整为向站厅层及出口方向运行。

2）将部分或全部进站闸机更改为出站闸机。

3）当发生紧急情况时，可采取票务应急处理模式，如采用进站免检模式、AFC 紧急放行模式等。

四、突发事件客流组织

突发事件是指在没有任何征兆的情况下，在城市轨道交通车站内、列车上或其他设备设施内突然发生的危及人身安全的事件，如自然灾害地震、人为因素爆炸、设备故障火灾等。突发事件发生时在车站内或列车上的客流均称为突发事件客流。各车站应该根据本站具体情况建立切实可行的突发事件客流组织预案，合理安排各岗位和地点的具体工作，迅速疏散客流，避免意外发生、扩大和蔓延。《城市轨道交通客运组织与服务管理办法》（交运规〔2019〕15 号）中规定，车站发生火灾、淹水倒灌、公共安全、公共卫生等突发事件时，车站工作人员应当报告行车调度部门，按照应急预案进行现场处置，必要时采取关闭出入口、疏散站内乘客、封站等措施。

当发生突发事件时，车站可根据实际情况采用不同的客流组织办法对乘客进行疏导。主要有疏散、清客、隔离三种办法。

（一）疏散

疏散是指在紧急情况下，利用一切通道和出口迅速将乘客从危险区域全部转移到安全区域的措施，包括车站疏散和隧道疏散。

1. 车站疏散组织办法

车站可因火警、列车事故、炸弹恐吓、气体泄漏、水淹等多种原因进行紧急疏散。车站疏散需要各个岗位密切高效配合，争取在最短的时间内尽快疏散客流。对于城市轨道运营单位而言，这种疏散办法应该定期进行现场模拟演练，让每个岗位工作人员充分锻炼才能有效保证真正的突发事件来临时疏散能井然有序地进行。各岗位组织作业具体内容及顺序如下：

(1) 值班站长疏散组织工作内容（表 5-1）

表 5-1 值班站长疏散组织工作内容

步 骤	作 业 要 点	具 体 内 容	
1	确定事故的种类及地点	1) 通过 CCTV 查看事故现场	
		2) 派站务员前往现场，调查事故原因	
		3) 上报行车调度员并通知所有车站员工	
		4) 确定是否执行紧急疏散程序	
2	指挥抢险，进行疏散	1) 通过 PA/PIS 宣布疏散车站（注意：避免引起乘客恐慌）	
		2) 在上级领导未到达前担任现场指挥	
		3) 若乘客被困站台，要求行车调度员安排一列空车前往站台，安排人员安抚和维持站台秩序，组织全部乘客上车后，指示站台保安向列车司机显示"好了"信号后，登乘驾驶室离开	
		4) 通知车站内其他人员，如承包人、施工人员、商铺租户等离开车站并前往集合地点报到	
		5) 命令车站员工执行车站紧急疏散计划，组织乘客撤离车站	
		6) 视情况需要	① 要求行车调度员拨打 119、110、120 等请求紧急支援
			② 若需救援人员支持，安排 1 名站务员到紧急出入口引导救援人员进站
			③ 要求行车调度员不要放车进站
		7) 若车站内有火警或冒烟而需作出紧急通风安排，则要取得环境系统控制权，并操作环境系统控制设备	
3	指挥撤离	1) 疏散完毕后，检查是否还有乘客滞留，安排员工关闭车站出入口	
		2) 若灾害危及车站员工安全，则应组织员工到紧急出入口集合	
4	恢复运营	1) 当事故处理完毕后，确认线路出清	
		2) 上报行车调度员，得到确认后恢复正常运行	
		3) 通过 PA 系统通知乘客服务恢复正常	

(2) 行车值班员疏散组织工作内容

1) 报告行车调度员疏散原因、是否影响列车运行、是否需要支援。

2) 视情况致电 119、120 请求支援。

3) 通知地铁公安到场维持秩序。

4) 需要时，开启相应环控模式。

5) 按动 AFC 紧急按钮，使闸机为常开状态，并将 TVM 和自动充值机（AVM）设为暂停服务。

6）通过乘客信息系统发布疏散信息；通过广播通知银行、商铺工作人员和乘客疏散（注意尽量不要引起乘客恐慌）。

7）向站长通报有关情况。

8）当留在车控室有危险时应到安全地点集中。

（3）其他工作人员疏散组织工作内容

1）客运值班员协助伤者离开危险区域或指引乘客疏散。

2）厅巡负责打开员工通道和协助客运值班员工作，视情况关停相关自动扶梯。

3）站厅保安到站台疏散乘客。

4）站台保安将站台乘客往站厅疏散。若安排列车接载站台乘客疏散，乘客及车站其他在站台上的疏散人员上车完毕后应向列车司机显示"好了"信号，并进入驾驶室。

5）售票员到楼梯、自动扶梯口维持秩序，需要时其中一人到紧急出入口接应外部支援人员。

2. 隧道疏散组织办法

《城市轨道交通客运组织与服务管理办法》（交运规〔2019〕15 号）中规定，列车区间疏散时，应通过车内广播准确、清晰地告知乘客疏散方向，车站工作人员应进入轨行区引导客流快速疏散；车站可采取暂停进入车站等措施防止乘客进站，并及时告知乘客。

车站值班站长担任临时应急负责人，完成以下工作：

1）接到行车调度员或列车司机需要隧道疏散的通知后，通知各岗位员工执行车站疏散程序，指定客运值班员负责组织指挥疏散车站乘客。

2）开启隧道灯，需要时开动隧道风机进行排烟（或由环控调度员开启）。

3）带领站务员或站台保安，穿好装备，到隧道疏散现场负责引导乘客往车站疏散。

4）疏散完毕，在确认乘客疏散完毕和线路出清后，报告行车调度员，关闭车站。

5）消防人员到车站后告知有关情况，带领员工参加应急处理救援工作。

（二）清客

清客是指当车站或列车出现异常时，需要将乘客从某一区域全部转移到另一区域的措施，包括车站清客和列车清客。《城市轨道交通客运组织与服务管理办法》（交运规〔2019〕15 号）中规定，列车临时清客时，应通过广播或者其他方式告知车内和站内乘客，车站工作人员应上车引导乘客下车，清客完毕后报告列车司机关闭车门。

1. 车站清客组织办法

（1）值班站长清客组织工作内容（表 5-2）

表 5-2　值班站长清客组织工作内容

步　骤	作 业 要 点	具 体 内 容
1	与行车调度员确定清客事宜	1）操作列车自动监控（ATS）控制台显示所有被停止列车的正确位置 2）确认清客的位置（在列车的哪一端清客） 3）确认牵引电流已关闭，安全保护措施已做好
2	接管环控系统操作权	视情况需要，关掉鼓风扇，亮起隧道灯

（续）

步 骤	作 业 要 点	具 体 内 容
3	安排车站员工执行隧道清客程序	1）指派 1 名车站员工负责执行清客程序 2）至少再派 1 名员工陪同其前往列车现场 根据情况需要，加派员工前往 1）在任何有潜在危险的位置，提醒乘客注意安全 2）在清客范围内协助引领乘客 3）引导离开车厢的乘客经站台两端的楼梯前往车站
4	清客结束后，向行车调度员报告	向执行清客程序的车站员工确认：所有员工和乘客已离开轨道
5	安排车站员工进行轨道巡查	1）按行车调度员要求进行轨道巡查 2）安排 2 名车站员工步行前往下一个车站，确定该区间畅通无阻 3）每确定一段指定轨道畅通无阻后，向行车调度员汇报
6	恢复列车正常运作	接获行车调度员通知后，恢复正常运作

（2）行车值班员清客组织工作内容

1）通知各岗位员工车站停止服务，执行清客程序。

2）通知地铁公安到现场维持秩序。

3）做好乘客广播工作。

4）按动 AFC 紧急按钮，使闸机为常开，将 TVM 和 AVM 设为暂停服务。

5）通过乘客信息系统发布车站停止服务信息。

6）关站后，执行节电照明模式。

（3）客运值班员清客组织工作内容

1）引导乘客办理退票或出站。

2）根据需要为售票员配备零钞。

3）统计退票数量，并将回收单程票封好后上交票务室。

（4）其他工作人员清客组织工作内容（表5-3）

表5-3 其他工作人员清客组织工作内容

步 骤	作 业 要 点	具 体 内 容
1	前往清客现场	1）带上手提灯、无线电对讲机等应急品 2）确保隧道灯已亮起，牵引电流已关断，保护措施已做好
2	抵达现场开始清客	1）至少 2 名车站员工共同前往列车现场，抵达现场后立即开始清客 2）指示同行的车站员工：带领乘客前往指定车站，引领乘客使用站台两端的楼梯，以加快疏散速度 3）协助列车司机清客 4）乘客中若有伤残人士，安排车站员工或自愿协助的乘客陪同 5）确定车上乘客已全部撤离后，收回逃生踏板
3	返回车站，沿途巡查轨道	1）沿途巡视轨道，确保轨道上没有遗留乘客或障碍物，安全保护措施已拆除 2）抵达车站后，向值班站长报到

2. 列车清客组织办法

（1）值班站长工作内容

1）组织站台保安和厅巡在规定时间内完成对列车上乘客的清客工作。

2）清客完毕后及时通知车控室，指示站台保安显示"好了"信号发车。

3）引导部分乘客退票，组织和引导部分乘客在同站台或另一站台等候下一趟列车，做好候车乘客的解释和安抚工作。

4）将情况向站长汇报，并作好详细记录。

（2）行车值班员工作内容。

1）接到列车清客命令后，立即通知值班站长、厅巡和站台保安执行清客程序。

2）通知地铁公安到现场维持秩序。

3）做好乘客广播工作。

4）通过乘客信息系统发布相关服务信息。

5）及时将清客完毕时间汇报行车调度员。

（3）其他工作人员的工作内容

1）厅巡和站台保安在规定时间内完成对列车上乘客的清客工作。

2）厅巡和站台保安引导乘客退票或在同站台或另一站台等候下一趟列车。

3）售票员负责办理退票。

4）站台保安负责维持秩序。

3. 列车火警单端清客至轨道组织

列车火警单端清客至轨道时行车调度员及值班站长作业内容见表5-4和表5-5。

表5-4　列车火警单端清客至轨道——行车调度员作业内容

步　骤	作 业 要 点	具 体 内 容
1	阻截列车进入火警范围	1）阻截任何其他列车进入受影响的轨道范围 2）停止以下轨道上的所有行车：事发列车所在轨道相邻的轨道，乘客离开车厢后可能途径的轨道
2	与列车司机沟通清客事宜	1）确定清客方向 2）向列车司机证实轨道安全，可以开始清客
3	通知环控调度员，做好防护安排	1）关闭牵引电流 2）确定导烟的方向 3）执行相关火灾模式
4	命令受影响区域的值班站长执行清客程序	1）亮起隧道灯，关掉鼓风扇，采取相关保护措施 2）向有关的值班站长查证：停止列车的正确位置，指示其在何处清客，在列车哪一端清客
5	召唤紧急服务	致电119、110、120等请求紧急支援
6	下达清客命令	通知受影响列车的列车司机开始清客
7	进行导烟、排烟工作	联络需要导烟的车站，指示其值班站长 1）亮起隧道灯 2）监视环控系统的操作状况
8		联络需要排烟的车站，指示其值班站长 1）亮起隧道灯 2）做好准备，一旦浓烟进入站台范围，立即疏散车站

（续）

步 骤	作 业 要 点	具 体 内 容
9	维持受影响范围内的列车运作	最大限度维持与受影响轨道相邻隧道内的行车

表5-5 列车火警单端清客至轨道——值班站长作业内容

步 骤	作 业 要 点
1	按情况需要，亮起隧道灯
2	1）烟雾若冲入站台范围，应疏散车站 2）烟雾未冲入站台范围，应派人到区间协助清客，引领乘客到站台
3	紧密监视环控系统的操作

（三）隔离

隔离是指采用某种方式或设备人为地隔开人群或封闭某个区域的措施。根据造成隔离的原因，隔离的组织方法分为以下几种。

1. 非接触式纠纷隔离

当乘客发生口头纠纷时，离现场最近的工作人员要立即上前调解，必要时要把纠纷乘客双方分别带到人少的地方（或带到车站会议室），进行劝说和调解。若有其他乘客围观，应及时将其劝离现场，维持好车站正常秩序。

2. 接触式纠纷隔离

当乘客发生打架事件时，离现场最近的工作人员要立即赶到现场，与车站保安人员一起把打架双方隔开，并通知地铁公安到场。车站控制室应通知值班站长赶到现场处理，将肇事双方移交地铁公安处理。车站要及时疏散围观的其他乘客，并寻找目击证人填写事件记录。

3. 客流流线隔离

当车站某一端排队购票队伍与进、出客流发生交叉干扰时，车站工作人员可以利用伸缩铁围栏、隔离带、铁马等设备器具人为地隔开人群，保持进、出客流畅通，并利用手提广播引导一部分乘客到人少一端购票进站，避免乘客排长队的现象。

4. 疫情隔离

当车站发现有恶性传染疫情时，必须采取隔离组织办法，关闭各出入口，列车不停站通过，与疑似人员有过密切接触的物品、人员必须进行消毒、隔离，未经防疫部门的许可不能离开车站。

项目实施

1）学生能正确组织日常客流工作。

实施：如果有模型，可以以模型为背景，让学生自己设计模型摆放位置，对不同的方案在正常客流组织方面的优缺点进行分析，提高理论知识的理解程度。

2）学生能正确组织大客流工作。

实施：熟悉大客流的种类和特征，能够对大客流进行良好的组织。

3）学生能熟知客流组织工作相关设备的简单操作。

实施：利用课余时间去地铁车站现场进行实物观察操作，掌握相关设备的操作流程。

4）学生能模拟进行突发事件客流组织工作。

实施：可以运用角色扮演法来组织学生理解、记忆相关内容。

拓展与提高

逢节假日去地铁车站现场蹲点观察学习，然后去不同类型的车站参观，尤其是参观换乘站，提高感性认识水平。

复习思考题

1）客流流线的概念是什么？

2）城市轨道车站的客流流线有哪些？

3）城市轨道车站客流的组织原则有哪些？

4）当天气异常时城市轨道车站出入口的客流组织作业主要有哪些？

5）城市轨道车站换乘客流的换乘方式有哪些？

6）城市轨道车站大客流的定义是什么？

7）城市轨道车站大客流的分类有哪些？

8）城市轨道车站大客流的组织措施主要有哪些？

9）城市轨道车站突发事件的客流组织办法主要有哪些？

10）城市轨道车站突发事件的客流组织的疏散、清客和隔离的概念分别是什么？

项目六

城市轨道交通客流调查与预测

知识要点

1. 客流调查。
2. 客运量预测。
3. 客运市场营销策略。
4. 客流调查与预测案例。

项目任务

根据某城轨运营公司客流统计数据，能运用客流预测的基本方法完成一定时期的客运量预测工作。

项目准备

准备模拟数据，各种统计分析表。

相关理论知识

城市轨道交通以其运能大、速度快、污染低、安全、准点、舒适成为城市综合交通的核心。它作为城市发展与演化的必要条件，为城市的可持续发展提供了基础和保障。而对经营城市轨道交通的企业来说，企业生存和发展的一个关键性概念——市场营销，正逐渐被引入、认知和接受。

一、客流调查

城市轨道交通规划作为城市总体规划的一个重要组成部分，要与城市功能区划、城市用地开发、城市环境生态保护等方面有机结合起来，才能使城市的轨道交通事业做到可持续发展。一个城市需要有什么样的轨道交通，需要有多大规模的轨道交通线网，这些都与城市客运交通需求有着密切的联系。深入的客流特征分析是做好城市轨道交通线网规划和运输组织的基础。在轨道交通的运营过程中，为了掌握客流现状与变化规律，就要经常进行各种形式的客流调查。客流是动态变化的，对城市轨道交通的客流进行调查、统计分析，可以了解客流在时间、空间上的动态变化规律；同时对既有线路的运营客流特征分析，也能为后续其他城市的规划路网提供参考数据，从而为其线网规模的控制、基建工程和设备采用等诸多方面提供参考。

客流调查涉及客流调查内容、地点和时间的确定，调查表格的设计，调查设备的选用和调查方式的选择，调查资料汇总整理，指标计算与结果分析等多方面问题。

1. 客流调查的种类

（1）全面客流调查　全面客流调查是指对全线客流的综合调查，通常也包括乘客情况抽样调查。这种类型的客流调查时间长、工作量大，需要较多的调查人员。但通过调查及对调查资料进行整理、统计和分析，能对客流现状及出行规律有一个全面清晰的了解。

全面客流调查有随车调查和站点调查两种调查方式。随车调查是指在车门处对全天运营时间内所有运行列车的上下车乘客进行调查；站点调查是指在车站检票口对全天运营时间内所有在车站进出乘客进行调查。以上两种调查方式中，轨道交通全面客流调查基本上都采用站点调查。

全线客流调查一般应持续 2～3 天，在全天运营时间内，调查全线各站所有乘客的下车地点和票种情况，并将调查资料以 5min 或 15min 作为间隔分组记录下来。

（2）乘客情况抽样调查　抽样调查是指用样本来近似地代替总体的调查方式，这样做有利于减少客流调查的人力、物力和时间。乘客情况抽样调查通常采用问卷方式进行，调查内容主要包括乘客构成情况和乘客乘车情况两方面。

乘客构成情况调查一般在车站进行。调查内容包括年龄、性别、职业、家庭住址和出行目的等。该项调查的时间可选择在客流比较正常的运营时间段。

乘客乘车情况调查的安排视调查对象及调查内容的不同而不同。调查内容除年龄、性别和职业外，还需要包括家庭住址和家庭收入、日均乘车次数、上车站和下车站、到达车站的方式和所需时间、下车后到达目的地的方式和所需时间、乘坐轨道交通列车后节省的出行时间以及对现行票价的认同度等。

进行抽样调查，必须首先确定抽样方法与抽样数，以确保抽样调查的结果具有实用意义。抽样方法主要有简单随机抽样、分层抽样、整群抽样和多阶段抽样等。抽样数的大小取决于总体的大小、总体的异质性程度以及调查的精度要求。表 6-1 为家访出行调查抽样率。

表 6-1　家访出行调查抽样率（以家庭为单位）

调查范围内人口/万	最小抽样率（%）	推荐抽样率（%）
<5	10	20
5～15	5	12.5
15～30	3	10
30～50	2	6.6
50～100	1.5	5
>100	1	4

20 世纪 80 年代，国内天津、上海、广州、南京等城市进行的家访出行调查抽样率均在 3%～4%。

（3）断面客流调查　断面客流调查是一种经常性的客流抽样调查，根据需要，可选择一个或几个断面进行调查，一般是对最大客流断面进行调查，调查人员用直接观察法调查车辆内的乘客人数。

（4）节假日客流调查　节假日客流调查是一种专题性客流调查，重点对春节、元旦、国庆节、双休日和若干民间节日期间的客流进行调查。调查的内容包括机关、学校、企业等单位的休假安排，城市旅游业、娱乐业的发展程度，市民生活方式的变化等。该项调查一般通过问卷方式进行。

2. 客流调查的统计指标

客流调查结束后，对客流调查资料应认真汇总整理，列成表格或汇成图表，计算各项指标，并将它们与设计（预测）数据或历年调查数据进行比较，分析数据增减的比例及原因。轨道交通全面客流调查后应计算的主要指标如下：

（1）乘客人数　该指标包括分时与全日各站上下车人数，分时与全日各站换乘人数，各站与全线高峰小时乘客人数，各站与全线全日乘客人数，高峰小时乘客人数占全日乘客人数的比例。

（2）断面客流量　该指标包括分时与全日各断面客流量，分时与全日最大断面客流量，高峰小时最大断面客流量。

（3）乘坐站数与平均乘距　该指标包括本线乘客乘坐不同站数的人数及所占百分比，跨线乘客乘坐不同站数的人数及所占百分比，平均乘车距离，年龄（老、中、青）比例，性别（男、女）比例，居住地（本地、外地），出行目的（工作、学习、购物、游览、访友、就医、其他）。

（4）乘客构成　该指标包括全线持不同票种乘客人数及所占百分比，车站别按年龄、家庭住址和出行目的等统计的乘客人数及所占百分比，车站三次吸引乘客人数及所占百分比，从不同距离、以三种方式到达车站的人数及所占百分比，需不同时间、以三种方式到达车站的乘客人数及所占百分比。

（5）乘客乘车情况　该指标包括年龄、性别、职业、家庭住址、到达车站的方式（步行、骑车、乘公交车等）和时间，上、下车站及换乘站时间，乘坐轨道交通比其他常规公共交通方式所节省的时间等。

（6）车辆运输　该指标包括客车公里、客位公里、乘客密度、客车满载率和断面满载率。

1）客车公里的计算式：
$$客车公里 = 客运列车数 \times 列车编组辆数 \times 列车运行距离$$

2）客位公里的计算式：
$$客位公里 = 客运公里 \times 车辆定员$$

3）乘客密度（人/车）的计算式：
$$乘客密度 = \frac{客运量 \times 平均运距}{客车公里}$$

4）客车满载率的计算式：
$$客车满载率 = \frac{乘客密度}{车辆定员} \times 100\% \quad 或 \quad 客车满载率 = \frac{客运量 \times 平均运距}{客位公里} \times 100\%$$

5）断面满载率的计算式：
$$断面满载率 = \frac{单向最大断面客流量}{客运列车数 \times 列车编组辆数 \times 车辆定员} \times 100\%$$

二、客运量预测

1. 轨道交通客流预测的意义

客流量是城市轨道交通规划、设计、建设及运营各环节的基本依据。客流预测是城市轨道交通建设的一个重要环节，是各项设计工作的基础，预测结果的可靠性直接关系到城市轨道交通的建设投资、运营效率和经济效益。

在工程可行性研究阶段，项目决策对城市轨道交通工程造价的影响可达80%～90%，客流量又是决定城市轨道交通工程必要性和可行性的重要参数。在此阶段，客流预测工作做得科学细致，可以使城市轨道交通修建方面的许多不合理因素得到控制。在工程设计建设阶段，系统的运输能力、车辆选型及编组、设备容量及数量、车站规模及工程投资等都要依据客流量的大小来确定，客流预测结果在相当程度上决定了线路形式和造价。因此，能否准确地预测客流量，尽量使车站规模、形式、间距和车辆编组符合实际客流增长的需要，并尽量接近实际客流，构成了影响城市轨道交通造价的重要因素。若客流预测数值过高，将导致城市轨道交通在车型、列车编组、列车数量、站台长度等方面规模过大，城市轨道交通修建标准过高，引起城市轨道交通建设投资费用的巨大浪费；若客流预测数值偏小，将导致城市轨道交通建设规模过小，城市轨道交通拥挤，服务质量下降，设施很快扩建，从而造成城市轨道交通更大的资金投入。

客流预测是城市轨道交通建设必要性、规模选择、经济效益分析和各项专业设计的基础和前提，因此，应以严谨的科学态度对城市轨道交通客流进行预测和分析。

2. 城市轨道交通客流预测的内容

根据实际运用经验，在城市轨道交通系统中，从系统功能要求出发，在城市总体规划和轨道交通线网规划的前提下，按设计年限，对客流预测的结果可归纳为如下五类基本内容。

(1) 全线客流　全线客流包括全日客流量和各小时段的客流量及比例。全日客流量是表现和评价运营效益的直观指标，也是进一步评价线路负荷强度的重要指标。各小时段的客流量及比例，是全日行车组织计划的依据。在保证运营能力和服务水平的前提下，应合理安排行车间隔，提高列车的满载率及运营效益。

(2) 车站客流　车站客流包括全日、高峰小时的上下车客流及站间断面流量和超高峰系数。高峰小时时段的站间最大单向断面流量是确定系统运量规模的基本依据，由此可选定交通制式、车型、车辆编组长度、行车密度及车站站台长度。全线高峰小时的站间断面流量是全线运行设计的基本依据，由此可确定区域折返交路、折返列车数量、折返车站位置及配线形式，并计算出车辆配置数量。

(3) 分流客流　分流客流包括站间 OD（O 即 origin，表示起点；D 即 destination，表示终点；OD 即起点到终点）（被考查区域1到区域2的出行量）表、平均运距及各级运距的乘客量。通过此项数据进行分段客流统计时，可制订票制和票价，对建设投资、运营成本作财务分析，对社会经济效益分析提出项目效益评价意见。

(4) 换乘客流　换乘客流是指各换乘站分向换乘客流量，此项数据对主客流方向的评价很重要，并为换乘形式设计和换乘车站间的换乘通道或楼梯宽度的计算提供了依据。

(5) 出入口分向客流　根据每一座车站确定的出入口分布位置，可预测每个出入口分向客流并分析其波动性，为每个出入口宽度计算提供依据。

3. 城市轨道交通客流预测的基本方法

（1）土地利用法 土地利用法侧重的是对一条线和每一个车站周围一定范围内土地利用的研究，可预测进站客流量、线路客流量和换乘量等指标。

1）进站客流量的计算：在土地利用法中，首先在线路两侧划出一定宽度、一定区域为吸引范围，研究单个站点吸引范围内居住人口的变化情况、现状出行强度以及吸引率，然后推算各预测年度的人口数、出行强度、吸引率，进而计算各站吸引范围内的出行量和进站量。

2）线路客流量的计算：首先根据线路的地理位置，分为跨市区及一端两种情况，分别确定各自的方向系数模型，根据模型计算各站分方向进站量。然后根据各站土地利用性质及对地铁时间分布及空间规律的研究，确定时间分布模型，计算各站分时段进站量及出站量。

3）换乘量的计算：对于换乘量的研究采用出行分布模型，对轨道交通 OD 分布矩阵进行预测，求出在该线节点处的换乘比例，用该比例与结点客运量相乘，反算换乘客流量。

土地利用法客流预测流程图如图 6-1 所示。

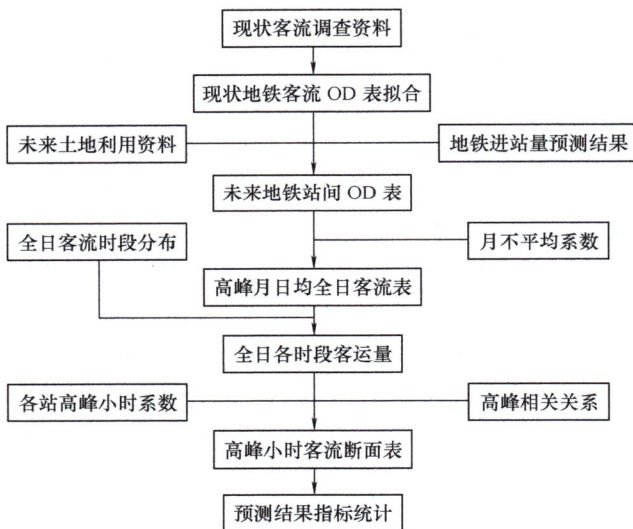

图 6-1　土地利用法客流预测流程图

土地利用法是建立在对原有轨道线路客流变化规律基础之上的，并且要依赖于现状客流资料。对于北京等拥有轨道交通历史较长、资料完善的城市，是可行的方法。但对于我国许多目前没有轨道交通且现状客流资料缺乏的城市，要对新建轨道交通客流进行预测则难度较大。

（2）四阶段客流预测法 20 世纪 60 年代，美国芝加哥交通规划开发了交通方式划分的四阶段交通需求算法，并且在全世界范围内得到了迅速发展。四阶段客流预测法按照交通生成预测、交通分布预测、交通方式划分预测和交通分配四个阶段来分析城市现状和未来的交通状况，是目前交通规划领域应用最广的方法。

四阶段客流预测包括出行生成、出行分布、方式划分与出行分配四个步骤，但在实际应用中，还存在只用三个步骤的情形。城市轨道交通客流预测采用该方法时，首先要对研究对象城市划分交通小区，进行城市人口、就业、土地利用资料的调查和居民出行调查，在此基础上进行居民出行生成预测、出行分布预测、交通方式划分预测和出行分配，以获得所需的轨道交通需求数据。四阶段客流预测流程图如图6-2所示。

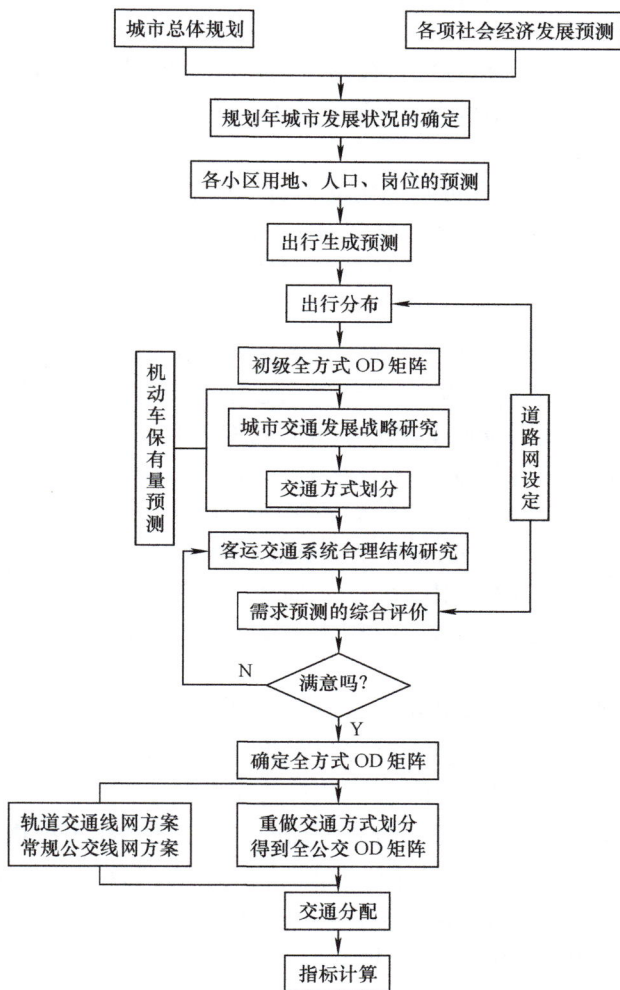

图6-2 四阶段客流预测流程图

　　城市土地利用状况所反映的城市社会经济活动特征，以及城市交通设施及其特征，决定了客流的产生、分布以及出行方式和线路的选择，但它不是单向的作用关系，而是一种相互反馈的动态关系，客流预测、运输规划的结果也会反作用于城市交通系统，并通过城市交通系统对城市的社会经济活动产生影响。近几十年来，虽然四阶段客流预测法中预测模型的研究在不断深入，但也出现了将两个或几个阶段合并进行预测的方法，只是从宏观的角度把握城市居民出行的特点，而分阶段预测分析的思路仍然未变。

　　1）出行生成。出行生成阶段预测每一交通小区的出行生成量和出行吸引量。出行生成预测的基础资料是城市的远景人口和就业岗位数等预测数据，而这些数据又需要根据远景土地利用规划得出。土地利用规划规定了土地的居住、工业和商业等用途，决定了各种用地上发生的社会经济活动的强度。根据土地利用规划，可以把交通规划的区域划分成许多交通小区。在已知各交通小区的居住人口数，就业岗位数，家庭人口、收入，私人交通工具拥有数特征数据的基础上，应用回归分析法、类型分析法等预测方法来预测各个交通小区的出行生成量和出行吸引量。

2）出行分布。出行分布阶段预测各交通小区出行生成量的去向和出行吸引量的来源，即各交通小区间的出行生成与出行吸引分布。出行分布可用 OD 矩阵表来表示。确定 OD 出行量的常用预测方法有弗雷特法和引力模型等。

3）方式划分。方式划分阶段可确定轨道交通、常用公交、自行车、步行、出租汽车和私人汽车等各种出行方式承担的交通小区间 OD 出行量的比例。

在四阶段客流预测时，方式划分阶段位置的其他情形如图 6-3 所示。

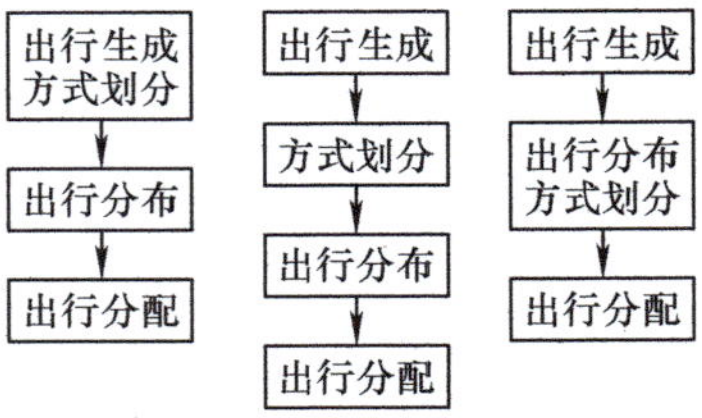

方式划分预测的基本思路：首先预测出行者对各种出行方式的选择率（常用方法是 Logit 模型）。然后用选择率乘以交通小区的出行生成量、吸引量或者交通小区间的 OD 出行量，得到各种出行方式的运量分担比例。影响出行方式选择的因素主要有：①出行者的特征，如年龄、职业、收入水平、居住位置、私人交通工具拥有状况等；②出行的特性，如出行目的、出行距离、出行时间限制、出行时段、对舒适与安全的考虑等；③交通系统的特性，如票价、运送时间、运输能力、停车设施、服务水平（准时、安全、舒适、便利）等。

图 6-3　方式划分阶段位置的其他情形

根据预测出行方式选择率时采用的基本单位不同，有集计和非集计两种模型。集计模型以交通小区为基本单位预测出行方式的选择率；非集计模型以个人为基本单位预测出行方式的选择率，然后把个人对出行方式的选择率集计起来。

在采用非集计模型时，基于经济与计算方面的考虑，实践中很少将每个人的出行方式选择率集计起来，而是采用分类法和抽样法等集计方法。分类法是将个人按类别划分为若干组，先求得各组的选择率，再按各组人数进行加权平均求得集计的选择率。抽样法是从总体中抽出部分样本，先求得样本中个人的选择率，然后将个人的选择率集计起来，再据此推算出总体的选择率。

4）出行分配。出行分配阶段将 OD 出行量按一定的规章分配到交通网中的各条线路上去。城市交通网中的某个 OD 对间通常会有若干条线路，并且各个 OD 对间的线路存在部分路段重叠的情形，在 OD 出行量较小时，按最短路径进行出行分配通常是可行的，但在 OD 出行量较大时，仍按最短路径分配则会出现因部分线路或路段的能力限制而导致交通拥挤的现象。出行分配的常用方法有：全有全无分配法、逐次分配法和均衡分配法等。

（3）客流预测误差　预测客流与实际客流误差较大、存在高估倾向以及不同机构预测的客流数据离散性较大，是国内客流预测工作中存在的问题。上海地铁 1 号线（新龙华站—纪蕴路站）预测近期 2000 年全日客运量 133.1 万人次，而实际仅有 30.06 万人次。在地铁 2 号线东延伸段（龙东路站—高科路站）初步设计中，预测日客流量初期 2001 年 47.0 万人次，实际为 23.9 万人次，预测结果大多偏高。另外，上海几条地铁调查数据表明，1998 年的实际客流量是 1996 年预测客流量的 18%～50%，2000 年的实际客流量是 1999 年预测客流量的 12%～40%。青岛地铁公司在一期工程科研报告的客流预测中估计，初期/远期高峰小时单向断面流量为 17800 人次（2006 年）/40500 人次（2030 年），但委托一家国外公司对客流进行核算的结果为 21300 人次（2010 年）/26100 人次（2030 年）。

我国正处于城市化的进程中，城市布局、土地利用和人口状况都处于不稳定的变化状态，城市发展过程中的不确定因素，政策、经济与社会心理因素，以及城市交通网络结构的未来变化，都会对远期客流产生影响。分析表明，造成客流预测误差的主要原因有以下几个方面：

1）四阶段客流预测方法的缺陷。目前我国城市轨道交通线网规划主要借鉴公交客流预测的模型和方法，尚未形成适合城市轨道交通线网自身特点的规划理论和方法，对规划中的一些宏观问题（如城市轨道交通对城市发展支撑引导作用的定量分析、城市轨道交通在城市交通体系中合理分担的量化研究、城市轨道交通对其他交通方式影响分析等）缺乏必要的理论研究，城市轨道交通规划中的定性分析过于定量化。预测模型结构复杂，涉及因素多，工作周期长，导致在一些实际预测过程中难以实施。预测模型中的计算参数由城市交通现状调查及调查数据的分析处理来获得，计算参数的准确性直接决定预测结果的精度，而我国预测模型中的人口增长系数、就业增长系数、交通方式分配系数等基础数据的选取主观因素过多，与现状相差甚远。因此，即使有好的数学模型，由于输入的数据不准确，输出的结果也必然不会准确。

2）预测的前提条件发生改变。例如，城市总体规划和交通线网规划滞后或者常常发生改变，导致城市轨道交通客流预测结果的不准确。四阶段客流预测本身是一项相对长期的工作，建立在目前现实情况和对未来规划情况一定的假设基础之上，如果这个假设不能成立，那么要求预测结果准确也是不现实的。我国城市正处于发展成长时期，城市的发展具有很多不确定因素，例如城市的规划与以前相比有了很大的改动，政府当局的交通政策有了很大的变动，影响了人们的出行方式等。这样，在特定的政策环境下产生的客流预测也会与实际产生很大的出入。

3）交通调查数据不足。由于交通调查工程庞大，需要耗费大量的人力物力，而且持续的时间一般都很长，致使我国的现状交通调查工作非常欠缺。我国大多数城市只有 20 世纪 80 年代末或 90 年代初的全民 OD 调查资料，在进行客流预测的时候只能依据过去的有限资料，这样得出的客流预测的精确性不可能很高。

4）客流预测数取高不取低。我国城市轨道交通控制设计客流按照远期高峰小时客流量来计算，并考虑高峰小时内客流的不均匀性，计入 1.2～1.4 的超高峰系数，客流预测人员受"宁取上限""留有充分余地""建设规模宁大勿小"等思想的影响，预测客流时尽量取高值。

5）其他交通方式分流。随着其他公交系统环境的改善和服务质量的提高，乘客有了更多的选择，其他交通方式分流了城市轨道交通线路的部分客流，致使实际客流情况比预测的情况差一些。

6）城市轨道交通没有形成网络规模效应。城市轨道交通发挥效益的关键在于形成网络。单一线路由于可达性差，除了沿线覆盖范围以外，基本上不能吸引径向客流。只有形成轨道交通的基本网络以后，加上常规公交的配合，客运才能达到理想的客流水平。

7）没有形成城市规划与交通预测相互作用的协调系统。城市轨道交通规划以城市总体规划和综合交通规划为前提，城市规划的各项控制参数以及用地规划指标是城市交通预测及规划的依据。目前，我国还没有形成城市规划—交通预测—城市交通规划协调系统。一方面，用作交通规划依据的城市规划与城市发展方向出入很大；另一方面，城市规划对交通规划的考虑不够详细，往往忽视城市轨道交通具有调整优化城市布局和用地功能的潜在作用，致使交通规划对于城市规划的反作用较小。

8）没有充分考虑现阶段我国城市自身的一些特点。目前我国城市尤其是大城市中，流动人口都占有相当的比例，流动人口的出行特征和常住居民又有很大的差别，而我国目前关于城市流动人口总量、出行规律的研究还不是很多。另外，我国大中城市都在城郊兴建规模较大的居住小区，小区大批人员的出行可能会构成城市轨道交通客流的重要组成部分，目前在客流预测中对这一问题重视不够。还有，客流预测过多考虑了城市发展进程加快、城市人口增加的影响，但却忽视了我国实施"有机疏散"、建设卫星城所引起的城市中心区（旧城区）人口下降、近郊区人口增加的现实。

三、客运市场营销策略

1. 城市轨道交通市场营销的含义

城市轨道交通市场营销是指经由交易过程来满足人们对客运服务的需要和欲望的一切活动。其中，城市轨道交通乘客的需求可概括为"安全、快速、舒适、经济"地到达目的地。

城市轨道交通的产品是服务产品，以营销的角度来定义，其概念是多层次的。

（1）核心产品——乘客位移　乘客乘坐轨道交通是为了到达目的地，这是轨道交通的实际效用和益处。

（2）附加产品　附加产品要满足乘客期望的更多需求，包括乘行前、乘行中和乘行后的服务。轨道交通沿线还应尽可能提供就业、教育、运动、休闲、娱乐、保健、购物、餐饮、观赏等各类社会资源，提供一种新型生活方式。

2. 城市轨道交通市场营销的目标

城市轨道交通企业实行各种营销计划和活动，其最终目标可简单归纳为下列几点。

（1）吸引到最多的乘客　客流量越大，城市轨道交通企业越能充分发挥其服务资源，一方面实现了轨道交通企业服务大众的目的，另一方面也可以改变轨道交通企业的财务状况。

（2）使消费者获得最大的满足　城市轨道交通市场营销的任务是随着乘客需求欲望的改变，随时调整企业的服务组合，以满足其需求。以香港轨道交通为例，在香港轨道交通系统中，处处可见同站台换乘、无缝交通枢纽及独特的全天候、人性化行人连廊，这些使香港的轨道交通系统历年被评为公众最满意的交通工具，真正成为广大市民生活的重要组成部分。

（3）提高人们的生活质量　城市轨道交通是大众性运输方式，与人民的生活质量密切相关。所以，城市轨道交通企业如果能有效地提供符合人们需要的运输服务且广为乘客所接受，就能直接提高人们的生活质量。

3. 城市轨道交通客运市场细分

市场细分是根据乘客对服务市场需求的差异性，将整体服务市场划分为若干个需求与欲望大体相同的顾客群，使其成为特定营销组合所针对的目标市场。

城市轨道交通企业因其受资源（人力、物力、财力）及乘客的不同需求量偏好的限制，所以无法为其营运地区的所有市民提供服务。城市轨道交通企业若想提高其设备与资源的营运效益，最大限度地满足乘客的需要，则必须将市场加以细分，并对各细分市场的乘客特性加以分析，根据城市轨道交通的特点，选择最能有效提供服务的细分市场，作为企业的目标市场，同时更进一步根据目标市场的需求特征，发展或调整所提供的服务，从而使乘客的需求能获得最大的满足。

将一个市场加以细分，首先要找出一系列影响乘客需求的细分变数。用于服务市场细分的变数主要有消费者特征变数和消费者反应变数。

(1) 消费者特征变数

1) 人口因素：主要包括年龄、性别、收入、家庭人数、家庭生命周期（年轻单身、年轻已婚无小孩、其他）等。

2) 社会因素：包括社会阶层、职业、受教育程度、宗教种族、价值观念、审美观念、风俗习惯等。

3) 心理因素：包括生活方式、生活态度、个性和消费习惯等。

4) 地理因素：包括城市规模、人口密度、气候等。

(2) 消费者反应变数

1) 利益因素：乘客所追求的快速、舒适、经济、声望等。

2) 使用因素：包括使用状况、使用频率、使用目的、使用时间、对营销组织的敏感度等。

3) 促销因素：包括广告、营业推广、降价等促销活动。

4) 忠诚因素：乘客对轨道交通绝对忠诚者、不坚定忠诚者、转移型忠诚者和摇摆不定者等。

运输市场的产品是无形的，所以运输市场的细分化有其特殊的表现形式。就城市轨道交通运输市场而言，一条轨道交通线（从甲地到乙地）就是一个运输市场。而从甲地到乙地的运输市场里，包括了城市轨道交通、公共汽车、出租车、私家车、自行车等多种运输方法。因此，客运根据乘客是否乘坐城市轨道交通，将市场细分为"轨道交通乘客"与"非轨道交通乘客"；以"使用频率"的高低将乘客细分为"天天使用者""经常使用者"与"偶尔使用者"；再以"使用运输工具"的不同将非城市轨道交通乘客细分为"公共汽车""私家车""自行车"与"步行"等；其后又再依细分变数"意愿"将城市轨道交通市场细分为城市轨道交通改善后"愿意"改乘城市轨道交通的人及"不愿意"的人。城市交通市场细分图如图6-4所示。

在对各细分市场乘客特征进行对比分析以后，就可以了解人们选择或不选择城市轨道交通的原因，这在改善城市轨道交通服务质量、设计营销组合、提高市场竞争力、吸引更多的

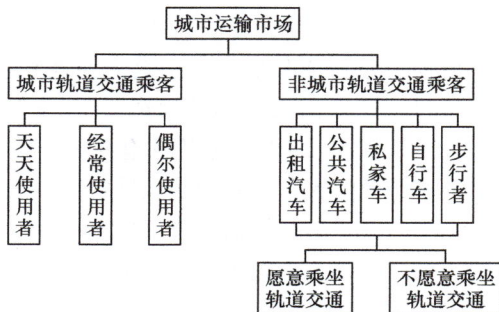

图6-4　城市交通市场细分图

135

乘客选择城市轨道交通等方面都具有十分重要的意义。

4. 城市轨道交通市场营销组合

所谓营销组合，就是企业可以控制的各种市场营销手段的综合运用。人们为了便于分析使用，曾提出多种营销组合分类方法，其中以美国市场营销学家麦卡锡的分类法应用得最为广泛。麦卡锡将各种营销因素分为四大类，即产品策略（PRODUCT）、价格策略（PRICE）、分销渠道策略（PLACE）、促销策略（PROMOTION），简称为4P组合。根据城市轨道交通的特点，其分销渠道主要指售票方法，我们将之纳入价格策略中探讨。

(1) 产品策略　城市轨道交通的市场营销理念是以市场为导向，以"满足乘客需求"为核心的现代经营理念。轨道交通运营企业提供的服务与乘客的消费是同时、直接进行交换的。轨道交通运营市场属于服务营销范畴。随着世界经济进入"服务经济时代"，服务因素成为商业的核心，成为市场竞争的新焦点。服务营销成为企业树立良好形象、创造新乘客、留住老乘客的最佳途径。运营企业要树立、提高、更新营销观念，自觉树立"为乘客服务"的营销理念，以乘客为中心，及时有效地对乘客需求作出反应，及时调整自身经营活动，改善经营管理，全方位提升服务产品的质量内涵。

城市轨道交通服务产品是指用以满足位移需要的全部服务，即乘客"到站、询问、购票、检票、候车、上车旅行、检票、离站或换乘"全过程所得到的服务。乘客进出站路线如图6-5所示。

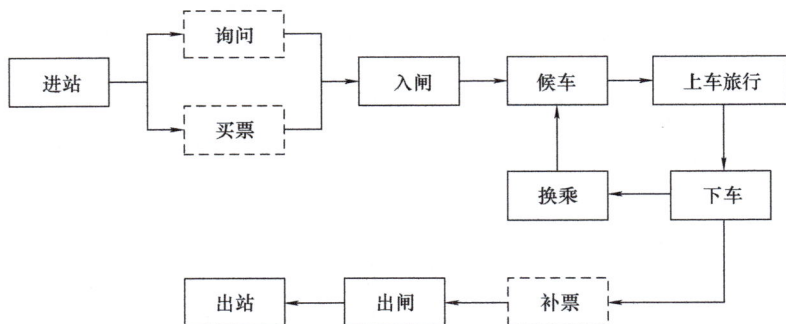

图6-5　乘客进出站路线

1) 乘客进站所需服务及设施要求。乘客搭乘地铁，首先需弄清附近地铁的位置，然后通过出入口进入车站。此时乘客的需求有：车站位置设置合理；乘客到达地铁站的距离短，并且可通过步行或其他交通工具方便地到达；地铁站外导向标志设置合理、指示明确，地铁标志醒目，地铁出入口容易找到。

2) 乘客询问所需服务及设施要求。搭乘地铁的乘客可分为一般购票乘客，老人、学生等特殊乘客及残障人士，其中购票乘客可分为熟悉城市轨道系统的乘客（如购IC卡的本地乘客）及不熟悉城市轨道系统的乘客（如购买单程票的外地乘客、搭乘地铁次数不多的本地乘客等）。一般需询问的多为不熟悉城市轨道交通的乘客。此类乘客希望容易找到问询处或有自助服务设备，人机交流界面简单、客服人员热情周到等。就设施要求而言，问询处的位置要设置合理，乘客容易发现；问询处的引导标志要明确、醒目；询问人流不能干扰其他人流。问询处设置的服务窗口的多少，以及等候面积、形式，需根据不同车站的乘客特点而设计，设计前需分析车站的乘客组合。服务人员要服饰整洁、热情周到、礼貌待客、服务规范。

3）乘客购票所需服务及设施要求。进入车站付费区的乘客需持有城市轨道交通车票。持单程票的乘客每次进入需购票；持储值卡的乘客，当票值用完后需重新充值。在购票服务环节，乘客希望找零方便，购票容易，不需要等候过长时间。采用先进的自动售检票设备是城市轨道交通行业发展的趋势。以自动售检票服务为主、以人工售检票服务为辅的方式将成为票务服务的主要方式。因此，城市轨道交通企业应在非付费区设置数量合理的自动售票机、自动充值机等自助设备，并配以简单易懂的图示操作步骤，引导乘客采用自助的方式完成购票过程，从而有效地减少排队购票时间。

4）乘客进闸所需服务及设施要求。乘客购票后，将所持车票送入闸机检票口，经检票无误后，闸机开放，让乘客通过闸机进入付费区。在此环节，乘客要求方便地找到闸机，并且快速通过。闸机的位置要醒目，进出方向指示明确；闸机的数目、进出的配置需根据不同车站的乘客组成特点而设计，通过能力要与客流量相匹配。

5）乘客候车所需服务及设施要求。乘客入闸后，会进入付费区，到站台等候列车到达。在此环节，乘客希望方便地到达站台，有舒适的候车环境。城市轨道交通企业应在站台设置清晰、醒目的导向标志，如列车上下行标志、轨道交通线路图、首末列车时刻表、车站地面周边地图等，使乘客明了自己现在所处的位置、所需到达的目的地及需搭乘的列车。设置清晰、简练、准确的列车到站广播、列车到站电子指示牌等，及时告知乘客即将到站的列车。增设站台候车处的乘客咨询系统，在列车到站播报的间隙播放天气、娱乐、新闻等内容，缓解乘客候车的焦虑情绪。站台空间宜宽阔，灯光照明应配置合理，减少地下空间的压抑感。屏幕门应为透明设置，框架轻巧，视觉观感好，同时也可减少噪声干扰，还能有效地隔绝列车运行带来的气流影响，使站台的气流组织更加舒适。值得注意的是站台广告位置要合理，不要干扰导向系统。

6）乘客上车旅行所需服务及设施要求。乘客要求能够方便有序地上车，列车运行平稳，车厢内整洁舒适，列车广播信息及时、准确。车辆内部要有线路图展示，并标示站名；换乘站应在线路图上突出显示，列车广播也应及时提醒乘客在该站换乘其他线路；应使用文字说明或列车广播向乘客提供列车首末班时刻。车厢内应清楚标示管制标语（如禁止吸烟等）、警示标语（如请勿依靠车门）及提示标语（如请让座于需要帮助的人士）等。同时应保证车厢内环境整洁、灯光明亮柔和、座位舒适、温度适宜，充分为乘客创造一个良好的乘车环境。

7）乘客换乘所需服务及设施要求。乘客的换乘方式主要有同站台换乘、上下层站台换乘、通道换乘、站厅换乘、站外换乘等，乘客需要经由楼梯、自动扶梯、换乘通道、站厅等从一个车站到达另一个车站。在换乘过程中乘客普遍希望：换乘距离短、方便快捷；换乘导向标志明确；有自动扶梯、水平行人梯等辅助设备；换乘通道照明适度、温度通风适宜。城市轨道交通运营企业在线路规划设计上应注意从乘客角度出发，在工程条件允许的情况下尽可能采用同站台换乘方式，以节省换乘时间，带给乘客最大的便利；同时应科学设计换乘路线，避免换乘、出站客流的交叉对流，影响客流行进速度，从而延长换乘时间。

8）乘客补票所需服务及设施要求。乘客到站检票，如出现丢失车票、车票损坏或补车资等情况，需要到票务中心办理补票。乘客希望票务中心的标志清晰明确，容易找到，且手续简单、等候时间短。在城市轨道交通行业，需补票的乘客相对较少，在乘客遇到票务问题时，应有客服人员及时处理并引导其办理手续。

9）乘客出闸所需服务及设施要求。乘客乘坐地铁到站后，希望能够顺利验票、快捷出站。该环节设施设置要求与进闸环节要求一致，此时应根据客流大小合理设置闸机方向，避免出站乘客在闸机处拥堵。

10）乘客出站所需服务及设施要求。乘客检票出闸后，希望快捷方便地出站。乘客希望：车站出入口配有自动扶梯；出入口设置合理，与地面建筑合理衔接，形成全天候的地下连廊；出入口处与公共交通工具实现无缝连接等。

（2）价格策略 城市轨道交通运营企业应对既有票价系统进行分析，针对价格杠杆的敏感度进行分析，确立最佳价格点，提出可行性的修改意见并建立起适应市场变化的价格机制。票价对乘客的心理承受能力会产生极大的影响，要根据乘客得到的服务来制订合理的票价，使运营企业、乘客双方受益。

1）轨道交通企业定价目标。①以低票价吸引乘客；②资助那些能吸引新乘客的新措施；③引导乘客在非高峰期使用轨道交通系统；④根据政府需要对某些乘客实行优惠票价；⑤运输收入总体要能补偿运输生产费用，并能获取合理利润。

2）价格表的种类和选择。根据国外的经验和资料，价格表的分类一般是以城市的结构和轨道交通路网的分布形状来确定的。

① 距离相关的价格表。这种价格表适用于长距离的运输，对于较高频率地出入系统的乘客不太方便。如果这种方式用于城市轨道交通系统，将导致系统的设备和管理变得相当复杂。

② 单一价格表。单一价格表适用于小范围的交通网络，乘客使用方便，运营公司的操作简单。但不能体现乘距与费用的关系，有一定的不合理性。

③ 区段相关的价格表。对于运营公司和乘客来说，这种收费方式不算太复杂，也比较合理，特别适用于呈走廊形状的路网。但对于覆盖范围较大的交通路网，这种收费方式区段的划分有一定的难度，每个小区段之间关系的处理比较复杂，所需的票价级别也比较多。

④ 时间相关的价格表。这种方式使用范围比较广泛，可以同时用于不同性质的交通系统中，例如地铁和公交等。这种方式对乘客极为方便，乘客可以随意换乘各种不同的公交系统而不必单独购票。但由于不同公交系统所提供的服务水平和运营成本各不相同，这种方式很难体现合理的服务和价格之间的关系，对于高成本的运输系统是不利的。如果将这种方式的价格表只限于轨道交通路网的范围以内，仍然存在运距与费用的矛盾。

⑤ 区域相关的价格表。这种方式适用于集中式的路网结构，环形区域交织在一起的线路共同使用同一价格表，并同时考虑了乘距与费用之间关系的合理性。

⑥ 区域、区段组合式价格表。这种方式将区域与区段两种方式有机地组合起来，特别适用于放射形大城市的轨道交通路网结构，既能适应市中心路网密度高、不利于区段划分的情况，又能满足城市外围路网分散、无法用区域划分的情况。

⑦ 短距和短时价格表。价格表用于短距离和短时间运输，必须与基本价格表结合使用，这是基本价格表的一种补充。

⑧ 补充价格表。补充价格表用于一些特殊情况下的运输，例如开行特快列车、夜间列车等。

⑨ 换乘价格表。换乘价格表一般与单一价格的票价方式结合使用。当乘客换乘其他线路列车时，需支付一定的额外费用。

目前国内一般采用区域、区段组合方式的价格表作为城市轨道交路网的基本价格表。

3）车票的种类。运营公司应该设法从运营中尽可能多地获得收入。达到这个目的的唯一办法就是使自己的运营更好地适应不同的顾客需求，以便吸引更多的乘客。

对于收费系统来说，车票的种类应尽可能去适应不同的顾客群体，在为乘客提供优质服务的同时，尽可能提高预先支付票款的比例。

我国城市轨道交通票种比较单一，随着轨道交通路网的建设，将逐渐扩展和确定新的票种，从而不断提高地铁系统对乘客的吸引力。为符合封闭式票务管理的模式，同时考虑到科学技术的发展，车票的品种以磁卡票和 IC 卡为主。IC 卡的使用正在逐渐得到普及，具有很大的方便性，是城市轨道交通收费方式的一个主要发展方向。一般情况下，一部分单程票、不计程票和一些特殊用途的车票仍可以采用磁卡票，储值票一类的计程票收费可以采用 IC 卡收费方式。

4）车票的发售。乘客对车票的选择不仅考虑费用，同时也考虑购票的过程是否方便。作为运输系统的使用者，乘客总是希望购买车票的过程非常简单，这里包含了对车票发售地点和手续方面的要求。

对于轨道交通企业来说，车票发售的方便程度不仅会影响到运输系统对客流的吸引力，同时也会影响运营公司本身人员数量、设备配置（即运营成本）方面。无论是乘客还是轨道交通企业，都希望在运输系统运行的过程中尤其是在高峰期减少现场售票的数量，减少乘客在车站的停留时间。

一般来说，轨道交通系统的售票方式有以下几种：

① 完全的人工售票方式。这种方式需要在车站的售票点安排较多的人员，站内售票处室的空间要求比较大，乘客在站内停留的时间较长。这种方式不适用于具有高度自动化水平的 AFC 系统。

② 半自动售票方式。这种方式有一定的设备辅助人员，人员的数量可以相对减少。由于有设备辅助，乘客在购票时等待时间相对减少。

③ 自动售票。这种方式由乘客自己操作购票设备，运营系统只需安排很少的人员辅助或管理售票设备。但这种方式完全由乘客自己操作，在运营初期会存在因乘客熟练程度不同而在站停留时间出入较大的问题。

④ 系统外售票。这种方式可以把大量的购票乘客吸引到系统外购票，售票地点可以灵活地安排到银行、邮局或商店等地方，适合于出售多次使用的车票。这种方式可以方便地在系统外的合适地点或时间购票，避免在车站内耗费时间，同时也减少车站人员、设备和空间的数量。

对于包含多种车票的运输系统，车票的发售不可避免地要求采用多种不同的方式，但工作的目标应该是尽量减少必须在车站内部发售低效率的单程票的比例，提高乘客使用运输系统的效率。

5）车票流程。车票按其流动方式，可划分为一次性使用和多次使用的车票。

一次性使用的车票基本上以单程票为主，乘客从车站的自动售票机中购出车票，进站时将其送入进站闸机进行第一次检票，出站时由出站闸机进行第二次检票并回收。

多次使用的车票有很多种，乘客可以从车站、银行、邮局或其他代售点购得。进站时多次使用的车票与单程票相同，出站时闸机将乘客出行的费用从车票的存储费中扣除，判断该车票是否存在足够的余额；如果是以时间控制的车票，则判断是否超出使用期限。如果车票可以再次使用，则闸机将车票退还给乘客。

失效的多次使用车票的处理可以有两种方式：一种是退还给乘客，然后由乘客到车站售票室再次赋值；另一种是由出站闸机将车票回收，送到中心再进行分拣和重新赋值。目前上海 1 号线的 AFC 系统采用的就是后一种方式。

闸机在回收车票时将一次性使用的车票和多次使用的车票分装在两个票箱内，一次性车票直接由管理人员装回自动售票机内循环使用，多次使用的车票则由专门的列车沿线收集，送到票务中心进行分拣。

(3) 促销策略 城市轨道交通企业除了提供必要的有关产品服务及价格策略外，更应积极配合上述活动进行促销以提高服务水平和实现营销目标和任务。一般促销的内容包括广告、人员推广、销售促进和公共关系等项目。

1）广告。城市轨道交通企业做广告的目的：①把公众的注意力吸引到城市轨道交通系统上来；②使公众知道搭乘城市轨道交通的好处及其服务品质；③创造公众心目中城市轨道交通企业的良好形象。

吸引公众的注意力，可以靠一些主要的媒体来宣传。同时车站及车厢的造型、颜色、公司的标志都是吸引乘客注意力的重要手段。

在宣传城市轨道交通系统优点时，应针对乘客心理，有的放矢：①经济。搭乘轨道交通比驾驶私家车上下班一年可以省下不少钱。②省时。城市轨道交通具有速度快、不堵塞的特点，因此可节省旅行时间。③舒适与方便。车辆行驶平稳，环境适宜，在车上能阅读报刊，还可通过乘客咨询系统了解相关时事新闻等。④较高的安全性和可靠性。相较其他运输方式的事故率和准点率，可以看出城市轨道交通系统具有较高的安全性和可靠性。⑤环保优势。城市轨道交通系统具有节省能源、减少空气污染等优点，搭乘城市轨道交通有助于实现社会可持续发展目标。

2）人员销售。人员销售是指城市轨道交通企业派营销专员针对某组织、特殊团体或特殊活动的需要，以自行介绍、解说、优待等方式争取服务机会的活动。

3）销售促进。销售促进是指除服务本身以外，对顾客提供其他附带的服务，目的是为建立良好的企业形象并使旅客接受城市轨道交通的服务，例如发行地铁免费报刊、赠送纪念品、提供各种便民服务等。

4）公共关系。公共关系工作的对象可分为一般大众、新闻界及政府机关 3 个方面。进行公共关系工作，最基本的方法是提供优质的服务。

① 对一般大众：经常保持车辆内外的整洁；设计良好的车站出入口、车站等，提供给乘客非常整洁、宽敞、舒适的环境；服务人员要保持良好的服务态度；确保电话问询系统的设施和人员充足，以免旅客在需要问询时遭到拒绝；设立一个接受投诉的部门，并及时处理、答复所有投诉；当服务发生故障时，应立即通知大众并解释原因。

另外，城市轨道交通企业必须积极参与公益活动。例如：支持慈善事业，提供免费公益车厢广告等；支持政府改进运输的计划或研究；积极参与社会特殊活动（如运动会、商展、文明共建等）。

② 对新闻界：建立城市轨道交通企业高层主管人员与新闻界的良好关系；及时向新闻界提供准确的运营信息；当有重要的新闻要公布时，应举办记者招待会；重要事项先行通知

新闻界；如果出现对公司不利的情况，应尽量将误会解释清楚或予以更正。

③ 对政府机关：经常准备一份最新的信息表，列出与公司有密切关系的主要相关信息；将有关服务回赠给政府有关部门；每年提供企业的例行报告，报政府主管部门；随时关注对政府有参考意义的信息；充分了解政府对城市轨道交通企业的相关限制，与政府有关部门加强沟通。

城市轨道交通运营企业要想在瞬息万变的市场环境中得到发展，就必须在市场营销观念指导下，从分析市场及其环境入手，制订企业的战略目标和计划，规划企业的营销战略，选择相应营销策略并加以有机组合，通过适当的市场营销管理过程，同时对营销的全过程实施有效的控制，最终实现企业的战略计划和营销目标。

四、客流调查与预测案例

案例： F 市城市轨道交通 2 号线即将开通，如何准确预测开通近期的客流量，为列车运营组织等工作提供基础依据呢？

1. 客流调查及预测工作内容及流程

客流调查及预测是一个系统工程，其涵盖很多领域，科学预测需要合理安排客流调查和预测的流程。本案例的客流调查、预测内容及流程如下：

(1) F 市发展现状及规划调查分析

1) 城市概况。城市概况包括地理区位、行政区划、历史文化、综合实力等。

2) 经济与社会发展。经济与社会发展包括经济与产业及居民生活水平等方面内容。

3) 人口与就业岗位状况。

4) 城市建设状况。

5) 城市总体规划情况。城市总体规划包括城市发展目标及规模、市域空间结构、规划区空间结构和城市近期发展重点等方面内容。

(2) F 市交通发展现状及规划调查分析

1) 居民出行特征。居民出行特征包括出行次数、出行目的、出行方式、出行时间、出行距离、出行时间分布和出行空间分布等内容。

2) 城市机动化水平。城市机动化水平包括市域车辆保有量与分布、市区车辆保有量与分布等内容。

3) 城市道路交通运行状况。城市道路交通运行状况包括道路网络、公共交通、主要道路交通量分布、跨江组团间客流分布等内容。

4) 区域交通发展现状。区域交通发展现状包括航空、铁路、公路发展现状方面内容。

5) 综合交通系统规划。综合交通系统规划包括区域交通系统规划和城市交通系统规划。

(3) F 市公共交通客流成长分析

1) F 市公共交通客流总体发展情况。

2) 轨道交通客流量占公共交通分担率。

3) 轨道交通客流成长分析。轨道交通客流成长分析包括断面客流、车站客流高峰小时系数、车站客流分布、断面客流分布、大区间现状 OD 及客流时段分布等客流成长分析。

(4) 国内轨道交通运营初期客流分析

1) 城市轨道交通客流总体增长特征分析。

2）其他大城市轨道交通客流发展分析。

3）分线路客流增长特征分析。

4）分类型线路断面客流特征分析。

5）分时段典型线路断面客流特征分析。

6）主要客流指标特征分析。主要客流指标特征分析包括轨道交通占公共交通客流比例、轨道交通换乘系数、轨道交通平均运距等。

(5) F 市轨道交通 2 号线沿线现状客流分析及客流估算分析

1）2 号线沿线人口岗位现状估算分析。

2）2 号线沿线现状交通分析。沿线现状交通分析主要有沿线道路交通概况、沿线公交概况、沿线断面客流总量分析。

3）估算思路与方法确定。

4）2 号线客流估算。

(6) 客流预测模型建立

1）交通分区模型。

2）交通设施供应模型。交通设施供应模型包括基础道路网、公共交通网络等模型。

3）人口就业分布预测。人口就业分布预测包括人口总量预测和就业岗位总量预测等。

4）出行生成预测。出行生成预测包括常住人口出行生成预测和流动人口出行生成预测等。

5）出行分布预测。出行分布预测包括常住人口出行分布预测和流动人口出行分布预测等。

6）方式划分。方式划分内容包括方式划分步骤、常住人口方式划分、流动人口方式划分等。

7）客流分配参数设定。客流分配参数设定包括分配模型、时间函数定义、模型参数设定等。

8）模型校核。

(7) 客流预测结果分析

1）预测年度（2019—2021 年）总体指标分析：包括交通需求预测结果汇总和预测年度（2019—2021 年）线网客流。

2）2 号线客流总体指标分析。

3）2 号线断面客流。

4）2 号线集散客流。

5）2 号线大区 OD 分析。

6）2 号线平均乘距分析。

(8) 敏感性分析及相关建议

1）敏感性分析主要有票价对客流预测的影响分析和轨道交通车站接驳设施对客流的影响分析。

2）预测的影响分析主要指运营服务水平对客流预测的影响分析。

2. 预测方法及步骤

传统地铁相关规划客流预测主要面向规划年份，是面向规划人口和用地进行的。本次客流预测主要面向开通年份，是面向近期潜在客源进行预测的。因此，预测思路与方案也有所不同，本次开通期客流预测主要通过预测年份城市人口与就业岗位、流动人口等数据进行合理分析，利用传统的四阶段（出行生成预测—交通方式划分—出行分布—交通分配）模型，预测轨道开通后的客流量。

本次预测总体思路是总量估算与定量预测相结合。

总量估算是根据沿线公交客流量、轨道交通开通后公交客流的转移比例合理估算轨道交通开通后总量。

定量预测是基于轨道交通开通近期 1～3 年城市各组团、各小区的常住人口、流动人口，结合 F 市 2017 年居民出行调查成果，建立 F 市近期公共交通模型，并在近期公共交通网络上进行分配（轨道交通＋常规公交），从而得到的轨道交通各项客流指标。

预测方法和步骤：

1）交通小区划分：将 F 市规划区范围划分为若干个交通小区。

2）人口岗位分布：将土地利用分成 A、C1、C2、C3、D、E1、E2、G1、G2、M、R、S、T、U、W 共 15 类用地性质，并按照近期 1～3 年划分的各交通小区，依据统计年鉴现状人口、近期预测人口和就业岗位进行分布。

3）交通网络供应：预测 2019—2021 年的城市轨道交通网、公交线网（含接驳网络）和道路交通网络，作为轨道交通客流预测的必要条件。

4）出行生成预测：根据居民出行调查以及其他相关交通调查，预测 2019—2021 年目的出行发生和吸引量。

5）出行分布预测：应用三维约束重力模型，通过区内出行量和跨河量的控制，预测 F 市 2019—2021 年分目的全方式人口出行 OD 分布。

6）出行方式划分预测：通过不同出行交通方式间的竞争，应用改进的 Logit 模型，预测 2019—2021 年包含轨道出行的公共交通出行 OD 矩阵。

7）公共交通客流分配：应用公共交通客流分配模型和 EMME/4 软件，结合公交与轨道交通的发车频率、票制、票价相关参数对公共交通 OD 进行路段和线路配流，预测 2019—2021 年的轨道交通客流。

8）结合 2017 年 F 市居民出行调查成果、2 号线沿线机动车和公交客流调查，对 F 市公共交通预测模型进行详细标定。

9）轨道交通线网客流预测分析：对分配计算出的轨道交通客流量等相关指标进行统计和分析。

F 市轨道交通 2 号线开通初期客流预测总体框架图如图 6-6 所示。

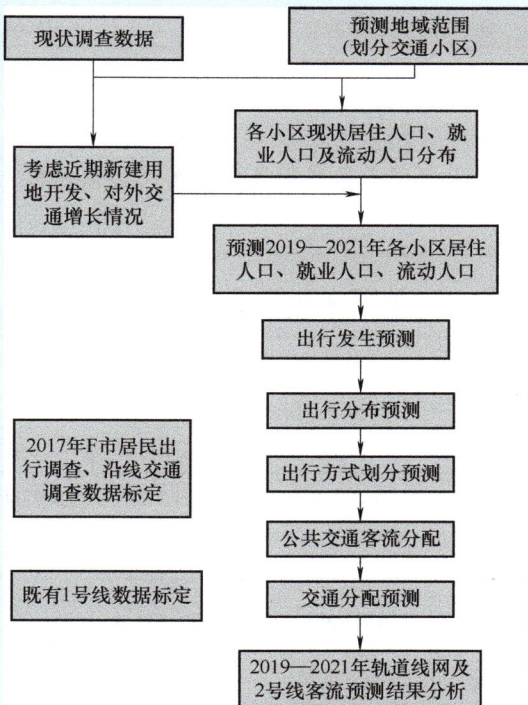

图 6-6　F 市轨道交通 2 号线开通初期客流预测总体框架图

3. 预测结论

（1）预测年度（2019—2021 年）交通需求预测结果汇总

预测年度（2019—2021 年）轨道交通客运量在公共交通系统总客运量中占有比例逐年增大。2021 年底，F 市轨道交通客流约占公共交通运量的 1/3。交通需求预测结果汇总见表 6-2。

表 6-2　交通需求预测结果汇总

年份		2019 年	2020 年	2021 年上半年	2021 年下半年
居住人口	人口数/万人	386.64	390.78	394.65	394.65
	出行总量/万人次	1059.39	1066.82	1073.45	1073.45
	公共交通出行比例（%）	11.05	11.88	12.01	12.95
	公共交通出行总量/万人次	117.06	126.74	128.92	139.01
流动人口	人口数/万人	30.9	31.7	32.4	32.4
	出行总量/万人次	92.7	95.1	97.2	97.2
	公共交通出行总量/万人次	29.66	30.91	32.08	33.05
公共交通出行总量合计/万人次		146.72	157.65	161.00	172.06
公共交通换乘系数		1.16	1.165	1.17	1.18
公共交通客运量/万人次		170.20	183.66	188.37	203.03
轨道客运量/万人次		36.90	43.82	49.60	67.36
轨道客运量占公共交通比例（%）		21.68	23.86	26.33	33.18
轨道交通换乘系数		1.07	1.08	1.09	1.18

（2）预测年度（2019—2021 年）轨道交通线网客流

2019 年、2020 年、2021 年上半年、2021 年下半年线网各线路客流总体指标见表 6-3 ～表 6-6。

表 6-3　2019 年线网各线路客流总体指标

名称	线路长度/km	客流量/万人次	周转量/ (km·万人次)	单向高峰断面/ （万人次/h）	客流强度/ （万人次/km）	平均乘距/ (km/乘次)
1 号线	24.89	23.61	228	1.14	0.95	9.66
2 号线	30.2	13.29	128.74	0.63	0.44	9.68
合计	55.09	36.90	356.74	—	—	—

注：线网客流强度为 0.67 万人次/km，线网平均乘距为 9.67km/乘次。

表 6-4　2020 年线网各线路客流总体指标

名称	线路长度/km	客流量/万人次	周转量/ (km·万人次)	单向高峰断面/ （万人次/h）	客流强度/ （万人次/km）	平均乘距/ (km/乘次)
1 号线	24.89	27.13	253.00	1.28	1.09	9.33
2 号线	30.2	16.69	152.67	0.79	0.55	9.15
合计	55.09	43.82	405.67	—	—	—

注：线网客流强度为 0.80 万人次/km，线网平均乘距为 9.26km/乘次。

表 6-5　2021 年上半年（1 号线南延和 6 号线开通前）线网各线路客流总体指标

名称	线路长度/km	客流量/万人次	周转量/(km·万人次)	单向高峰断面/(万人次/h)	客流强度/(万人次/km)	平均乘距/(km/乘次)
1 号线	24.89	29.94	273.00	1.35	1.20	9.12
2 号线	30.2	19.66	174.32	0.95	0.65	8.87
合计	55.09	49.60	447.32	—	—	—

注：线网客流强度为 0.90 万人次/km，线网平均乘距为 9.02km/乘次。

表 6-6　2021 年下半年（1 号线南延和 6 号线开通后）线网各线路客流总体指标

名称	线路长度/km	客流量/万人次	周转量/(km·万人次)	单向高峰断面/(万人次/h)	客流强度/(万人次/km)	平均乘距/(km/乘次)
1 号线	29.84	36.36	373.00	1.70	1.22	10.26
2 号线	30.2	20.99	180.71	1.05	0.70	8.61
6 号线	40.9	10.01	124.25	0.46	0.24	12.41
合计	100.94	67.36	677.96	—	—	—

注：线网客流强度为 0.67 万人次/km，线网平均乘距为 10.06km/乘次。

项目实施

1）分组讨论并设计全面客流量调查表格、乘客情况抽样调查表格。

2）搜集整理资料，简述我国国内轨道交通运营企业的市场营销策略。

3）由教师根据本项目客流调查与预测案例寻找某城轨运营公司客流调查相关数据，选取客流预测的某些方法，让学生完成一定时期的客运量预测工作（也可采用案例中的某些数据做一定的预测分析）。

拓展与提高

针对我国城市轨道交通发展的现状，预测本区域轨道交通客流的发展趋势，分组讨论并制订适合于本区域城市轨道交通发展的市场营销策略。

实践训练

确定客流量调查的目标，讨论设计客流量调查的表格，组织同学在轨道交通站点进行实际的客流量调查，分析调查数据，得出相应的客流调查结果。

项目七

城市轨道交通客流组织方案编制

知识要点

1. 车站客流组织方案编制要素。
2. 车站客流组织方案编制方法。
3. 客流组织方案编制案例。

项目任务

根据某个城市轨道交通车站的具体情况，练习编制该站的各级客流组织方案，要求具体、详细并附布岗的相关图文。

项目准备

准备某一个或多个城市轨道交通车站的详细资料信息（建筑类型、设备设施及导向信息等），能准备车站相关图样更好。

相关理论知识

一、车站客流组织方案编制要素

《城市轨道交通客运组织与服务管理办法》（交运规〔2019〕15 号）中规定，运营单位应根据车站规模、客流特点、设备设施布局、岗位设置等，制订工作日、节假日、重要活动以及突发事件的车站客运组织方案与应急预案，换乘站还应制订共管换乘站协同客运组织方案与应急预案，做到"一站一方案"，并根据车站实际客流变化情况及时修订完善。

在制订客流组织方案之前，首先要分析车站的客流特点，明确职责及客流等级等，然后再进行具体方案的编制。

1. 分析车站客流的特点

不同类型的地铁车站，其客流量大小和客流规律主要受周边城市土地布局、人口构成等因素影响，进而呈现出不同的高峰期和大客流特点，因此可根据车站的周边环境分析客流规律。

（1）临近社区、居住区车站的进出站客流规律　邻近大型社区、居民区、村（城中村）

146

等的地铁站，进出站客流以居民、常住人口为主，其出行习惯、目的、规律等相对比较稳定，主要以上下班为主。

> **小知识**
>
> 此类型的车站在早高峰期间以进站为主，较多居民进站搭乘地铁上班、上学等，到站乘车时间也相对比较集中，且以中青年、学生为主。晚高峰期间，车站以出站客流为主，市民从城市各处返回车站，时间集中度相对不高。从全天来看，车站受通勤客流的影响，客流潮汐特征突出，客流压力集中于早高峰时段。此外，社区、居民区附近车站的客流来源相对稳定，随着社区、居民区的发展，客流量持续上涨的可能性较大。

（2）邻近写字楼、学校等车站的进出站客流规律　周边有较多写字楼、办公楼、工厂、企事业单位及各类学校的车站，客流的主要来源为通勤和学生客流。这些有固定出行安排的乘客，搭乘地铁的人群、规律、时间相对比较平稳。

> **小知识**
>
> 此类型的车站在早高峰期间，以从其他不同站点进站后在该站出站的客流为主，出站客流大而进站客流相对小；晚高峰期间，早高峰出站的乘客陆续返回地铁站，导致进站客流较大。在该车站进出的客流，以通勤人员、学生为主。

（3）邻近商业区、购物圈车站的进出站客流规律　因站外有大型商场、购物街等影响，车站的主要客流来源为逛街、购物的市民。车站根据商业区的类型及面向的客户群体，将吸引不同年龄层次、不同收入水平和不同职业类型的人群。

相对于受通勤客流影响的车站，此类车站的客流很大程度上受商场、店铺的营业时间影响，因此其早高峰出站高峰的时间稍晚于邻近写字楼、学校等的车站，而晚高峰时间早于邻近写字楼、学校等的车站，且中高峰的持续时间较长，峰值不明显，进出站客流量相对较为平缓。

（4）邻近娱乐、休闲场所车站的进出站客流规律　部分车站因临近大型游乐场、大型广场、大型体育场等，周末及节假日期间有较多市民前往，由此增加了这类车站的进出站客流量。前往这些车站的市民中，除中青年外，老人和小孩的比例也相对较高。

> **小知识**
>
> 此类型车站的高峰期通常出现在周末、节假日前及节假日期间，较多市民集中于与这些场所相近的车站进出站。这些场所经常举办群体性的活动，如广场的跨年倒计时、体育场的比赛及演唱会等，散场期间将有大量乘客在短时间内涌向地铁，此时车站客流压力较大。

（5）邻近客运枢纽车站的进出站客流规律　临近火车站、机场及大型客运站的车站，其客流主要受客运枢纽的影响，进站客流多为从客运枢纽转乘地铁的乘客，出站客流多是去往客运枢纽的乘客。因进出站的客流去往或来自客运枢纽，属长途或短途旅客，因此携带行李的乘客比例相对较高，且部分乘客是从其他地方来到当地，对当地地铁的运营模式和票务政策并不了解，所以在进站乘车、购票、入闸、乘车等环节耗时较常乘地铁的乘客会久一些。

受客流构成的影响，这些车站的高峰通常出现在客运枢纽旅客较多的时期，如春运、寒暑假、节假日期间，大量旅客由于返乡、出游、探亲等原因，造成车站的客流高峰。

上述是几种进出站客流的规律分析，但实际上，一个车站的客流往往不止受一个外部因素影响，有时受两个或多个因素同时影响，如有些车站，工作日期间主要受通勤客流影响，而周末和节假日期间叠加了大量观光、游玩的乘客，因此，在不同时期、不同时段呈现出的客流规律有所不同。

2. 成立大客流组织的指挥架构并明确职责

成立大客流组织的指挥架构时，应根据大客流的等级（共分为四级）由不同级别的领导担任指挥长，组织、协调各方应对大客流，并明确各单位、个人的职责。

根据《国家城市轨道交通运营突发事件应急预案》（国办函〔2015〕32 号）的规定，运营单位是运营突发事件应对工作的责任主体，要建立健全应急指挥机制，针对可能发生的运营突发事件完善应急预案体系，建立与相关单位的信息共享和应急联动机制。

运营单位预判客流超出车站设计容纳能力、存在安全隐患时，应与公安、消防及属地政府主管部门进行工作对接，加强沟通，并设立常态联系制度，快速响应。

3. 制订汇报制度确保信息报送准确、及时

运营单位应实时掌握现场情况，内容包括客流成因、客流规模、可能持续的时间、已采取的措施、影响情况等，为指挥领导小组做出决策提供依据。

运营单位应对车站历年客流数据、季节性变化规律、周边环境重大变化等信息进行采集、分析和评估，并对客流变化情况进行预判。应根据车站设计容纳能力及预判情况，持续改进优化站内服务设施布局。车站客流关键点位宜设置隔离设施，便于现场客流组织和引导。

4. 明确客流等级划分

大客流分为可预见性和不可预见性，专项大客流预案的编制是基于可预见性的大客流；不可预见性大客流因具有在时间上、空间上的不确定因素，且对城轨的运营带来较大的安全隐患，故每个车站都需编制除专项预案外的大客流预案。

运营单位应对大客流车站实施分级管理，做好应急预案，并加强演练，提高现场应急处置能力。对于可预见性的大客流，应提前制订专项保障方案并适时启动；对于突发性的大客流，应根据预案及时采取控制措施，防止事态扩大。根据客流大小对车站客运设施以及客流组织的影响的大小，将大客流划分等级。大客流预案中应明确各个等级的定义，为车站客流组织提供判断依据。

5. 明确大客流组织方案编制的具体内容

每个车站的设备设施和大客流成因不完全一致，因此大客流组织方案也不尽相同，组织方案也不一样。因此，明确大客流组织的具体内容是编制方案的必备条件。

二、车站客流组织方案编制方法

1. 编制内容

（1）**车站客流组织原则**　不论车站哪一级的客流，组织原则中安全永远都是第一位。为乘客提供的服务应以保障乘客安全为前提，以方便乘客、提高服务质量为原则。一般车站将大客流组织归为应急处置，因此编制组织方案时遵循安全应急处置原则，如"安全第一、分级控制、合理引导、及时疏散"或"安全第一、统一指挥、各级响应、统筹兼顾"等。

（2）**车站概况**　客流组织的基础是车站的设备设施，因此，要做好各级客流的组织方案，尤其是大客流组织方案，车站概况是编制方案不可或缺的重要内容。

（3）**组织架构**　任何一个有组织的活动都需要有一个完整的机构来运转，这个机构一般由塔式层级组成，逐级分工负责，保证客流组织的安全和有序。

（4）**汇报制度**　客流组织方案中编制汇报制度主要是为了保证组织过程中的信息畅通。客流组织，尤其是大客流组织，一旦出现突发情况，信息沟通就会起到决定性作用。车站工作人员应加强站内客流监控、信息传递；遇客流密集到达、滞留等情况时，应及时向行车调度员申请增加运力，及时疏散客流。

（5）**客流分级**　大客流组织方案中编制客流分级的主要原因是每一级大客流的组织方案不完全一致，为了更加明确各级对应的组织方案，需要专门列明方案中客流分级的具体标准。

（6）**大客流应急处置措施**　大客流应急处置措施是客流组织方案的核心内容，针对每个站的具体情况，如规模、岗位设置等，编制每个岗位的职责及具体应急操作流程等内容，并且列明每个大客流现场处置的关键点和每个岗位的具体措施。

（7）**人员布岗平面图**　人员布岗平面图在大客流组织中的作用是便于每个参与工作的人员能够统揽全局，对自己在客流组织工作中的位置和职责一目了然，能较大程度提高客流组织的效率。

（8）**其他**　大客流组织方案内容除上述 7 项外，针对本站的一些特殊情况需要特别强调的事项也要纳入方案，如客流分析、大客流组织相关准备工作等。

2. 编制方法

（1）**车站概况的编制**　车站概况编制的目的是熟悉车站环境，车站环境包括车站地理位置、周边环境和车站客运设备等。

1）地理位置主要编写车站所处街道位置及周边可能产生大客流的大型活动场所等信息，熟悉地理位置便于准确掌握客流流动方向及成分。

2）周边环境主要编写车站出入口设置情况、每个出入口对接的主要街道及大客流产生的场所。

3）车站客运设备主要编写 TVM、闸机、自动扶梯数量和布置位置，以便掌握大客流组织主要设备设施情况。必要时要绘制站厅平面图。各个客流等级需有明确的客流流线，避免进出流线交叉。

（2）**客流分析的编制**　客流分析主要编写本站客流产生的具体场所，包括日常客流产生的单位、商业区、住宅小区及旅游休闲处所等，有条件时还可以将各种客流数据编写出来供客流组织参考。

客流分析可从客流成分、客流波动规律及高峰时段等方面进行分析。

(3) 大客流组织相关准备工作的编制 大客流组织相关准备工作主要从票务组织、相关备品准备等方面编写。其中票务组织主要指车票的预备情况及票务工作人员的重点工作安排等。例如大客流时若启动纸票发售，需提前准备印制好的纸票及收款方式；需要备用金时要考虑充足的各种面额的备用量等。

与大客流相关的备品有便携式喊话器、临时售票台、票务相关设备及备品、拾物钳、落轨梯、安全绳等应急备品，还有对讲机、急救药品、宣传用品等备品，这些都需要详细地编写到方案中。

(4) 大客流应急处置措施的编制

1) 判断、汇报、启动预案：

① 根据现场客流规模，汇报应急指挥机构，由值班主任启动大客流预案，各单位支援人员根据预案要求立即赶赴相应车站支援。

② 受影响的车站、线网做好大客流联控工作。

③ 明确发生客伤时120急救车的引导口。

2) 客运设施的调整：

① 自动扶梯方向的调整。

② 引流护栏的调整。

③ AFC 设备的调整。

④ 通过 BAS 操作调整站内新风量。

⑤ 为控制站内乘客数量，在部分出入口采取限流措施或关闭出入口。

⑥ 广播系统的使用。

⑦ CCTV 的监控。

⑧ 安检作业的调整。

3) 客运备品的准备：

① 应急纸票、备用金的准备。

② 通信工具是否齐全完好。

③ 喊话器是否齐全完好。

④ 警戒绳是否准备（用于临时封闭某个区域或出入口）。

4) 人员保障及布岗：

① 明确本站员工和支援人员的位置、职责。大客流应急处置人员布岗示例见表7-1。

表7-1 大客流应急处置人员布岗示例

区 域	职 责	人 员 安 排	备 品
东站厅（站长为总负责人）	负责站厅非付费区域及商铺通道处客流引导	民警2名、支援人员2名	对讲机、扩音器
	负责站厅付费区域客流引导	民警1名、支援人员2名	对讲机、扩音器
	负责关闭 TVM/闸机	行车值班员	对讲机
	负责出站引导	支援人员2名	对讲机、扩音器
	打开边门通道、放行	车站维护工	对讲机、扩音器

② 人员布岗由车站站长/值班站长按照既定预案合理安排。

③ 除支援人员外，车站保安队员、安检员、保洁员、驻站工作人员、地铁公安等有责任、有义务听从车站安排，参与大客流组织。

④ 铺画各客流等级的人员布岗图。

5）运能的调整：

① 对于可预见性大客流，制订特殊时刻表，对于客流持续时间较短的，可提前安排备用车做好应对。

② 车站发生大客流后，行车调度员与车站应加强联系，通过行车调整（加开、调停、调整停站时间等）的方式达到快速疏散客流的目的。

（5）大客流应急处置流程的编制

大客流应急处置流程应从汇报流程、响应分级和各岗位的具体工作流程等方面进行编制。

1）汇报流程：大客流应急处置汇报流程编制时，首先要明确逐级汇报的原则，若上一级联系不上可越级汇报，图7-1所示为某站大客流应急处置汇报流程示例；其次是如果遇通信故障，应通过应急通信方式与相关部门或岗位进行联系，并将这些情况下的联系电话编写清楚，包括内线电话号码和外线电话号码等，图7-2所示为某站大客流应急联系关系及电话示例。

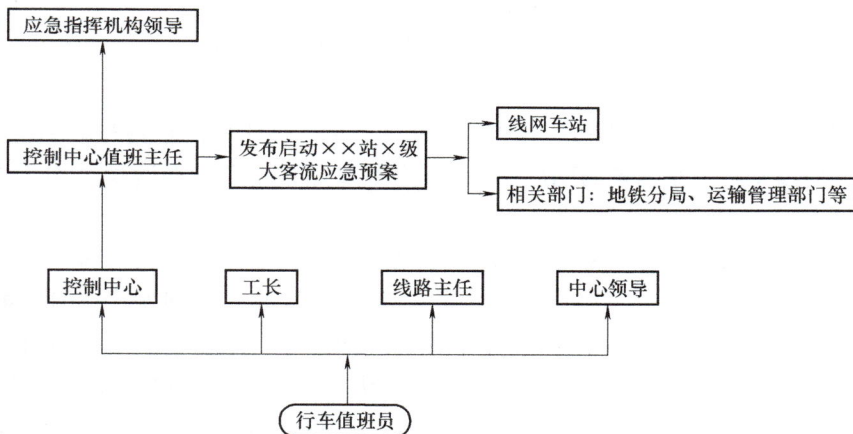

图7-1　某站大客流应急处置汇报流程示例

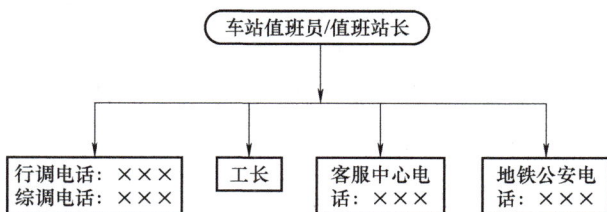

图7-2　某站大客流应急联系关系及电话示例

2）响应分级：响应分级的编写主要依据大客流成因及分级进行，如Ⅰ级大客流时人员布岗、职责及应急处置流程；Ⅱ级大客流时人员布岗、职责及应急处置流程；因设备故障或突发应急事件造成的突发大客流应急处置流程等事项。

3）各岗位的具体应急处置流程：各种大客流现场处置的重点部位需要编写清楚，如现场处置的关键点在站厅、站台、各出入口或换乘口等处的信息。

支援人员的情况也需要进行详细编写，具体到支援部门、人数及支援事项安排等。

涉及线控时与哪些车站进行联动也需要详细编写，如写明需要某站配合关闭换乘口。

各工种岗位的具体操作流程编写：如值班站长（或工长）应急处置时负责现场指挥，落实一定的职责，及时了解大客流产生原因、规模、可能持续的时间，赶赴站台引导疏散乘客及协助列车司机开关门等；站台保安组长安排人员关闭自动扶梯或其他设备等。总之，方案中需要尽可能详细地将每个工种岗位负责的具体操作事宜编写清楚。

三、客流组织方案编制案例

客流组织方案基本是一站一方案，每个车站按照客流等级不同，客流组织方案也会有所不同，但基本都大同小异。以下是南京地铁2号线大行宫站大客流应急处置方案（因篇幅有限，此方案编制案例只列举该站Ⅰ级大客流应急处置措施，其他级别应急处置措施略）。

（一）应急处置原则
遵循"安全第一、分级控制、合理引导、及时疏散"的原则。

（二）车站概况
南京地铁大行宫站由2号线和3号线两个车站组成，位于中山东路与太平北路、太平南路交汇处。2号线车站呈东西走向两层结构，3号线车站呈南北走向两层结构，总体为T型换乘。

大行宫站是南京地铁2号线的第12个车站，车站全长为199.101m。其西端邻站为新街口站，站间距离为1022.00m；东端邻站为西安门站，站间距离为1024.00m。该站为地下2层岛式站台车站，车站建筑总面积13698m²，主体部分建筑面积12216m²，总长度为199.05m，总宽度为21.8m；站台长为140m，站台宽为13m；车站总高为12.56m，车站埋深为3.7m，车站站厅设置了1个商铺，设有平安银行，内设1台自助取款机。

2号线大行宫站日均进站客流量在3.2万人次左右，出站客流量在3.3万人次左右。目前有1号、2号、3号共3个出入口，票务设备有12台TVM，22组闸机（其中进站8组，出站10组，双向闸机4组）；车站有东、西2个票亭，4台BOM（2台正常使用）。服务设备有5部电扶梯，其中站台3部，站厅2部（1、3号口）；1部轮椅升降平台（1号口）；1部直升电梯。该站无充值点及综合业务点。

（三）组织架构
车站客流组织架构如图7-3所示。

（四）汇报制度
车站发生大客流时，按图7-4所示汇报制度执行。

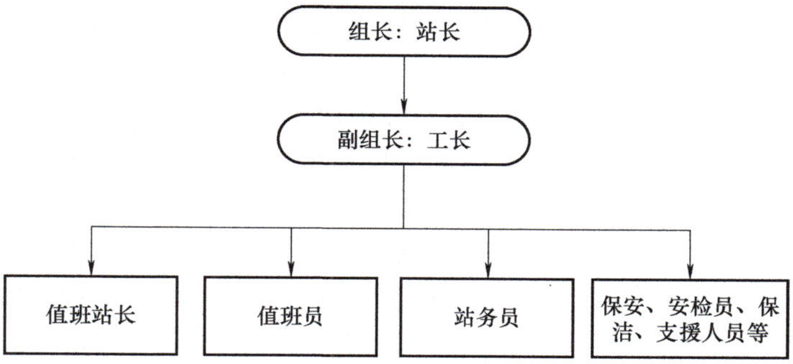

图7-3 车站客流组织架构

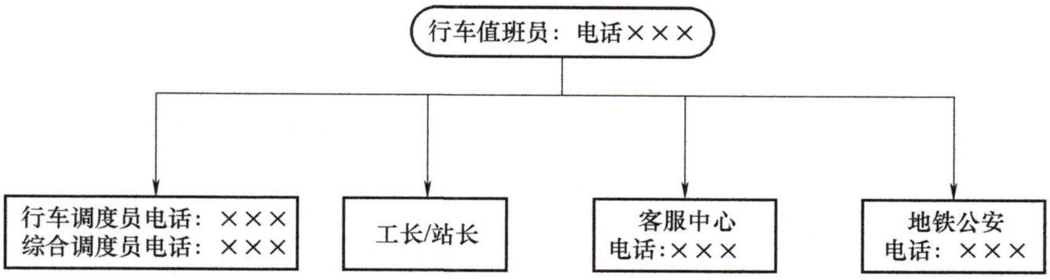

图7-4 大客流汇报制度

注意事项：

1）汇报制度原则上按逐级上报制度执行。若未联系到工长，行车值班员可越级汇报站区长/分中心线路主任。

2）若调度台通信故障，可通过公务电话汇报行车调度员；若调度台和公务电话通信同时故障，可拨打珠江路指挥室应急电话，向总调度中心汇报。

（五）客流分级

根据2号线大行宫站客流大小，将车站的大客流分为四级。

（1）Ⅰ级大客流　站台、站厅和出入口严重拥堵，或大客流疏导期间出现列车故障、踩踏等突发事件，导致地铁运营秩序受到严重影响的大客流。

（2）Ⅱ级大客流　站台、站厅较为拥挤，站内乘客出现滞留、拥堵，导致车站运营秩序受到一定影响的大客流。

（3）Ⅲ级大客流　站台及站厅付费区较拥挤，但车站运营秩序未受到较严重影响，需在闸机处采取限流措施的大客流。

（4）Ⅳ级大客流　站台较拥挤，列车到达后满载、部分乘客无法上车，通过采取站内引导措施可缓解的大客流。

（六）大客流应急处置措施

2号线大行宫站Ⅰ级大客流现场处置措施如下：

（1）**关键点**

1）已发生或出现可预见 Ⅰ 级大客流时，行车值班员立即向总调度中心、工长、线路工程师、中心领导汇报。

2）总调度中心值班主任应向公司应急指挥机构领导汇报。

3）值班主任应向线网车站、相关部门（地铁分局、地保办、总调中心、运输管理部等）发布大行宫站启动 Ⅰ 级大客流预案。

4）支援人员主要组成：若是可预见性大客流，应提前安排站务员工不少于60人，地保办员工、地铁民警、综合部门等员工接令后到站支援，民警支援不少于21人。若是突发性大客流，2号线西区、新街口区、原东二区，3号线城中，1号线北区、南区，这6个区域应各安排10人赶赴大行宫站支援。

（2）**工长/值班站长控制措施**　工长/值班站长分别负责站厅和出入口的把控，具体措施如下：

1）安排车站人员、支援人员及民警到各个出入口协助进站客流引导，引导所有乘客只出不进。

2）在关站命令下达后，安排1名站厅保安及1名客运值班员逐个关闭出入口。

3）安排车站人员、支援人员以及民警在站厅引导乘客快速出站。

4）安排安检人员用站厅铁马封锁进站口，并引导乘客由2、3号口出站。

5）安排行车值班员通过AFC设备的车站计算机关闭所有TVM、进站闸机，并做好乘客广播服务工作。

6）安排站务员收好票款，关闭窗口，打开边门通道后，赶赴站厅换乘口，切断站厅换乘通道，阻止大行宫站3号线乘客进入大行宫站2号线。

7）安排支援人员在各出站闸机处引导乘客快速出站，安排保洁员在换乘口处引导乘客自2、3号口迅速出站。

8）安排站台保安关闭所有站内电扶梯，引导乘客向站厅及站台换乘通道方向出站。

（3）**行车值班员控制措施**

1）车站发生 Ⅰ 级大客流时，应立即向行车调度员、地铁公安、工长汇报。

2）开启AFC紧急疏散模式，做好乘客广播工作（语音内容需服务组敲定）。

3）通过CCTV监控及现场人员反馈，确认站内滞留人员较少时，提醒相应工作人员切断站厅换乘通道，关闭1号口。

4）根据现场实际情况做好信息续报。

5）确认车站疏散完毕、站内无滞留人员后，提醒现场工作人员关闭车站全部出入口及换乘通道。

（4）**客运值班员控制措施**

1）接到关站指令后，携带手提广播、对讲机、警戒绳等备品赶赴东站厅。

2）根据值班站长指示，协同地铁公安，关闭1号口后，赶赴3号口控制乘客只出不进，并设置警戒线。

3）全部疏散完毕后，根据值班站长指示，关闭车站全部出入口。

（5）**站务员控制措施**

1）接到关站指令后，东、西票亭站务员关窗并收好票款，打开边门。

2）根据值班站长指示，按照就近原则关闭站厅换乘通道后，东票亭站务员赶赴 3 号口支援，西票亭站务员赶赴 2 号口支援，控制乘客只出不进。

3）全部疏散完毕后，根据值班站长指示，关闭车站全部出入口。

（6）站厅保安控制措施

1）接到关站指令后，携带手提广播、对讲机、警戒绳等备品赶赴西站厅。

2）根据值班站长指示，赶赴 2 号口控制乘客只出不进，并设置警戒线。

3）全部疏散完毕后，根据值班站长指示，关闭车站全部出入口。

（7）站台保安控制措施

1）根据值班站长指示，将站台乘客向站厅、站台换乘通道疏散。

2）全部疏散完毕后，根据值班站长指示，关闭站台换乘通道。

（8）安检员控制措施　安检员停止安检，按照就近原则在东、西站厅引导乘客自 2、3 号口出站。

（9）保洁员控制措施　保洁员前往出入口引导乘客自 2、3 号口出站。

（10）Ⅰ级大客流车站重点部位人员布岗　Ⅰ级大客流车站重点部位人员布岗见表 7-2。

表 7-2　Ⅰ级大客流车站重点部位人员布岗

区　域	职　责	人　数	备　品
出入口（值班站长为总负责人）	请求民警以及支援人员在 1、2、3 号出入口处执守，引导乘客只出不进	民警 6 名、支援人员 6 名	对讲机、扩音器
	关闭出入口	××班组保安	对讲机、钥匙、告示牌
站厅（工长为总负责人）	关闭所有 TVM/闸机	客运值班员、行车值班员	对讲机
	在闸机处引导乘客快速出站	支援人员 8 名（4 组闸机）	对讲机、扩音器
	打开边门通道，放行	售票员	对讲机、扩音器
	站厅付费区	民警 6 名、支援人员 6 名	对讲机、扩音器
	非付费区	民警 3 名、支援人员 12 名	对讲机、扩音器
	站厅换乘通道用铁马拦截	支援人员 2 名	
站台（站长为总负责人）	站台引导	民警 6 名、支援人员 20 名	对讲机、扩音器
	站台至站厅楼梯引导	3 个楼梯共 6 名支援人员	对讲机、扩音器
	关闭站台换乘口	××班组保安	对讲机、扩音器、告示牌

（11）Ⅰ级大客流时站厅人员布岗　Ⅰ级大客流时站厅人员布岗如图 7-5 所示。

（12）Ⅰ级大客流时站台人员布岗　Ⅰ级大客流时站台人员布岗如图 7-6 所示。

（七）注意事项

1）因 2 号线大行宫站 3 号出入口通往新世纪广场，车站发生突发性大客流时，需控制人员只出不进，请勿让人员进入车站。

2）当 2 号线大行宫站发生大客流时，3 号线大行宫站必须同时按照车站工长指示进行相应处置。

3）其他注意事项。

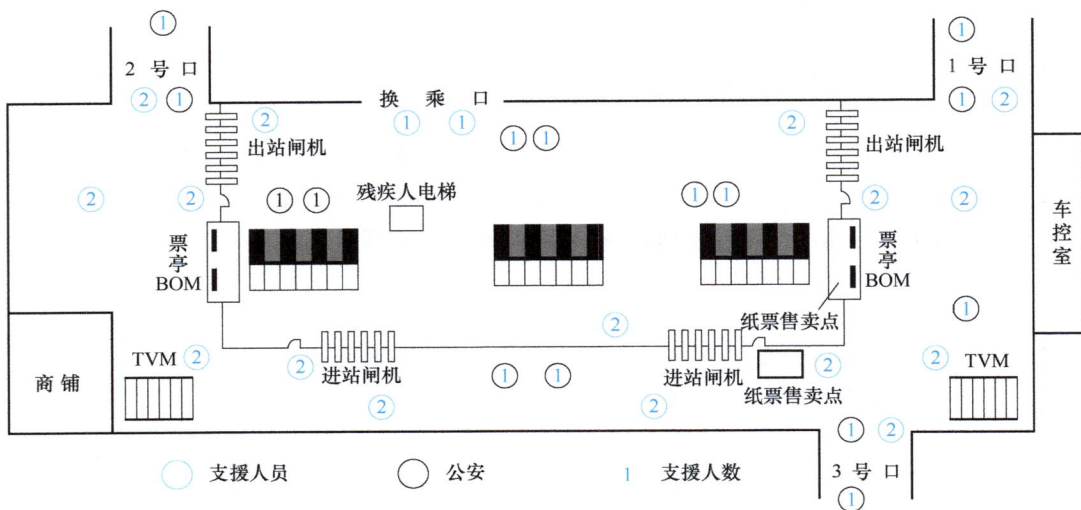

图 7-5 Ⅰ级大客流时站厅人员布岗平面图

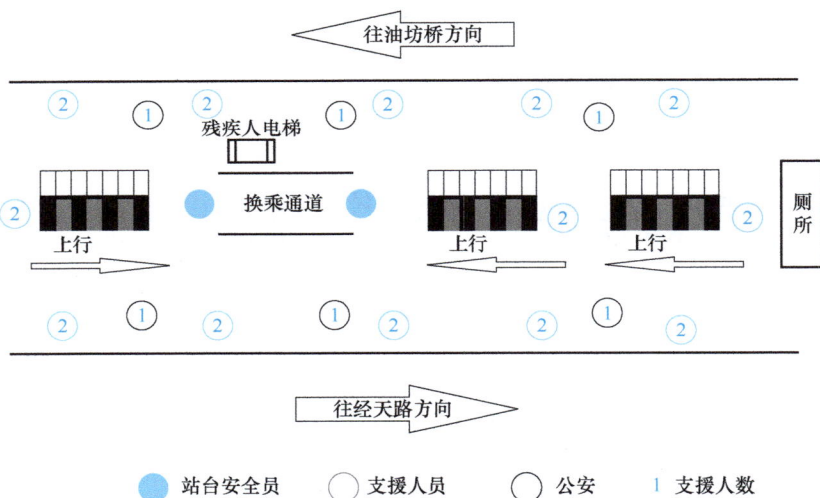

图 7-6 Ⅰ级大客流时站台人员布岗平面图

项目实施

根据城市轨道交通某个车站的详细资料信息（如建筑类型、设备设施及导向信息等），模仿本项目案例的流程及内容编制客流组织方案，编制时可参考多方面资料。

拓展与提高

在编制Ⅰ级客流组织方案的基础上进一步练习编制其他级别及突发大客流时的客流组织方案。

复习思考题

1）车站客流组织方案编制要素有哪些？

2）车站客流组织方案编制内容有哪几项？

3）车站客流组织方案编制方法有哪些？

4）简述案例中大客流应急处置汇报流程。

项目八

城市轨道交通票务组织

知识要点

1. 票务组织概述。
2. 城市轨道交通票务组织与自动售检票系统的关系。
3. 票务业务管理。
4. 票务计划。
5. 车站车票的使用与管理。
6. 车站现金的使用与管理。
7. 车站票务事务处理。
8. 票务设备大面积故障时的票务应急处置。
9. 票务违章、事故及安全管理。

项目任务

1. 能解释不同票制的优缺点。
2. 能正确使用和管理票卡。
3. 能正确使用和管理现金。
4. 能正确处理一般的乘客票务事务。
5. 能安全使用票务设备。
6. 能正确填写票务相关报表。

项目准备

准备自动售票机、自动检票机（闸机）、票务处理机、票卡、各种报表、练习用钱币、其他票务相关备品。

相关理论知识

一、票务组织概述

城市轨道交通票务组织是轨道运营方为乘客提供快捷、优惠的出行，有效进行票务收入

管理，合理配置运营系统（运营设备、运营模式）资源而建立的一套满足城市轨道交通票务管理需求的系统组织。

城市轨道交通票务组织主要是通过制定票价等运营策略，对车票制作、车票出售、入站检票、出站检票和补票、罚款等营收信息进行有效管理。随着组织系统功能外延的不断扩展，城市轨道交通票务组织也承担起对运营状况进行监控管理的职责。合理的票务机制能有效地培育客流和提高运营效益。

城市轨道交通票务组织系统是城市轨道交通票务收入和结算的基础，只有通过安全、可靠和完备的自动售检票系统才能有效地实施票务的结算和清分。

网络票务系统的统一规划是实现线路之间换乘的基础条件。如果没有网络票务系统的统一规划，可能导致各线路之间票务系统不兼容、车票介质不兼容，因而无法实现互联，不能实现信息共享，也无法进行交易数据清分。

在城市轨道交通网络中，只有在各线路均采用了票务系统规划所统一制订的车票制式、系统接口和清分算法，才能保证乘客可以在整个城市轨道交通网络收费区内直接换乘。

二、城市轨道交通票务组织与自动售检票系统的关系

城市轨道交通票务组织是自动售检票系统实施的必要环境和基础；而自动售检票系统则是城市轨道交通票务组织的实现手段之一，它能有效提高城市轨道交通票务组织的管理水平和效益。

自动售检票系统的建立可大量减少票务管理人员、提高城市轨道交通系统的运行效率和效益。同时，通过该系统对客流量、票务收入等综合业务信息的汇总分析，可以强化客流分析预测能力，合理地调配车辆，提高票务系统工作效率，进而提高网络化运营管理水平。

自动售检票系统与票务策略的对应关系主要表现在客流统计、票制实施、统计与结算、车票处理等方面。

1. 客流统计

自动售检票系统可根据交易信息获取客流信息。自动售检票系统可通过其良好的票务管理水平和高效的客流信息处理能力，成功实现低成本、高效率的系统运作。

提高信息利用率、增强自动售检票系统的决策分析能力是自动售检票系统的发展方向之一。应强化系统整理分析原始数据和信息的能力，把票务系统与其他的信息管理系统相结合，通过票务系统的信息挖掘，可以进一步了解区域客流特征，为管理提供量化的决策依据，也可为相关的经济行为提供客流行为支持，提高服务或管理决策的针对性和准确性。

2. 票制实施

自动售检票系统根据票务政策的计费原则和计费方式进行售票、检票和统计。对单一票制、计程票制和混合票制等，应结合不同的票制原则以及相应的优惠措施制订执行方案。

3. 统计与结算

票务统计与结算的基础是交易数据。线路每天的客流量是该线路各站的单程票、储值票及特种票的进站数及换乘至该线人数之和。各线日车票收入以单线各站的单程票发售收入与

储值票的出站扣值及当天补票收入之和，减去退票款后，按乘客在各换乘线路乘坐的情况核算。

自动售检票系统可对客流量、票务收入以及单程票的使用情况进行统计和分析，并编制相应的报表。

自动售检票系统可对不同线路或不同收益载体进行票务收入清分，对路网系统与其他兼容系统进行清分，并可通过银行结算系统进行及时结算。

4. 车票处理

车票处理包括对单程票、储值票和许可票的处理。

一般情况下，单程票是当日当站使用的车票，通常要制订退票规则，包括是否允许退票、退票时间要求、手续费的收取等。储值票有记名和不记名之分。不记名票通常不办理挂失、退票。当储值票不能正常使用时，由车站受理，交专门部门进行查询、分析和作相应处理。当特种票不能正常使用时，由专门部门处理，进行查询、分析和作相应的处理。

三、票务业务管理

每个运营单位（公司）应设置统一的票务管理部门，当运营线网由多家运营单位（公司）分别管理时，应设置具有票务清分功能的独立机构或部门进行清分管理。当一个城市有两条及以上地铁与轻轨线路同时运营时，票务系统应具备乘客一次购票（卡）可连续乘坐线网中不同线路列车的功能。运营单位（公司）应采用统一的票卡技术标准和统一的票卡储存信息技术，并应采用统一的数据传输系统。车站的购票系统应具备硬币和纸币现金支付功能，并宜具备电子货币支付功能。票务管理部门应制订票卡寿命周期内各个环节的处理程序，车站应负责车票的销售与充值、车票管理以及车票收入的管理。

票务业务管理是借助自动售检票系统来实现的，主要内容有：票卡管理、票务政策（规则管理）、信息管理、账务管理、模式管理和运营监督等。

（一）票卡管理

票卡就是乘客使用的车票，是旅客乘坐轨道交通的有效凭证，用于记载乘客的出行和费用信息，是自动售检票系统中不可缺少的信息载体和交互媒介。票卡管理是从票卡采购、循环使用以到回收、报废整个过程的有效管理。一个完整的票务管理过程应包括票卡采购、票卡初始化、票卡发放、票卡销售、检票、票卡回收、结算、票卡报废及整个的运营分析等过程，其中包括售票、补票、充值、黑名单及其相关的特殊操作等。

票卡是整个轨道交通自动售检票系统的信息源头，票卡信息的正确有效能确保系统的正常运作。票卡是有价凭证，有效票卡的流通实际代表着资金的流动，一旦票卡管理不善将会造成经济损失。在历史上曾出现很多的票卡造假、串换资金等违法行为，既有系统外的不法行为也有内部人员的舞弊行为，因此，必须从资金管理的角度看待票卡管理。

票卡管理通常设有专门的机构（可以是运营单位也可以委托专门单位）对票卡的发行、发售、使用、票务处理、回收等全过程进行严格、规范的管理。该机构通过对票卡进行初始化，使得票卡成为系统内可使用的媒介，同时也负责车票的赋值发售、使用管理、进/出站处理、更新、加值、退换、回收、监督管理、注销及黑名单等规范流程的管理。

在首次发行地铁 IC 卡票卡时，票卡开发部门负责完成票卡发行方案及图案的制订，企业管理部负责对票卡发行方案及图案进行审定。票卡发行及使用主要包括票卡编码定义、票卡初始化、票卡的赋值发售、票卡的使用等。

1. 票卡编码定义

票卡编码定义包含了票卡类别、票卡编号、票卡票值、票卡时效、票卡使用范围等信息。

(1) 票卡类别　票卡类别标志显示了票卡的分类情况（图 8-1），对应不同的应用方式和处理规则，票卡的类别在编码的时候确定。票卡类别主要分为常规票卡、纪念票、营销类票卡、工作证件、测试票、地铁代售的 IC 卡票等（表 8-1）。乘客可以根据自己的需要购买规定范围内不同类别的票卡。

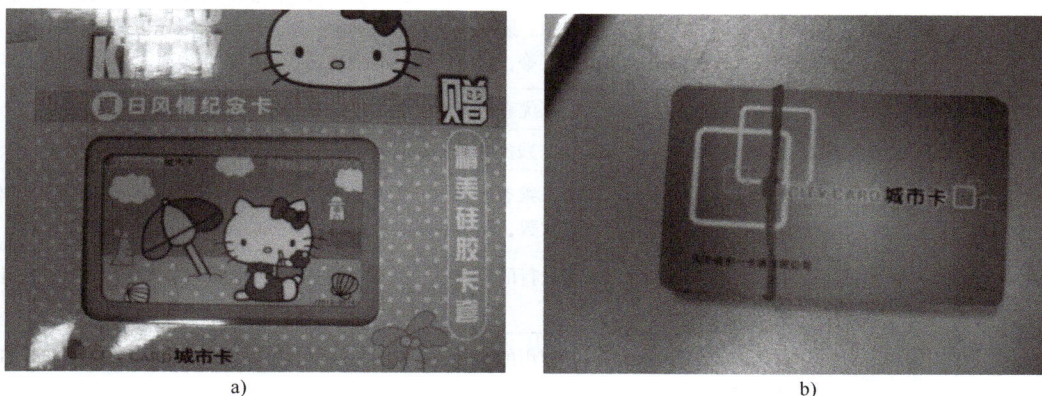

图 8-1　票卡类别标志
a）纪念卡　b）城市卡

(2) 票卡编号　票卡编号可分为卡面编号、物理编号和逻辑编号。

1）卡面编号：是指票卡生产厂商在制作票卡媒介时印制在票卡表面上的系列编号，可标明生产者代码、批次等信息。

2）物理编号：是指非印刷票卡媒介产品的序列号，由票卡媒介生产厂商在出厂时直接写在票卡芯片内，物理卡号可以跟卡面编号一致，也可以不同。

3）逻辑编号：是指为了确保自动售检票系统能够跟踪流通中的票卡使用情况和针对某张或者某些票卡进行功能设置而赋予的系列编号，在票卡初始化时由编码机对票卡进行逻辑卡号的写入。

在票卡制作和使用过程中，中心数据库可在票卡的票面编码、物理卡号和逻辑卡号之间建立相应的关联关系，对票卡的使用情况进行有效的防伪和跟踪。

(3) 票卡票值　票卡票值也就是票卡所含可乘车的资金，它是记录在票卡上的。

通常，使用单程票的乘客在出站时如果票卡中的票值小于本次旅程的应付费用，则不予放行，需要补足费用后才能出站。使用储值票的乘客在经过本次旅行后，将在票卡预存储的资金中扣除此次旅程的费用，如果票卡中的预存资金金额为零或负值，一般不让进站乘车。

表8-1　票卡分类及特点

票卡类别		票卡特点
轨道交通专用票卡	单程票	由乘客直接购买，只能进出闸一次，出闸回收 单程票又可以细分为普通单程票与预制单程票，普通单程票通过自动售票机或票务处理机出售。当节假日、车站周边组织活动、恶劣天气等造成车站客流增加，超出车站售票设备发售能力时，或者是自动售票机故障导致车站发售能力下降时，就需要发售预制单程票。预制单程票由车票主管部门制作并配到车站，与普通单程票不同，预制单程票已赋值，是一种有价证券，具有较长使用期限
	出站票	在特殊情况下（如丢失单程票、单程票损坏等），由工作人员处理后发给乘客，用于当前出站闸的票卡
	储值票	指预先赋值较大金额，发售后可供乘客多次消费、反复充值、长期循环使用的车票。乘客一次购买，可以多次进出闸。票卡钱包值上限确定，用完钱包后可充值。储值票又可以分为普通票、优惠票、免费票等，为不同需要的乘客群体提供服务
	优惠票	和定值票类似，但票价会有优惠，只能发售给特定范围内的乘客
	免费票	发售给特定乘客（如老人、残疾人等），每次乘车都免费
	计次票	是指固定使用次数的车票，乘客一次购买，可以进出闸特定次数，一进一出记为一次，不论车程，不算票价，只算次数，使用完规定次数后回收或作废
	纪念票	为了纪念特定事件而特别发行的定值票。票卡图案特制，一般不能充值。其他和定值票一致
	员工票	由轨道交通运营公司员工使用的票卡。由于员工与乘客有本质的区别，一般员工票都有特殊的进出闸需求
	测试票	专门为轨道交通 AFC 系统测试而发行的票卡。只能由内部测试人员在测试时使用
	限时票	购买后在规定时间内可以任意乘坐列车的票卡
	备用票种	为了轨道交通业务扩展需要，根据乘客使用需求，要准备多种备用票种，以备随时根据情况投入使用（如多日票、月票等）
非轨道交通专用票卡	公交一卡通	可以在轨道交通 AFC 系统内使用

　　（4）票卡时效　各种类别的票卡都有各自不同的有效期，票卡只能在系统设定的有效期内使用。如果票卡即将过期或者已经过期，须进行延期等更新处理后才能使用。

　　（5）票卡使用范围　各类票卡都有特定的使用范围以规范使用秩序。

　　2. 票卡初始化

　　在所有票卡投入使用前，必须由专门的机构进行初始化，分配票卡在系统内的唯一编号，同时生成票卡相关的安全数据。

　　票卡初始化工作是通过编码或分拣机进行的。只有经过初始化后的票卡，才可以分发至各车站进行发售。在初始化时，操作员应针对不同类型的票卡设置系统参数及系统应用数据来进行初始化编码。票卡初始化时的编码内容一般包括以下数据类型：

　　1）安全密钥及防伪数据。

　　2）票卡编号数据。

3）票卡状态数据。

在对票卡初始化时，必须完成以下工作：①设备读取票卡上唯一的物理卡号，验证初始密钥；②初始密钥验证成功后，将逻辑卡号、安全数据及系统应用数据写入票卡。

票卡初始化后，应将票卡信息记录到中央数据库中去。

3. 票卡的赋值发售

初始化后的票卡必须经过赋值处理才能够正常使用。对票卡的赋值可由编码/分拣机执行或由车站内的自动售票机、票务处理机在票卡出售时进行。

1）部分需要提前赋值的票卡（如应急票），可以在专门的编码/分拣机上进行赋值。

2）对票卡进行赋值时，必须对票卡进行有效性检查，再将赋值信息写入票卡，但不能修改票卡发行时的初始化数据。

3）不同类型票卡的赋值数据由系统参数来确定。

各种票卡发售设备是分散在轨道交通服务范围内的，但它们遵循的规则必须一致，因此发售设备的发售许可、可发售票卡类型和票价参数等，通常由中央计算机系统下载参数进行设定。票卡发售完后，要将票卡信息报送到中央数据库中去。

4. 票卡的使用

票卡通过发售/赋值后就可以投入使用。所有票卡的详细使用记录最终需要保存在中央计算机系统，以便对票卡使用情况进行统计和分析。票卡的每次详细使用记录至少包括票卡类别、票卡编号、交易类型、票卡交易序号、交易时间、交易设备编号、上次交易时间、上次使用设备、交易金额、票卡余值等信息。

当乘客使用了无效或失效票卡，闸机将拒绝接受，但可以引导乘客到票务处理机对票卡进行分析和处理。

有关票卡的使用过程如下：

1）票卡在自动售票机或半自动售票机上出售，并写入"出售记录"（如出售时间、线路车站号、售票设备编号、票卡赋值/余额等）信息。

2）票卡经进站闸机检票，在进站闸机处写入"进站记录"（如进站时间、线路车站号和进站闸机编号等）信息。

3）票卡经出站闸机检票，依不同类型票卡进行不同的处理，对乘次票（或储值票），将在出站闸机处写入"出站记录"，并扣除一个乘次（或旅程费用）；对回收票卡，则由闸机的回收装置完成回收，并清除票卡中上一次的发售、进站和出站等运营信息。

4）经出站闸机回收的票卡，可直接送往自动售票机进行出售。

5. 票卡的使用管理

票卡的使用管理包括票卡配发、调拨、赋值与发售、收缴、保管要求和盘点等。

（1）配发　票卡发行单位会根据客流情况，将初始化后的票卡配发到各车站。如某地铁公司规定车站出售的常规票卡、纪念票和地铁代售的 IC 卡票卡，由车务中心根据票卡的售卖规律及相关方案制订计划并组织配送到车站。

轨道交通专用票的配发流程如图 8-2 所示。

（2）调拨　经过一段时间的持续运营，由于客流的不均匀性，可能会造成票卡在各线路、各站点上的分布不均匀。有些线路、站点滞留大量的票卡，而有些线路、站点则票卡短缺，为了提高票卡的使用效率，可以采用调拨的方式调整。调拨的票卡按规定加封，封条上

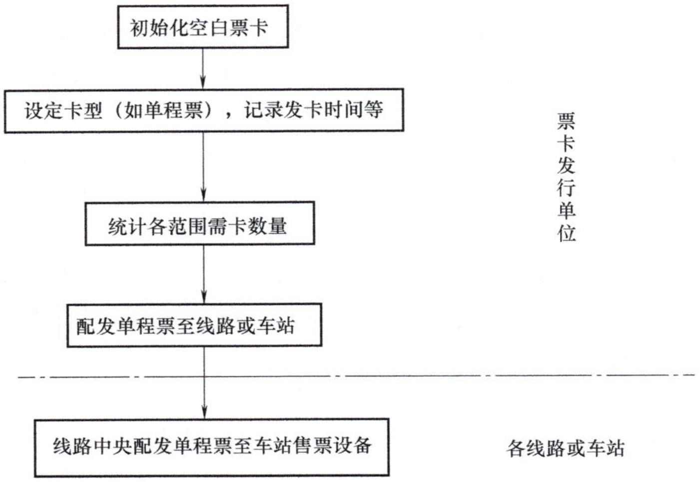

```
初始化空白票卡
      ↓
设定卡型（如单程票），记录发卡时间等
      ↓
统计各范围需卡数量
      ↓
配发单程票至线路或车站
      ↓
线路中央配发单程票至车站售票设备
```

票卡发行单位

各线路或车站

图 8-2 轨道交通专用票的配发流程

需注明票卡类型、票种、数量、金额、加封人和加封时间。

（3）赋值与发售 自动售检票系统通过终端设备（如自动售票机、半自动售票机）完成票卡的赋值和发售。

在售出一张票卡时，必须将该笔售票信息上传到中央计算机系统。为了保证交易的完整性和安全性，通常报送的数据包需要包括本地交易流水号、时间、卡号、金额，并且将关键字段进行交易认证码（TAC）计算，设备中应用软件对每笔交易均产生一个本地流水号。售票交易所具有的连续流水号和对其进行的交易认证码（TAC）计算，可保证报送至上层系统的交易数据的完整性和安全性，从而为实现缴款金额和电子账的对账功能创造了条件。

（4）收缴 票卡使用一段时间后，必然会出现不同程度的损坏，这就需要进行定期的收缴和更换。票卡在初始化编码时，都被编上了初始化时间，系统可根据各种票卡的使用情况，设置票卡的有效使用期，系统就可以在使用环节中及时收缴超过有效期或者由于折损而不能继续使用的票卡。

（5）保管要求 票卡保管部门需设置台账记录票卡发放、出售、存储及差额等情况，妥善保管，确保票卡安全。保管票卡时，应注意防折曲、刻划、腐蚀、水、重压和高温。用于存档的票卡仅作为存档、设计参考及宣传的用途，不得将票卡外借或给予他人使用。

（6）盘点 盘点工作在每月最后一天运营结束后由当班客运值班员和另一名当班站务员双人进行。车站需对站存各票种票卡（含票据），分票种、票价进行全面盘点。盘点时除票务规章规定可按加封数量盘点的部分车票外，其他票卡需清点实际数量。盘点结束后，盘点人员在"车站售票/存票日报"记录盘点情况。若发现票卡的实际盘存数量与当天"车站售票/存票日报"的本日结存数不符，应立即上报。

6. 票卡的进/出站处理

普通票卡检验遵循一进一出的次序，即先有一次进站再发生一次出站，如果乘客在进站时未经检票（或标志不清），或在出站时未经检票，就会造成因进出站次序不匹配而导致票卡的暂时性无效。处理票卡的暂时性无效通常需要由票务处理机来完成更新。

票务处理机根据进出站次序的检查规则来更新票卡，如果规则约定有差额费用，还将根据中央计算机系统设定费率表向乘客收取更新后的相关差额费用。

对票卡的进出站次序的检查也可以由中央计算机系统来操控，可通过中央计算机系统设定某个、某部分或全部的车站对票卡进行或不进行进出站次序检查；或对某一类票卡的进出站次序进行或无须进行检查。

7. 票卡的更新

在半自动售票机（或票务处理机）对票卡进行分析后，若为进出站次序错误、超时、超程等无效原因，则可对票卡进行更新处理。中央计算机系统分别设定进/出站码更新的时间和车站限制、进/出站码更新的费用、超时更新的费用、超程更新的计费方式、收费方式、更新次数等。

根据票卡的分析结果，如果同时存在两种及两种以上需更新的项目，则应对每项更新处理进行确认，并按照运营规则进行处理。

在进行更新处理时，半自动售票机（票务处理机）相应更新票卡的进/出站状态、时间及费用，并记录更新标志等信息。

单程票卡更新操作时不对单程票余值进行修改，通常另行收取费用。更新储值票时，收费可从储值票上扣除收费金额，乘客也可以选择用现金另行支付。

8. 票卡的增值

储值票可通过票务处理机或自动增值机进行增值。中央计算机系统可设置增值的金额限制、允许增值的票卡类型、增值优惠等。

9. 票卡的退换

当乘客要求退票时，半自动售票机（票务处理机）应能办理退款业务。通常退款处理方式可根据票卡是否被损坏而分为即时退款或票卡替换两种方式。中央计算机系统可设置退款的条件、使用次数限制、余额限制、费用等以确保退票处理有足够的安全性，防止欺骗行为的发生。

对票卡进行分析后，符合系统设置参数的票卡（如允许被替换的类型、指定的回收条件等）可以通过半自动售票机进行替换处理。在进行替换处理时，在被替换的票卡上写入有关的替换信息，但票卡上的原有信息不能被修改或抹除。票卡上的所有余值/剩余乘次及优惠信息应完全转入新的票卡上。

10. 票卡的回收

出站闸机可根据预先的设置，对单程票进行自动回收。通常回收后的票卡可通过自动售票机、半自动售票机再次发售。当回收到的票卡达到规定的使用寿命或出现损坏不能继续使用时，则不能再进入使用环节，应及时进行回收。

也可通过编码/分拣机进行集中分拣，将达到使用周期或受到损坏的票卡分拣出来进行回收，分拣条件可以由参数设置。

11. 监督管理

为了充分发挥自动售检票系统的信息对管理的支持作用，中央计算机系统应该及时将使用中必要的票卡交易数据记录下来，以供系统对票卡使用情况进行统计和查询，并能跟踪每张票卡的使用情况，提高防范滥用的能力，防止复制及伪造票卡，减少由于欺诈行为而引起的票务损失。同时根据票卡的编号也可查询票卡的使用记录。

12. 票卡注销

票卡在频繁使用过程中，应建立适当的制度对其使用状况进行及时检查。一旦发现不宜继续使用的票卡要及时到指定地点注销，删除流通数据库中这些票卡的编号或将这些注销票卡信息放置进已销票卡数据库中，并销毁已注销票卡，任何部门不得擅自处理、变卖注销的票卡。

（二）票务政策（规则管理）

票务系统涉及多部门、多环节，要确保这些部门和环节有效协作、高效联动，就必须依托一套科学、严密的规则和流程。票务政策（规则管理）就是为确保系统规范运作而制订出一系列规则和流程并加以实施，包括票制、票价、乘车时限、乘车限制、超程处理、结算规则、权限管理和操作流程等。票务政策应遵循地铁与轻轨的公益性城市公共交通原则，并与其他公共交通协调一致制订相应的兼容的票务政策，票制方案的选择应合理反映乘客、企业和城市条件，应选用单一票制或多级票制。

1. 票制及票价

票制，是票价制式的简称，票制与票价密切相关。轨道交通主要采用以下几种票制：单一票制、计程票制、分段计程票制、里程计价票制。

票价是指依照规定购买车票的价格，城市公共交通票价的定价方法主要分为以成本为基础的定价、以市场供需为基础的定价和考虑整个社会综合效益的定价。票价方案的制订应遵循政府部门的政策，兼顾乘客、企业和国家三方的利益并应保持运营企业的可持续发展。

轨道交通是城市公共交通的一个重要组成部分，带有公益性质，因此不能单纯地以追求盈利为目的。票价的高低直接影响着客流量大小和公共交通系统的吸引力，因此，城市轨道交通的票价制订须考虑以下几个方面的因素：

1）城市交通其他交通方式的票价水平。

2）城市经济发展水平、市民生活水平以及乘客承受能力。

3）政策因素，如物价政策、交通费补贴政策等。

在考虑上述因素后，应适当兼顾城市轨道交通运营企业的运营成本和经济效益，以及城市发展的社会效益。

北京是国内最早运营地铁的城市，地铁总共经历了7次票价调整，经历过从低到高再到降价的过程。就国内地铁而言，北京地铁票价最低，主要以福利为主，北京市政府公共财政对地铁运营亏损给予补贴。

（1）单一票制及票价 单一票制是根据乘车次数（即完成一个完整的进、出站检票过程计为一次）进行计费，与实际乘坐的距离长短无关。

单一票制对远程客流具有较大吸引力，优点是售票程序简单，效率高，对设备系统及管理方面的要求简单；缺点是乘客支付的车费不够合理，不管路程远近都支付同样的费用。早期在自动售检票系统还没有普遍应用的情况下，使用纸质车票时，单一票制节省了不少人力、物力，车站只需要安排员工在进站时进行检票，出站无须检票。

（2）计程票制及票价 计程票制是经进、出站检票，严格按照实际乘坐距离长短（里程或乘坐站数）并根据票价计费标准计算乘车费用。

（3）分段计价票制及票价 分段计价票制是指按乘客经过的区间数量计算票价。分段计价票制将整条线路分为多个段，每段由多个区间构成（相邻两站之间为一个区间），在起

步价后，每增加一段加收固定金额的费用。目前采用的分段计价方式中，有的采用段间区间数不固定的方式，有的采用段间区间数固定的方式，每段的区间数根据具体里程和客流而定。

深圳地铁一期线路的票价（表8-2）采用分段计价方式：每相邻两站之间为1个区间，每4个区间为1个段，起价2元，可乘坐3个区间，之后每进入一段加收1元。

表8-2　深圳地铁一期线路的票价

乘坐站数/个	1~4	5~8	9~12	13~16	17~18
票价/元	2	3	4	5	6

（4）里程计价票制及票价　里程计价票制是按乘客乘坐里程的距离远近，划分不同的票价。里程计价票制合理地将行车成本和客运收益挂钩，适合线路较长且相邻车站站距不均衡的情况。

例如：深圳地铁的二期工程与一期工程相比，线路特征发生了较大的变化，站间距分布不均衡，最长站间距达3.9km，最短站间距仅0.6km，平均站间距变大，如果继续实行按站分段计价的票制，对乘客和运营单位都难以体现公平。因此深圳地铁的二期线路实行按里程计价票制，"递远递减"，可让中长途出行的乘客享受更多实惠。

相关案例

某地铁公司票价方案

起步价：首4km为2元。里程价：4km至12km部分，每1元可乘坐4km；12km至24km部分，每1元可乘坐6km；超过24km，每1元可乘坐8km。分段计价与里程计价可乘坐最大里程对比见表8-3。

表8-3　分段计价与里程计价可乘坐最大里程对比

费用方案/元	2	3	4	5	6	7	8	9
分段计价可乘坐里程/km	3.3	7.7	12.1	16.5	20.9	25.3	29.7	34.1
里程计价可乘坐里程/km	4	8	12	18	24	32	40	48

2. 乘车时限

城市轨道交通是一种安全、快速、便捷和准时的交通工具，为避免乘客在列车上或车站付费区内长时间逗留，造成不必要的拥塞，轨道运营单位往往会对乘客购票入闸至检票出闸的时间进行限制，这就是乘车时限。超过乘车时限称为滞留超时，对滞留超时的乘客，运营单位往往会收取一定金额的费用。如某城市地铁公司规定，乘客每次从入闸至出闸时限为120min，超过时限要按最高单程票价补交滞留超时金额。

3. 乘车限制

为保证车站乘车秩序、环境以及乘客的安全，轨道运营单位往往会对乘客携带的物品作出规定，允许乘客携带一定重量和体积的行李，在规定范围内的重量或体积的行李给予免费。另外，车站禁止乘客携带易燃、易爆、有毒等危险物品入站，同时也不允许携带较大、较重或较长的物品入站。此外，为保证单程票的正常循环，运营单位也会对单程票的使用作出一些限制。以上的相应规定统称为乘车限制。

乘客需凭有效车票进入轨道交通付费区，车票实行一人一票制，即一张车票不可多人同时使用，进闸车票与出闸车票应当匹配。

4. 超程处理

超程处理是指乘客所使用的车票（主要是单程票）不足以支付所到达车站的实际车费时，须补交超程车费。

5. 乘客携带品处理

各城市轨道交通公司对乘客的携带品范围都有自己的规定。如某地铁公司规定乘客携带质量 $20\sim30kg$ 或者体积 $0.06\sim0.1m^3$ 的物品时，须加购同程车票一张。凡质量超过 $30kg$ 或长度超过 $1.6m$ 或体积超过 $0.1m^3$ 的物品，一律不得携带进站乘车。

6. 车票有效期

对车票有效期的规定各城市地铁不尽相同，如深圳地铁对车票的有效期规定如下：

1）普通单程票只能在售出站入闸且当日乘车有效（当日指售出运营日）。

2）乘客每次乘车从入闸到出闸，时限为相应的规定时间，超过相应的规定时间，须按最高单程票价补交超时车费。

3）当乘客所使用的车票不足以支付所到达车站的实际车费时，须补交超程车费。

4）乘客在乘坐一个车程既超时又超程，须补交超程车费并按最高单程票价补交超时车费，使用优惠票须按优惠后最高单程票价加扣超时车费。

7. 优惠乘车规定

各城市轨道交通对特殊乘客群体乘车都给予不同程度的优惠，如有些城市对年过七旬的老人实行免费乘车的优惠；对学生发售有折扣的学生票。还有些城市轨道交通实行月票、季票、团体票等票制。对儿童的优惠一般以身高为依据实行不同的票制，如某地铁公司对儿童的乘车规定：一名成年乘客可以免费带一名身高不足 $1.1m$ 的儿童乘车，超过的，按超过人数购成人全票。

8. 标志错误的处理

车票进出站状态有两种，一是已入站，另一是未入站。当乘客入站刷卡后，车票为已入站状态，出站刷卡后，车票状态为未入站状态。当乘客乘坐地铁出站时，由于地铁原因或个人行为（如设备故障、车站清客紧急放行或乘客故意逃票出站等）造成未扣值，此时车票仍为已入站状态的，称为标志错误。若乘客持已有入站标志的车票，则无法入站，需要对车票进行标志错误的处理。

(1) 乘客在非付费区的处理 持单程票乘客在非付费区无法入闸，分析显示已入站时，若上次进站是本站且入站时间不超过相应的规定时间（广州地铁是 20min），则免费对车票进行标志更新，改为"未入站"；若入站时间超过相应的规定时间，则回收该车票，请乘客重新购票。若车票过期分析显示已过期，则回收该车票，请乘客重新购票。

持储值票乘客在非付费区无法入闸，分析显示已入站时，分两种情况进行处理：若上次进站是本站，则判断入站时间是否超过相应的规定时间（广州地铁是 20min），若是，则收取最低单程票票价并对车票进行更新，否则免费对车票进行更新；若上次进站不是本站，则收取最低单程票票价并对车票进行更新。

（2）**乘客在付费区的处理**　持单程票乘客在付费区无法出闸，分析显示未入站时，免费更新车票进站标志，改为"已入站"。

持储值票乘客在付费区无法出闸，分析显示未入站时，若是闸机误用造成，则对乘客发放一张免费出站票；若不是，则询问乘客的本次入站地点，免费更新车票进站标志，改为"已入站"。分析显示已入站时，检查车票的入站时间是否为当日，若不是当日，则在车票上扣取最低单程票票价后，询问乘客本次乘车的入站地点，免费更新车票进站地点和时间；若是当日，则按超时处理。

📖 **相关案例**

> 2020 年 2 月 23 日，在深圳地铁布吉站，乘客在刷卡后，进站闸机打开时未及时进站，闸门关闭，于是前往客服中心寻找售票员处理。
>
> 客服中心处理步骤：
>
> 第一步：询问乘客情况，在系统上单击"异常处理——非付费区分析"，系统提示"有入站标志"，再查看"进出站时间、旅程状态、起始车站"，确认票卡为当天本站进站且时间在 20min 以内。
>
> 第二步：询问乘客是否存在多人使用同一张票卡的情况，确认是单人使用。
>
> 第三步：单击"票卡为已入站状态"，再单击"异常处理"，系统自动判断处理方式为免费进站更新，更新后系统提示"清交易起始标记成功"。

BOM 异常车票分析界面和处理成功界面如图 8-3 所示。

9. 付费方式

传统的付费方式是使用现金购买单程票或充值储值卡，公交一卡通在乘坐城市轨道交通消费时可通过闸机直接结算。随着银行卡闪付功能的兴起，第三方手机支付平台的技术发展日趋成熟，智能手机 NFC 功能应用广泛，采用虚拟化车票乘车逐渐成为乘客喜爱的方式。目前国内的电子支付购票乘车手段分为 3 种：银行卡闪付、手机 PAY 和扫描二维码支付。网络移动支付乘车功能的兴起，减少了车站日常车票和现金的流通。

当前付费方式的研究开发重点放在掌纹识别和面部识别等生物识别领域。人脸识别技术是目前发展较为成熟的技术，已广泛在铁路系统中投入使用。北京地铁、青岛地铁等运营企业都在着手推行人脸识别技术的试点工作。2018 年举办的国际地铁交通展上，北京地铁展示了掌纹识别的设备，乘客将手放在红外线光照装置的上方后，设备就能够获得手掌纹理信息（与指纹识别原理一样），该信息与系统中储存的信息对比成功，设备就会放行，出站时乘客再刷一次就可以完成付费。生物识别技术是移动支付发展的最终趋势，无票运转能大幅度提高通行效率，同时这种实名制的乘车方式能减少逃票等不文明现象，也能最大限度地保证公共交通的安全。图 8-4 所示为上海地铁人脸识别概念闸机。

10. 优惠政策

（1）**储值票优惠**　对持储值票的乘客可给予相应的优惠，鼓励乘客自助出行，减少车

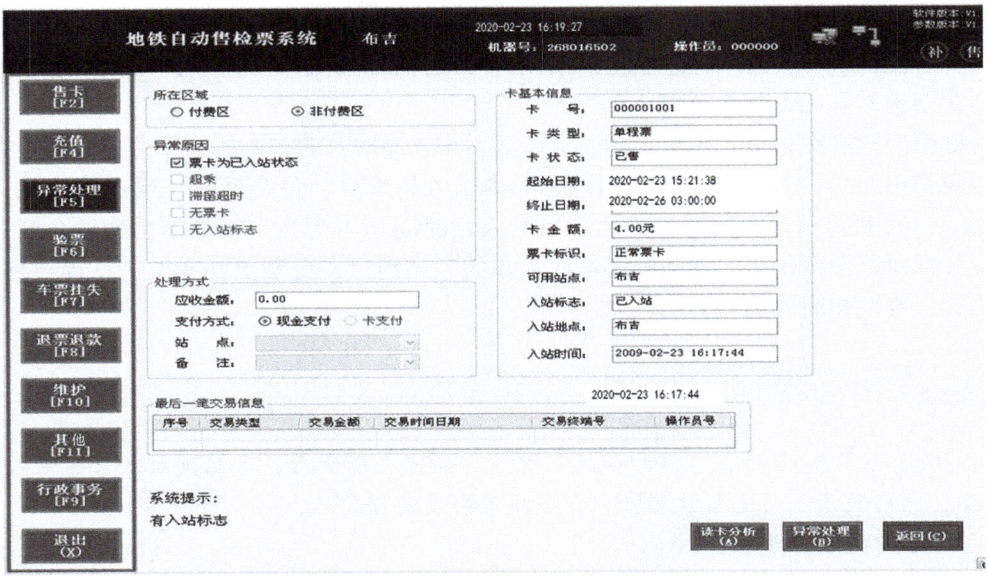

a)

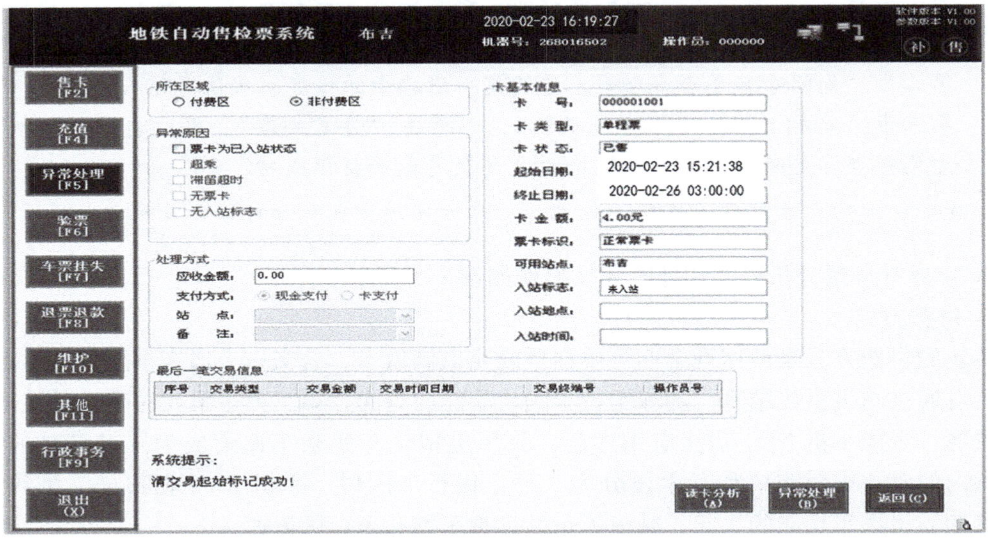

b)

图 8-3　BOM 异常车票分析界面和处理成功界面
a) 分析界面　b) 处理成功界面

站人员的工作量。

　　例如：上海地铁乘客使用交通卡乘坐地铁，当月累计消费满 70 元，可享受 10% 的折扣。轨道交通和公交线路之间换乘，在 120min 内，可优惠 1 元。

　　(2) 学生储值票优惠　例如，广州地铁的中小学生使用学生储值卡可享受 5 折优惠。

　　(3) 儿童乘车优惠　例如，深圳地铁对于身高在 1.2 ~ 1.5m 之间或者年龄在 6 ~ 14 周岁的儿童乘坐地铁，给予 5 折优惠，身高 1.2m 以下的儿童或者年龄 6 周岁以下的儿童可免费乘坐地铁。一名成年乘客可以免费带一名身高不足 1.2m 的儿童乘车。

图 8-4　上海地铁人脸识别概念闸机

（4）**特殊人群乘车优惠**　例如，广州市规定革命伤残军人、盲人以及 65 岁以上老年人可凭有效证件免费乘车。

（三）信息管理

轨道交通票务组织系统的信息管理主要依靠自动售检票系统来实现。

轨道交通自动售检票系统是一个庞大的系统，它涵盖了乘客进/出站、乘车费用、流向、流量等基本信息。为满足运营管理及相关各方的需要，必须对该系统收集的基本数据进行深度挖掘、加工，开展统计分析并发布信息。信息管理就是对该系统中相关的信息进行收集、传递和处理，包括信息收集、信息传输、信息存储、信息统计分析和信息发布等。

（四）账务管理

账务管理就是对系统内的票务收入进行汇缴、清算、入账等过程的管理，包括账户设置、票款汇缴、登账稽核、收益清算、资金划拨和对凭证进行有效管理等。

1. 票务报表

车站票务报表包括手工填写和计算机打印出来的报表，报表是了解车站票务收入和车票售卖情况的重要依据，也是进行票务收益核对的重要依据。车站票务报表种类较多，根据岗位不同，需要填写不同的报表，由于各个城市轨道交通公司的管理模式和要求不同，故票务报表的类型也有所不同。

2. 报表的种类

系统报表主要分为结算类报表、管理分析类报表、故障辅助解决类报表三大类。

（1）**结算类报表**　结算类报表是指在结算过程中所产生的报表，这一组报表完整体现了结算过程中的所有资金及信息内容。

（2）**管理分析类报表**　管理分析类报表是为了满足清分中心日常管理以及对路网运营情况进行分析而设置的报表。

（3）**故障辅助解决类报表**　这类报表在出现对账不平时，能为有效解决问题提供辅助信息。

（4）**车站日常工作表单**　某地铁公司各类报表样式举例见表 8-4 ~ 表 8-8。

表8-4 售票员结算单

站 _____   年 ____ 月 ____ 日

时间	从 至		配备用金金额/元										
BOM			值班员										

项目 票种	开窗 张数	追加 张数	关窗 张数	其他	出售 张数	出售 金额/元	项目 票种	开窗 张数	追加 张数	关窗 张数	出售 张数	出售 金额/元
单程票							2元					
纪念票							3元					
							4元					
							5元					
							预制票					
小计金额/元							小计金额/元					

预收款 金额/元		收款人 姓名				票款 金额/元		实收金 额/元	

实收金额 明细	1元纸币 /张	5元纸币 /张	10元纸币 /张	20元纸币 /张	50元纸币 /张	100元纸币 /张	硬币 /元	角币 /元

备注	1. 售票员交接不清但能分清两人票款与现金的填写： _____时_____分发现售票员_____交接不清，涉及金额为_____，涉及车票情况：_____。 _____时_____分发现误用售票员_____BOM权限操作。 2. 上交正常情况下退款单程票共_____张_____元；行政支出共退_____元（其中包括应急情况下退款单程票共_____张_____元）。 3. 上交乘客事务单程票共_____张。 4. 本班发售免费出站票共_____张，发售付费出站票共_____张。 5. 其他异常情况请详细说明：
售票员签章	
售票员工号	值班员签章
	值班员工号

注：第一联——票务中心（黄色）、第二联——车站（蓝色）。

表 8-5　乘客事务记录表

站　　　　　　　　　　　　　　　　　　　　　　　　　　　　　　　　　　年　　月　　日

退款事务（普通 TOKEN）						退款事务（储值票）				
事件详情	车票 ID	余值/元	办理时间/张数	乘客签名	确认人	事件详情	车票 ID	押金/元	余值/元	乘客签名
总计金额/元						总计金额/元				—

其他乘客事务	事件详情		处理结果		涉及金额/元 +/−	乘客签名	确认人
合计/元						—	—

备注：

售票员签章		员工号		值班员签章		员工号	

表 8-6　特殊情况票款交接记录表　　　　　　No：0000000

站　　　　　　　　　　　　单位：元　　　　　　　　　　　年　　月　　日

TVM 其他票款来源					TVM 外部拾到现金		
TVM 号码	纸币金额/元	硬币金额/元	交款人	收款人	金额/元	交款人	收款人
小计		—					
总计金额		—	—	—		—	—

注：第一联——票务分部（黄色）、第二联——车站（蓝色）。

表8-7 车站营收日报

站　　　　　　　　单位：元　　　　　　　　　　　　　　　　　　　年　　月　　日

票款结存	隔夜票款金额	送行金额	合计
本日			

票款收入		早班	晚班	合计
TVM 收入	钱箱票款			
	补纸币金额			
	补硬币金额			
	TVM 其他票款来源			
	小计（1）			
BOM 收入	BOM 票款			
	预制票			
	小计（2）			
AVM 收入	钱箱票款			
	AVM 其他票款来源			
	小计（3）			
其他	补短款			
	交接长款			
	TVM 外部拾到			
	小计（4）			
营收总金额 (5) = (1) + (2) + (3) + (4)				
单程票正常退款金额				
值班员签章				—
值班员员工号				—
备注	1. 补_____、_____、_____号补款通知书，_____未补。 2. 银行返还_____月_____日至_____月_____日的现金送款单共_____张，金额分别为_____。 3. 其他：			
复核人签章			复核人员工号	

注：第一联——票务中心（黄色）、第二联——车站（蓝色）。

No. 000000

表 8-8　车站售票/存票日报

（总表）

站 _____　　　　年　月　日

项目\票种	上日结存 (a)	增加栏（+）				小计 (b)	减少栏（－）						小计 (c)	本日结存 (a)+(b)-(c)
		配票	TVM 废票	BOM 废票	闸机回收		上交	发售	TVM 废票	BOM 废票	设备故障	遗失		
学生储值票														
老人储值票														
老免卡														
赋值 OCT														
纸票														
ES 不限期预制票														
BOM 废票														
TVM 废票														
合计														
普通 TOKEN														

注：1. 盘点情况：经盘点，车票实际张数与报表张数一致（不一致），_____张，交票人：_____；复核人：_____，值班员：_____，值班站长：_____。
2. AFC 人员清出 TOKEN 数量_____；员工号：_____；复核人：_____，收票人：_____。
值班员：_____，员工号：_____。
3. 第一联——票务分部（黄色），第二联——车站（蓝色）。
4. 表中"OCT""ES"仅为本地铁公司专用专用标志符号，仅在本地铁公司有效，没有普遍意义。

175

3. 报表填写要求

报表填写要真实、准确、完整、及时。报表填写是一项细致而又严肃的工作，填制人员必须遵守票务规章制度。

4. 报表更正要求

报表填写发生错误时，不得刮擦、挖补、涂抹或用化学药水更改字迹。更改数字必须用"画线更正法"。应用"画线更正法"更正时，在报表中错误文字或数字上划一红线，以示注销，要求划去整个错误数字，然后在该处盖上更改人员修正章以示负责；若更改次数过多导致报表不清时，应另填写一份，该报表作废。

5. 报表作废要求

报表在写坏作废时，应当加盖"作废"戳记，全部保存，不得撕毁，并随当日报表于次日上交票务管理部门。

6. 报表的交接

报表的交接要按规定的时间、地点、方式进行，各站客运值班员将车站的报表归整后放入文件袋中，做好报表交接的准备，由票务室人员按既定方式收取车站报表。

7. 报表的管理

报表应分类归整，检查报表是否齐全，报表均应按月装订成册。装订时要加具专用封面、封底，封面注明加封车站、加封报表名称、加封时间及装订人姓名、员工号。

车站所有报表的保管年限为1年。报表必须放在点钞室内保管（期限满半年以上的报表按月份打包加封后存放于车站备品库）。报表保管期满由车站按年份打包，并列出清单，同时由车务部统一回收，经票务室、稽查部等相关部门会签后，进行注销、销毁。严禁私自对票务报表进行注销、销毁。

四、票务计划

（一）日常票务计划

1. 车票计划

（1）单程票计划　由于每个车站的客流量、客流分布不相同以及单程票的使用率不同，不同车站的单程票保有量是不同的。

如果车站的出站客流大于入站客流，每日回收的单程票多于发售的单程票，则需要周期性的向车票主管部门申请调出车票。如果车站入站客流大于出站客流，每日回收的单程票少于发售的单程票，则需要定期向车票主管部门申请调入车票。

上述两类车站也可以实行站间调配，但需车票主管部门同意并备案。

（2）预制单程票计划　客运值班员需要及时检查预制单程票的有效期，尽量在预制票有效期内发售完毕，提高预制票的使用率，加快单程票的周转速度。如果车站不能及时发售完毕预制票，致使大量预制票过期、滞留，车站可以申请适当减少车站预制单程票的保有量。

（3）储值票计划　车站应根据每天储值票的出售情况，定期向车票主管部门申请储值票。

2. 备用金计划

在车站开通之前，票务部门要根据车站周边客流分布情况，以及类似车站的备用金保有情况，给车站配备一定数额的备用金。车站要定期向上级部门申请备用金的核销，如果车站的备用金保有量不能满足车站的日常运营需求，则要申请增加备用金数额。

（二）预见性大客流票务计划

1. 单程票计划

应根据以往大客流经验，测算相应情况下单程票的需求量，如果车站单程票保有量不能满足大客流的单程票需求，则要提前向车票主管部门提交书面需求申请。

2. 预制单程票计划

应根据以往大客流数据及本站预制票出售情况，提交预制票需求计划给车票主管部门。

3. 备用金计划

应确保有足够的找零用的备用金，如果备用金金额需要增加，也要及时进行申请。

五、车站车票的使用与管理

车票管理示意图和车票售卖及库存记录表示例分别如图 8-5 和图 8-6 所示。

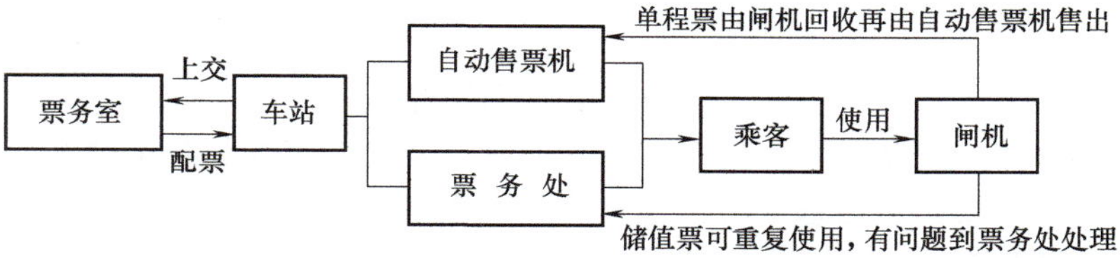

图 8-5　车票管理示意图

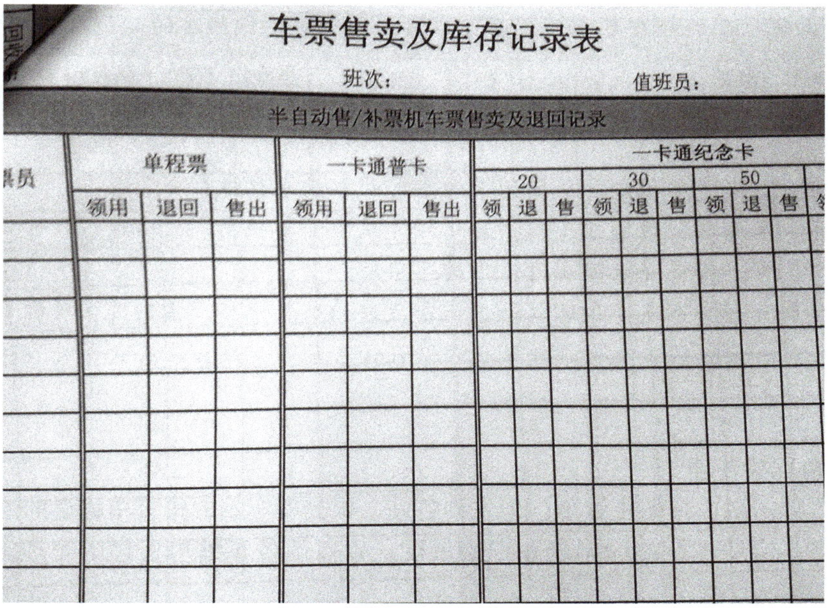

车票售卖及库存记录表

班次：　　　　值班员：

半自动售/补票机车票售卖及退回记录

售票员	单程票			一卡通普卡			一卡通纪念卡 20			一卡通纪念卡 30			一卡通纪念卡 50		
	领用	退回	售出	领用	退回	售出	领	退	售	领	退	售	领	退	售

图 8-6　车票售卖及库存记录表示例

（一）车票管理原则

车票是 AFC 票务收益的载体，也是联系乘客与 AFC 的载体。因此车票需要妥善保管，以保证车票的安全。

车站的车票管理工作主要包括车票的接收、保管、发售、回收、站间调配等内容，对于不同种类的车票，虽然其管理方式有所不同，但流程大体类似。

以某市地铁公司的规定为例：

1）任何时间，车票只能存放于点钞室、票务处、TVM、BOM、出闸机，除非特殊原因，不得在其他地点放置车票。

2）对有值车票，均应根据票种归类存放于上锁的专用文件柜或保险柜中；其他车票应按车票类型（闸机回收票、废票等）归类存放于固定的文件柜。

3）有值车票在运送途中，一律放在上锁的售票盒、票箱或封闭手推车中，由一车站员工负责运送。

4）保管车票时，注意防折曲、刻划、腐蚀、水、重压和高温。

相关知识链接

票务有关名词解释

1）车票余值：储值票中，乘客实际可使用的金额（不包括押金部分）。

2）最高单程票价：指基本票价表中的最大金额值。

3）票种最低票价：指乘客所使用车票种类的起步价。

4）损坏的储值票：因持卡人保管不善出现卡折叠、断裂、涂鸦、张贴异物、缺边、缺角、打孔；或因人为原因造成的票面脱落及有明显刻划痕迹等现象，押金不予退还。票面因使用过程中非人为损耗造成票面图案脱色或脱漆的储值票，押金可予以退还。

5）无效票：由 AFC 设备发售票面外观没有损坏的，经 BOM 检验无法更新且系统无法读取数据的车票。

6）押金：发卡单位向购买储值票的乘客收取的车票抵押金。

7）预制单程票：经制票中心初始化预先赋值的单程票。

8）过期票：超过系统使用有效期的车票。

9）废票：经由人工车票回收箱、设备废票箱及其他非正常情况回收的单程票。

（二）车票的管理

1. 普通单程票管理

普通单程票一般由车票主管部门配发到各站，根据各车站的每日单程票的流入、流出数量，定期或者不定期进行站间调配和中心调配，以保证各车站单程票的管理流程如图 8-7 所示。

车站对单程票的管理包括以下几个方面：

（1）接收 车票主管部门负责将封装好的车票配送到各车站，配送人员和车站的客运值班员交接，车站客运值班员依据配送车票的明细单当面检查车票包装以及封条是否完好，确认封条与配发单据所写票种、数量是否一致，确认一致无误后在单据上签名，登记相关台账、更新系统数据，将车票存放在车站票务室相应的区域。

（2）保管 普通单程票在车站需要存放在安全的地方进行保管。车票通常只能存放在票务室、自动售票机和出站闸机设备内。为避免混淆不同性质的单程票，保管单程票应划分不同的区域，一般可分为"循环区"和"上交区"。

循环区车票来源有：车票主管部门配发或调配的普通单程票；车站闸机回收的普通单程票；运营结束后自动售票机票箱结存的普通单程票；运营结束后单程票人工回收箱分拣出的可用单程票等。

上交区车票来源有：自动售票机、票务处理机、单程票清分机等设备产生的废票；运营结束后单程票人工回收箱分拣出的废票、已售单程票、无效单程票；过期预制单程票等。

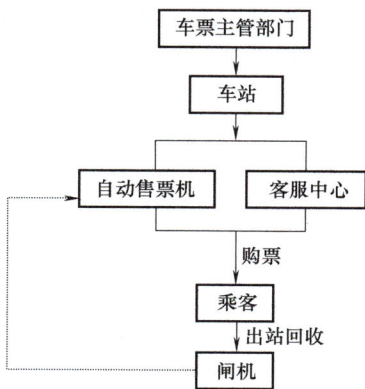

图 8-7 单程票的管理流程

当保管的车票数量发生变化时，须在相关台账上进行登记或在台账系统录入数据。为确保车票安全，车票的保管区应设立在车站票务室且专用，平时须上锁，钥匙由客运值班员负责保管，每班要进行交接。

举例：某地铁公司车票管理部分报表见表 8-9 ~ 表 8-11。

表 8-9 车站自动售票机加票记录台账

填表单位： 站 年 月 日 单位：张

序号	时间	回收时间	机号	加票数	售出数	废票数	结余数	加票人
1	05：30	23：30	201	200	140	5	55	××/××
2								
3								
4								
5								
6								

表 8-10 车站出站闸机车票回收记录台账

填表单位： 站 年 月 日 单位：张

序号	时间	班别	机号	票箱1回收数	票箱2回收箱	回收人
1	15：00	C7	102	00014001	00014002	××/××
				200（机）200（实）	400（机）401（实）	

表8-11　车票库存盘点表

填表单位：　　站　　　年　月　日　　　　　　　　　　　　　　　单位：张

车票种类	库存数量	实际数量	差额	备注

（3）**发售**　车站在日常运营中，车票经自动售票机出售，乘客可自助购买车票；当车站客流较大时，可以启动客服中心的票务处理机发售单程票，仍无法缓解排队压力时，可启用临时票亭出售预制单程票。

（4）**回收**　运营结束后，应回收出站闸机、自动售票机及客服中心的单程票，进行清分、清点。废票存放在上交区，正常的车票放在循环区。

（5）**上交**　以下几种情况的单程票需上交。

1）运营过程中进行乘客事务处理时回收的无效票。

2）设备产生的废票。

3）人工回收的单程票。

4）车站存放的单程票数量超过规定的保有量时，应根据车票主管部门的要求上交多余的单程票。

上交车票时需填写上交单（表8-12），交接双方签字确认。

表8-12　车站车票上交单

填表单位：　　站　　　年　月　日　　　　　　　　　　　　　　　单位：张

序号	票种	类型	上交数量	上交原因
1	普通单程票	自动售票机废票	30	自动售票机产生的废票
2	普通单程票	票务处理机废票	90	票务处理机产生的废票
3	普通单程票	已售单程票	60	人工回收的单程票
4	预制单程票	2元	40	过期预制票
5	预制单程票	3元	100	过期预制票
6	预制单程票	5元	100	过期预制票
合计			420	
上交人签名	××/××		售票人签名	××

（6）**站间调配**　随着每日的运营，单程票在各个车站之间流动，根据各站进、出站客流分布的不同，各站单程票的数量将发生变化，主要分为三种情况。

1）车票流入车站：车站出站客流大于入站客流，每日回收的单程票数量多于发售的单程票数量。

2）车票流出车站：车站出站客流小于入站客流，每日回收的单程票数量少于发售的单程票数量。

3）车票平衡车站：车站出、入站客流基本持平，每日回收的单程票数量约等于发售的单程票数量。

因为上述原因，每隔一定时间就需要在各车站之间进行车票的调配，由车票主管部门负责从流入车站将多余的车票调出，调入流出车站。对于调出车站而言，相当于车票上交；对于调入车站而言，相当于车票接收。

例如：某流入车站需调出单程票6 000张，车票主管部门工作人员持"车票调配表"（一式三联）到车票调出站，车站当班客运值班员依据调配表标明的调出票种、调出数量上交车票。车票主管部门工作人员检查调出车票包装及封条是否完好，是否与单据数量一致，确认无误后双方在"车票调配表"签字确认，单据第二联交车站客运值班员保存。车票主管部门工作人员将单程票和"车票调配表"第三联送到车票调入站，车票调入站当班客运值班员负责接收，双方当面交接，依据"车票调配表"检查单程票包装及封条是否完好，与调配表核对无误后在单据上签名。车票存入票柜时，应在"车站票柜车票存/取台账"（表8-13）上做好记录，输入票务管理终端。

表8-13　车站票柜车票存/取台账

填表单位：　　站　　　年　月　日　　　　　　　　　　　　　单位：张

序号	日期	票种	类型	入库数量	出库数量	结存数量	经手人
1	5/13	单程票	普通	6000	0	6500	××/××
2							
3							
4							
5							

2. 预制单程票管理

预制单程票由车票主管部门制作并配发到各站，以应对大客流情况下的客运组织。与普通单程票不同，预制票已赋值，处在"已售"状态，应等同现金管理。预制单程票的有效期较长，可供车站较长时间备用。在预制单程票投入使用经闸机回收后，它的性质就与普通单程票一样，可以在车站循环使用。预制单程票发售指令由车站管理人员视具体情况发出。

预制单程票的接收、调配过程与普通单程票一样，但保管、发售、上交等环节的要求与普通单程票有所不同。

（1）保管　为确保预制单程票的安全，车站应将预制单程票放置在保险柜内保管。存放时要注意以下要点：一是不同价格的预制票不能混放；二是不同有效期的预制单程票不能混放。对于已经过期的预制单程票，要立刻停止使用，存放在票柜的"上交区"保管。

（2）发售　预制单程票的发售，应具备以下条件：当客流较大时，车站站厅等待购票的乘客持续增多，自动售票机和票务处理机售票都无法缓解排队现象。

一般情况下，预制单程票发售的原因有：①节假日期间客流较大，已经超出车站设备发售的最大能力；②车站周边组织某类活动，活动结束时导致车站短时间内客流大量增加；③部分或全部自动售票机故障，导致车站设备发售车票的能力下降。预制单程票的发售需要经过授权，一般由车站站长根据现场情况下达发售命令，车站安排启用临时票亭人工出售，此时要求售票员熟记票价表，准确计算售出。目前国内各个城市考虑到储值票成本问题，乘客购买储值票时需要交纳一定的押金。

（3）**上交** 预制单程票分为不同的有效期，对于已经过期的预制单程票，车站需定期上交车票主管部门。

3. 储值票管理

储值票由于本身的成本较高，其保管和预制单程票一样，需要放入保险柜内存放，由客运值班员负责，每班要进行交接。

车站对储值票的管理流程如下：

（1）**接收** 当车票主管部门和车站进行储值票交接时，需要双方当面清点，车站人员在确认数量、票种一致后，登记相关台账、相关数据录入系统，车票存放在相应区域。

（2）**保管** 储值票成本较高，丢失或损坏需予以赔偿。因此，储值票需存放在保险柜内保管。

（3）**发售** 日常运营时，储值票在客服中心进行出售。

（4）**充值** 乘客可以在客服中心进行人工充值，也可以在自动增值机上进行增值。

（5）**上交** 在出售储值票的过程中，因为设备原因或者储值票自身问题造成储值票需上交时应进行封装，注明封装时间、封装数量、封装票种及封装车站，上交车票主管部门。

4. 计次票管理

计次票是储值票的一种，其管理流程基本与普通储值票一样。

5. 车票的加封规定

以某市地铁公司的规定为例：

1）车票可以根据其种类、性质等需要，使用特制票盒、钱袋或票务专用信封等予以加封，也可以使用封条直接对车票加封。

2）对车票实施加封时，应两个人一起（其中一人须为客运值班员）。加封后，封条上必须注明加封内容（含车票种类、车票数量等）、加封车站、加封人和加封日期。

3）当钱袋加封时，应将钱袋口用封条缠绕扎紧加封；当使用票务专用信封加封时，应采用"工"字加封法（图8-8），放入车票后将信封口封住，再用封条将信封背面的接缝处封住，最后在信封背面封条骑缝处及封面上盖章；当使用封条直接对车票加封时，采用"十"字加封法（图8-9），将车票整理整齐后用封条进行直接加封。

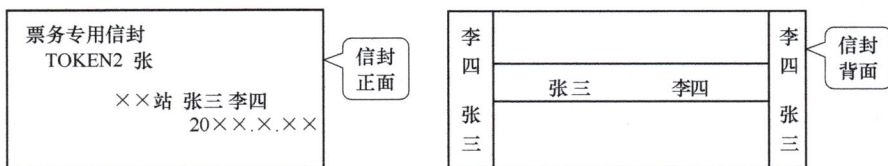

图8-8 "工"字加封示意图

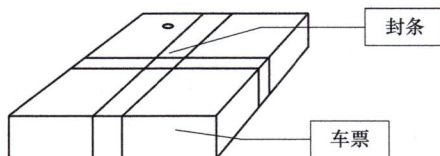

图8-9 "十"字加封示意图

6. 车票开封、清点原则

以某市地铁公司规定为例：

1）车站所有车票的开封、清点须由当班客运值班员与车站人员两人共同完成。

2）对开封后非即时配出的车票，开封人员需及时对清点过的车票按规定两人加封。

3）开封后，发现车票数量或信息有误，开封人员需及时报站长或当班值班站长到点钞室确认，并在相关台账或交接本上做好记录，车票封条封存，待站长或值班站长核查清楚后方可使用。

（三）车票的交接规定

在实际运营中，配发车票、上交车票、车票站间调配等环节都存在车票交接的情况。

交接车票必须进行封装。车站接收人员须依据相应的配票单据当面检查车票包装及封条是否完好，在确认封条与配发单据所写票种、数量一致后在单据上签名，将车票存放在相应的区域，并登记相关台账，同时将数据录入系统。

以下为某市地铁公司车票交接规定：

1. 车票交接原则

1）对预赋值储值票，必须当面清点车票数量、确认车票信息无误后办理签收交接手续。

2）当班客运值班员与车站另一站务员负责将预赋值单程票用专用点票机进行清点。

3）交接已加封的编码车票时，接班人员应确认加封正确完好后凭加封数量交接。

4）交接时若发现车票数量或信息有误，接班人员应及时报站长或当班值班站长到点钞室确认，并在相关台账或交接本上做好记录，车票按实际数量进行签收。站长或值班站长应及时调查原因，视情况进行处理，同时，将事情经过及时上报车务、票务、稽查等部门。

2. 客运值班员之间的车票交接

1）接班客运值班员应依据"值班员交接班簿"上的记录与交班客运值班员当面清点点钞室内所有车票、当日的车票上交单、车票配给单，确认无误后进行签收。

2）接班客运值班员应检查每一包车票封装盒的封口是否完好，若有破封的情况应立即报站长或值班站长，该包车票严禁使用，等站长或值班站长核查清楚后方可使用。车站需要用票时可开另一包封口完好的车票。

3. 客运值班员与售票员之间的交接

1）开窗前的车票交接　客运值班员应与售票员当面清点和交接车票，确认车票信息后，填写"售票员结算单"的"开窗张数"栏。

2）结账时的结余车票交接　客运值班员应与售票员当面清点和交接车票，确认车票信息后，填写"售票员结算单"的"关窗张数"栏。对于 BOM 不能正常发售的车票，售票员须及时加封，封条上注明 BOM 无法发售，同时注明车票的票种、数量、加封人、加封日期。结余车票交当班客运值班员。

3）结账时无效票及与乘客事务处理有关的车票交接　经售票员回收的其他种类的车票，由本人将车票分类扎好，根据加封的车票数量封入票务专用信封或钱袋，注明车票类型、票种、数量、加封车站、加封人和加封日期，由客运值班员根据信封封面的张数与"无效/过期票处理记录表"所填写的张数进行核对，确认无误后随报表上交票务室。

4. 配票

原则上票务室每周为全线各站配票。如某地铁公司规定当班客运值班员负责接收票务室配发的车票。客运值班员在车站 AFC 室依据"车票配给单"当面交接各种车票，确认无误后签名，并在"车站售票/存票日报"和"值班员交接簿"上做好记录。

5. 车票上交

1）在营业过程中产生的无效车票、与乘客事务处理有关的车票，用票务专用信封"工"字加封，与报表同时上交。

2）指定上交的车票，由票务室车票管理组电话通知各车站，说明需回收车票的种类、数量；客运值班员按要求准备车票，并填写"车票上交单"；票务室车票管理组员工依据"车票上交单"清点各车票的数量，确认无误后签收，"车票上交单"第二联留存车站。

3）经售票员回收的其他种类的车票，由本人将车票分类扎好，根据加封的车票数量加封放入票务专用信封或钱袋，注明加封内容、加封车站、加封人和加封日期，由客运值班员进行核对，确认无误后，次日连同报表一起上交票务室。

6. 借票及归还

1）车票保管部门只能借出地铁发行的车票，任何部门不得办理地铁代售车票的申借手续。车票仅限于 AFC 设备功能测试、业务培训、对外宣传、车票版面设计、车票申印、票务稽查、票务审核人员借用，除此以外未经票务室许可，严禁向其他部门或人员借出车票。除 AFC 设备功能测试可借用已赋值车票外，其他任何部门只能借用用于存档的车票、新票或已编码的车票。

2）当班客运值班员根据借票人员提供的借票情况填写"车票/现金借出记录表"（表8-14），与借票人员确认车票信息、数量无误后，双方在车票现金借出记录表上签名。

3）借票人应在当天将车票交还车站（测试出闸机或测试有关设备且需经过出闸机的车票除外，但需在"车票/现金借出记录表"上注明原因）。

4）借出车票归还时，车票封入票务专用信封，"工"字加封，连同"车票/现金借出记录表"随次日报表上交票务室。

5）AFC 专业人员测试完毕后，必须向票务室提交相关数据。

六、车站现金的使用与管理

车站的现金主要由两部分组成：一部分是车站的票款，另一部分是用于车站日常票务运作的备用金。车站的现金管理要严格执行财务管理规定，严禁坐支票款、挪用备用金和弄虚作假；票款和备用金要分区管理，避免备用金发生误解行的情况；备用金交接必须双方当面清点和确认。

车站票款收入包括以下几个部分：自动售票机发售单程票的收入、票务处理机发售单程票的收入、人工发售预制单程票的收入、自动增值机收取的充值收入、票务处理机上储值票的发售和充值收入、乘客事务处理产生的相关收入。

车站现金收入和清点交款如图8-10所示。

表 8-14　车票/现金借出记录表　　　　　No. 00000001

借出车票			
车票类型	张数	车票 ID	借出原因： （　）测试 TVM （　）测试 BOM （　）测试进/出闸机 （　）站间调票
发放人		请借人	借出部门	请借部门
员工号		员工号	请借时间	

归还车票			
票种	张数	车票 ID	备注：
归还人		签收人	归还部门	接收部门
员工号		员工号	归还时间	
借出现金金额/元			借出现金原因：	
发放人		请借人	借出部门	请借部门
员工号		员工号	请借时间	
归还现金金额/元			备注：	
归还人		签收人	归还部门	接收部门
员工号		员工号	归还时间	

注：1. 第一联——票务分部（黄色）、第三联——请借部门（红色）。

　　2. 第二联——票务分部（白色）、第四联——借出部门（蓝色）。

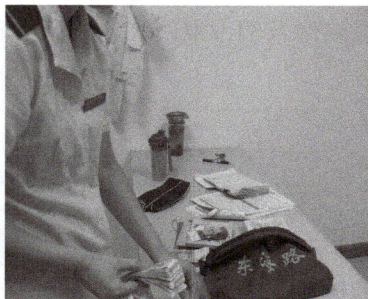

a)　　　　　　　　　　　　　　　　　　b)

图 8-10　车站现金收入和清点交款

a）票务处理现金收入　b）现金清点

1. 现金管理流程（图8-11）

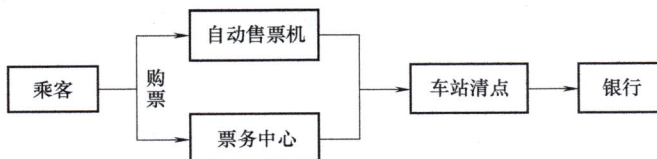

图8-11　现金管理流程示意图

2. 现金日常安全管理

车站现金通常要求存放在车站的安全区域。一般现金安全区域主要指 AFC 票务室、售票问询中心、临时售票处、自动售票机和自动充值机的钱箱。在现金安全区域内，严禁存放私人的钱和车票，任何无关人员未经车站当班负责人批准不得进入。在售票问讯中心和临时售票处，售票员应将现金存放在现金抽屉和配币箱中，避免乘客接触。在有监控设备监控的条件下，涉及现金交接、清点应在监控区域内进行，现金处理完毕，应立即锁入保险柜中。

每日运营结束后，要对车站的现金票款收入进行清点，填写相关台账并录入系统，同时将票款封装解行。票款收入须每日按时解行，不得在车站过夜保管。

车站自动售票机钱箱操作必须进行登记（表8-15）。

表8-15　　　　车站自动售票机钱箱操作记录表　　　　操作日期：

	时间	自动售票机编号	凭条显示纸币收集金额	实际纸币收集金额	值班员确认	陪同操作人员确认	备注
纸币收集记录							

备用金的使用范围应严格控制，不得挪用，各站之间不得调拨和借用。备用金和票款是有区别的，车站备用金的保管要指定专人负责，每班进行交接。备用金的使用和借出要有登记备案。备用金登录簿及辅币申领计划表见表8-16和表8-17。

表8-16　　　　车站备用金登录簿

日期	票务室备用金						自动售票机备用金	值班员
	前日票务室结存	自动售票机硬币填充	自动售票机纸币收集	自动售票机收入（结算系统数据）	其他	票务室结存	SC 显示自动售票机内硬币个数总额	

表 8-17　辅币申领计划表

领用车站：　　　　　　　　　　　　　　　　　　　　　　　单号：

填表日期：

辅币值	数量	金额	备注
1 元纸币			
1 元硬币			
5 元纸币			
其他			
合计			

注：票务督导员签字：　　　　兑换人签字：　　　　车站管理室签字：　　　　兑换人签字：
　　员工编号：　　　　　　　员工编号：　　　　　员工编号：　　　　　　　员工编号：

七、车站票务事务处理

日常运营中，客服中心除处理正常的问询、售票和兑零外，还可能要处理乘客的各种异常事务。车站常见票务事务处理说明如下。

（一）单程票事务处理

持单程票乘客的事务处理，可以根据乘客所处位置是在非付费区还是在付费区来区别处理。

1. 在非付费区

持单程票乘客在非付费区的事务处理，一般是无法入闸，根据票务处理机所验的车票内容，可分为几种情况：车票无效、已有入站标志、车票过期等。

（1）车票无效　由于设备或车票原因，自动售票机发售的单程票，可能出现票务处理机无法检验车票内容的情况。

处理方法：根据乘客自述，并经车站站厅工作人员确认，予以退款并收回该车票，乘客重新购票。

（2）已有入站标志　经票务处理机检验，车票已有入站信息的，应确认是否超过了规定时间。

处理办法：经票务处理机分析，单程票显示"已入站"的，若上次进站是本站且入站时间不超过相应的规定时间，则免费对车票进行标志更新，改为"未入站"；若入站时间超过相应的规定时间，则收回该车票，请乘客重新购票。

（3）车票过期　车票过期是指经票务处理机检验，显示该车票为非当日购买的车票。

处理方法：经票务处理机分析，若显示车票已经过期，则回收该车票，请乘客重新购票。

2. 在付费区

持单程票乘客在付费区内无法出闸的事务处理，根据票务处理机所验的车票内容，可分为以下几种情况：车票失效、超程、超时、既超时又超程、标志错误等。

（1）车票失效　车票失效时，闸机无法读取到车票里面的信息，导致乘客无法出闸。

处理方法：若经票务处理机无法检验车票内容，则收回该票后发售一张免费出站票给乘客。

如果乘客所持的车票是单程票，则回收此票。查看该票是否为人为折损，若是人为原因，则在付费区请乘客购买付费出站票（询问乘客乘车站点，收取乘客相应车费后发售一张付费单程票给乘客，并回收无效的单程票）；若不是人为原因，则给乘客发售免费出站票。

(2) 超程　当乘客购买的单程票不足以支付从购票车站到目的车站的车资时，闸机不予以放行。

处理方法：告知乘客已超程，收取乘客超程部分车费后，直接更新单程票金额。

(3) 超时　乘客购票入站至出站的间隔时间不得超过限定的时间间隔，超过限定时间间隔收取超时费。当闸机判断车票超时，不予放行。

处理方法：告知乘客已超时，收取乘客超时补款金额，然后更新车票。

(4) 既超时又超程　乘客入闸的时间超过了限定的时间间隔，并且车票内的费用不足以支付从进站点到出站间的车资。

处理方法：告知乘客已超时超程，收取乘客超时、超程补欠金额，然后更新车票。

(5) 标志错误　乘客由于自身原因或设备原因，在进站时，闸机没有给予进站标志。

处理方法：若经票务处理机检验，车票显示"未入站"，则免费更新车票。

(二) 储值票事务处理

乘客持储值票进、出站，如果出现刷卡后无法进站或出站的情况，可以根据乘客所处位置是在非付费区还是在付费区来分别处理。

1. 在非付费区

持储值票的乘客无法入闸，主要有以下几种原因：车票无效或已有入站标志。

(1) 车票无效　储值票由于质量原因或使用不当，有可能造成车票失效，机器无法检验车票内容，导致无法刷卡入闸。

处理方法：车站人员向乘客解释这张储值票已经无效，乘客需要去发卡单位的办理点进行处理，建议乘客暂时购买单程票完成当次出行。

(2) 已有入站标志　储值票的使用原理是：进站的时候记入进站标志，出站时根据进站标志计算乘坐路程数予以扣费，一进一出为一次正常的计费过程。进站刷卡时，若车票已有"已入站"标记，则闸机不予放行，乘客需要到客服中心进行处理。

处理方法：造成这种现象的原因一是上次出站时，未能扣取相应费用，车票一直处于已入站状态；二是由于闸机故障，刷卡后闸机未予放行；三是由于乘客使用不当，刷卡后未及时入站。对于第一种情况，扣取相应车费后予以更新；对于第二、三种情况，予以免费更新。

2. 在付费区

持储值票乘客在付费区内无法出闸，主要有以下几种原因：车票无效、余额不足、超时、标志错误等。

(1) 车票无效　储值票由于质量原因或使用不当，有可能造成车票失效，机器无法检验车票内容，导致刷卡后无法出闸。储值票有一卡通和地铁储值票两种。

处理方法：若是一卡通无效，车站人员向乘客解释这张储值已经无效，乘客需要去发卡单位的办理点进行处理，经询问乘客入站地点，收取乘客相应车费后发放一张付费出站票，让乘客出站。

若是地铁储值票无效，但能从 BOM 或便携式验票机（PTCM）上查询到车票余值，则按规定为乘客办理车票替换或补值换票后，给新票进行更新；否则，填写"无效票处理申请表"上交票务分部，给乘客发售免费出站票。乘客持"无效票处理申请表"收据按照收据单号查询车票余值。为乘客办理补值换票或退款，并回收收据。

（2）**余额不足**　出站时，若发现储值票余额不足，无法扣取足额费用，则闸机不予放行。

处理方法：告知乘客储值票余额不足，并询问乘客是否充值。如果要充值，则为乘客办理充值；否则，根据车票进站信息发售付费出站票，并更新储值票进站信息。

（3）**超时**　一般情况下，根据轨道交通路程的长短规定，乘客刷卡入闸至出闸的间隔时间不得超过限定的时间间隔，超过限定时间间隔的收取超时费。当闸机判断车票超时时，不予放行。

处理方法：告知乘客车票已超时，须从乘客储值票中扣取超时补款金额，然后更新车票进站时间；若乘客储值票余额不足扣款，则同"余额不足"处理。

（4）**标志错误**　如果储值票没有进站信息，闸机将不予放行。

处理方法：如果通过票务处理机分析，发现没有进站码，则询问乘客本次入站乘车地点，免费更新车票进站标志，改为"已入站"，乘客可以正常刷卡出闸；如果是闸机误用，则发放免费出站票。

（三）疏散、清客时票务事务处理

当车站发生不可预料的事情，比如出现列车故障、安全事故或存在隐患导致需要紧急疏散乘客的情况时，在任何车站，持单程票的乘客可在规定日期内办理单程票退票，使用储值票的乘客可在下次进站时给予免费更新等。

（四）设备卡币、卡票或充值不写卡的处理

由于设备原因，当乘客在自动购票或者储值票自动增值的过程中，出现卡币、卡票或者充值不写卡的情况，处理方法如下：

1）根据乘客反映的信息，通知值班员以上层级到场确认。

2）车站工作人员对机器进行简单的修复，车站人员询问乘客购票情况并查询 TVM 的机器交易记录，确认信息属实后给乘客退款。单击"行政处理——非付费区行政处理"，选择对应选项，输入退款金额，为乘客退款。在 BOM 小单上备注详细情况，乘客、售票员、值班员以上层级签名确认。

（五）TVM 少出车票的处理

以某市地铁票务处理为例：

1）根据乘客反映的信息，通知值班员以上层级到场确认。

2）车站工作人员对机器进行简单的修复，车站人员询问乘客购票情况并查询 TVM 的机器交易记录，确认信息属实后给乘客退款。单击"行政处理——非付费区行政处理"，选择对应选项，输入退款金额，为乘客退款。在 BOM 小单上备注详细情况，乘客、售票员、值班员以上层级签名确认。

（六）TVM 找零不足的处理

从某市地铁票务处理为例：

1）根据乘客反映的信息，通知值班员以上层级到场确认。

2）车站工作人员对机器进行简单的修复，车站人员询问乘客购票情况并查询 TVM 的机器交易记录，确认信息属实后给乘客退款。单击"行政处理——非付费区行政处理"，选择对应选项，输入退款金额，为乘客退款。在BOM小单上备注详细情况，乘客、售票员、值班员以上层级签名确认。

3）若TVM交易记录反映找零正确，则通知维修人员检查TVM是否有遗留硬币情况，若有则用BOM行政退款退还相应款额给乘客，遗留硬币交给客运值班员登记"特殊情况票款交接记录表"。

（七）TVM发售无效票的处理

从某市地铁票务处理为例：

1）根据乘客反映的信息，通知值班员以上层级到场确认。

2）车站工作人员对机器进行简单的修复，车站人员询问乘客购票情况并查询TVM的机器交易记录，确认信息属实后给乘客退款。单击"行政处理——非付费区行政处理"，选择对应选项，输入退款金额，为乘客退款。在BOM小单上备注详细情况，乘客、售票员、值班员以上层级签名确认。

（八）出闸机扣费不对的处理

以某市地铁票务处理为例：

1）根据乘客反映的信息，通知值班员以上层级到场确认。

2）车站人员询问乘客乘车和车票扣值情况，同时在BOM上查询车票使用记录，确认信息属实后给乘客退款。单击"行政处理——付费区行政处理"，输入退款原因，输入退款金额，为乘客退款。在BOM小单上备注详细情况，乘客、售票员、值班员以上层级签名确认。

（九）出闸机转杆被误用后无法出闸的处理

以某市地铁票务处理为例：

1）车站人员询问乘客乘车情况，并在SC上查询出闸记录，或者CCTV查看录像（若乘客所持储值票或一卡通，则应查询车票使用记录）。

2）若出闸记录或车票使用记录与乘客反映情况一致，则在BOM上发售免费出站票供乘客出站使用。

（十）运营特殊情况下的票务的处理

以某城市轨道公司规定为例：

1."列车晚点"的票务处理程序

（1）非付费区 当非付费区受影响的持单程票乘客要求退票时，应按车票实际余值即时引导乘客7日内乘车或办理退票。

（2）付费区 付费区受影响乘客要求取消乘车时，有以下几种情况。

1）单程票：引导乘客从边门出站（车票不回收），车站根据现场情况在非付费区即时办理退票或告知乘客7日内可持该票退票或再次乘车。

2）储值票、一卡通：引导乘客从边门出站，车站根据现场情况在非付费区即时免费更新或告知乘客7日内可免费更新。

3）对从延误列车上下来的乘客：

①单程票超时：回收车票并记入当天站存车票，引导乘客从边门出站。

②储值票、一卡通超时：引导乘客从边门出站，并告知乘客本次车费在下次乘车时到客服中心扣除。

③ 除以上情况外的其他车票按规定办理。

（3）列车晚点的应急处置　列车晚点应急处置程序如图 8-12 所示。乘客事务处理意见表 8-18。

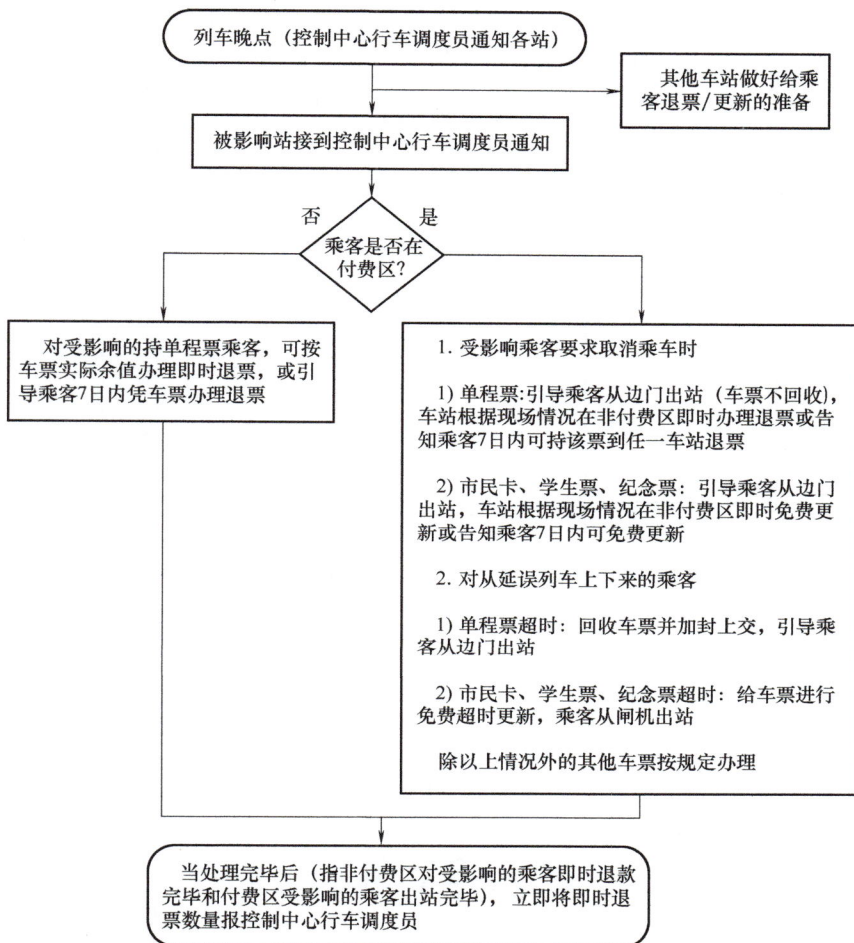

图 8-12　列车晚点应急处置程序

2. "运营故障需清客"的票务处理程序

1）当非付费区受影响的持单程票乘客要求退票时，给乘客办理即时退款回收车票，或引导乘客 7 日内乘车或办理退票。

2）付费区受影响乘客要求取消乘车时，有以下几种情况。

① 单程票：引导乘客从边门出站（车票不回收），车站根据现场情况在非付费区即时办理退票或告知乘客 7 日内可持该票退票或再次乘车。

② 储值票、一卡通：引导乘客从边门出站，车站根据现场情况在非付费区即时免费更新或告知乘客 7 日内可免费更新。

3. "列车越站"的处理程序

接到控制中心行车调度员列车越站的通知后，越站停车的第一个车站，对越站列车上受影响的乘客处理程序如下。

表8-18　乘客事务处理单

No: 0000000

年　　月　　日

站＿＿＿

现金事务

	事件详情					处理结果		涉及金额/元	乘客签名	办理人	确认人
	TVM少找零	TVM卡而	TVM卡票	TVM发售无效票	其他	乘客已购票、退还乘客现金×元	其他				

合计

非现金事务

	付费出站票事件详情				发售付费出站票1张	办理人	确认人	免费出站票事件详情			发售免费出站票1张	乘客签名	办理人	确认人
	付费区持过期单程票	付费区无票乘车	付费区持折损无效单程票	其他				闸门被误用	车票无效不能出闸	其他				

小计

发售付费出站票共＿＿张　　　发售免费出站票共＿＿张

注：第一联—票务分部（黄色），第二联—车站（蓝色）。

192

1）单程票超程：回收车票并记入当天站存车票，引导乘客从边门出站。

2）储值票、一卡通超程：给车票进行免费超程更新，填写"乘客事务处理单"，记为负差额，乘客从闸机出站。

3）在付费区持票乘客强烈要求退票时，值班员或以上级别员工确认车票与当天发生特殊情况的时间相符，单程票按车票实际票价即时退票，填写"车票退款记录表"，并给乘客发售免费出站票出站，填写"乘客事务处理单"；储值票、一卡通则转到非付费区模式下免费更新后给乘客发放免费出站票出站，填写"乘客事务处理单"，记为负差额。

4）除以上情况外的其他车票按规定办理。

（十一）其他乘客事务处理

1. 票务事务退款

由于地铁设备故障或其他原因导致乘客损失，应依据相关的票务规定给予乘客办理退款（如乘客购买单程票时，自动售票机少找零或收钱不出票等情况）。凡是涉及乘客事务退款的，应保留相关的单据，并请当事人签名确认，以作为核销备用金的依据。

2. 遗失车票处理

遗失车票是指乘客因自身原因在付费区没有保管好车票，造成丢失车票，出不了站。

处理方法：乘客在付费区内遗失单程票或者储值票应按相应的政策以及规定补交票款。例如：深圳地铁规定若遗失单程票则需要按本站最高票价补收票款并补交车票工本费，如果在五日内找回，则可以凭借相关票据和车票退回收取的费用。

3. 无票乘车处理

对于无票乘车，原则上要进行相应罚款。

例如：深圳地铁规定，对于乘客恶意无票乘车的，处以路网最高票价的10倍罚款。

4. 运营单位原因造成的退票处理

处理方法：因运营单位原因（如列车延误造成的清客等）造成的乘客购买了车票无法乘坐轨道交通或者是无法到达目的站时，乘客可在规定日期内在任何车站办理单程票退票，使用储值票的乘客可在下次进站时免费更新。

乘客事务处理除了异常事务处理外，还有一些其他非异常的事务处理，如售票（包括储值票、单程票、纪念票等）、发售行李票、充值、记名卡挂失、卡有效期更改、黑名单卡锁定和解锁等。

（十二）票务处（中心）的管理要求

运营时间内，各站根据车站客流情况决定开放的票务处（中心）数量，但应确保至少有一个票务处（中心）为乘客提供服务。当班期间售票员未经许可，不得擅自离岗。

客运值班员应定时查看BOM票箱的车票数量，不足时应及时补充。

售票员严禁携带私款、私人车票（员工票除外）进入票务处（中心）。

处理乘客事务过程中，当有任何需上级确认的问题时，应立即通知相关人员处理。

售票员在携带车票及现金往返票亭时，必须将现金或车票放入上锁的售票盒中，并放入上锁的小推车中（加封的硬币可直接放入上锁的小推车中），由售票员负责运送和确保途中安全。

八、票务设备大面积故障时的票务应急处置

（一）车站全部自动售票机（TVM）故障

当车站全部自动售票机发生故障时，车站需及时启动设备故障应急预案。

1. 处理要点

1）当车站全部自动售票机故障时，车站需及时售卖预制单程票或通知客服中心票务处理机出售单程票。

2）当预制票的存量仅能维持2h而自动售票机仍未修复时，车站应及时联系车票主管部门申请配发预制票。

2. 一般处理流程

1）当车站发现或接报全部自动售票机（TVM）故障报告，经客运值班员或值班站长到现场确认后，应立即安排给各售票窗口配备预制单程票出售或通过BOM出售单程票。

2）在自动售票机（TVM）前设置"暂停服务"标志牌，引导乘客到售票窗口购票，维持好乘客购票秩序。

3）向票务设备维修部门报障，维修人员到达后派人配合其工作。

4）当现有窗口售票能力不能满足需要时，及时启用临时售票亭。

5）监控车站各售票窗口的售票速度，当设备仍未修复而预制单程票仅可维持售卖2h时，应及时向票务部门申请配发预制单程票。

6）故障修复后，撤除"暂停服务"标志牌，引导乘客到自动售票机（TVM）前购票，各岗位恢复正常工作。

3. 站务员或巡视岗作业

1）发现车站全部自动售票机（TVM）出现故障时，应立即向车控室或值班站长报告。

2）在自动售票机前放置"暂停服务"标志牌。

3）引导乘客到售票问询处购票，维持好乘客购票秩序。

4）必要时，根据值班站长的安排，进入售票问询处或临时售票亭售卖预制票。

5）故障修复后，撤除自动售票机（TVM）前的"暂停服务"标志牌和故障告示，引导乘客到自动售票机上购票。

4. 售票员或站务员作业

1）按值班站长的安排，向乘客出售预制票。

2）向客运值班员报告预制票的售卖及结存情况。

（二）车站全部出站闸机故障

当车站全部出站闸机出现故障时，车站需及时启动设备故障应急预案。

1. 处理要点

1）当车站全部出站闸机出现故障时，车站需及时开启员工通道门让乘客出站，并回收出站乘客的单程票。

2）做好乘客的解释工作。

2. 一般处理流程

1）当车站发现或接报全部出站闸机无法使用时，应立即派客运值班员或值班站长现场检查确认，并报告相关部门、车站站长。

2）确认后，开启员工通道门让出站乘客出闸，并回收出站乘客手中的单程票，指引持储值票的乘客到售票问询处处理或告知其可在下次乘车时在任意站处理，做好相关解释工作。

3）在全部故障出站闸机前设置"暂停服务"标志牌，派人引导乘客从边门出闸。

4）待故障修复后，撤除"暂停服务"标志牌和隔离带，关闭员工通道门，引导乘客从出站闸机出闸。

3. 站务员或巡视岗作业

1）发现车站全部出站闸机出现故障时，应立即向值班站长报告。

2）在故障出站闸机前设置"暂停服务"标志牌及隔离带。

3）协助客运值班员，引导乘客从边门出站，回收乘客的单程票，并做好相关解释工作。

4）故障修复后，撤离"暂停服务"标志牌及隔离带，引导乘客从出站闸机出站。

4. 售票员或站务员作业

1）办理乘客相关事务。

2）做好乘客解释工作。

（三）车站全部进站闸机故障

当车站全部进站闸机出现故障时，车站需及时启动设备故障应急预案。

1. 处理要点

1）当车站全部进站闸机出现故障时，车站需及时开启员工通道门让乘客进站，进行人工检票。

2）做好乘客的解释工作。

2. 一般处理流程

1）当车站发现或接报全部进站闸机无法使用时，应立即派客运值班员或值班站长现场检查确认，并报告行车调度员、相关部门、车站站长。

2）确认后，开启员工通道门让持票进站乘客进闸，进行人工检票，并告知乘客在出站时需到客服中心处理，同时做好乘客解释工作。

3）在全部故障进站闸机前设置"暂停服务"标志牌，派人引导乘客从员工通道门进闸。

4）待故障修复后，撤除"暂停服务"标志牌和隔离带，关闭员工通道门，引导乘客从进站闸机进闸。

3. 站务员或巡视岗作业

1）发现车站全部进站闸机出现故障时，应立即向值班站长报告。

2）在故障进站闸机前设置"暂停服务"标志牌及隔离带。

3）协助客运值班员，引导持票进站乘客从员工通道门进站，进行人工检票，并做好乘客解释工作。

4）故障修复后，撤离"暂停服务"标志牌及隔离带，引导乘客从进站闸机进闸。

4. 售票员或站务员作业

1）办理乘客相关事务。

2）做好乘客解释工作。

（四）车站全部票务处理机故障

当车站全部票务处理机出现故障时，车站需及时启动设备故障应急预案。

1. 处理要点

1）在客服中心售票窗口设置"暂停服务"标志牌，引导需要充值的乘客到自动增值机上办理充值业务。

2）对不能正常进出闸的乘客，指引其从车站员工通道门进出，收取出站乘客的单程票，并告知持储值票的出站乘客在下次进站时，若无法正常进站可到任一车站客服中心处理。

3）做好乘客解释工作。

2. 一般处理流程

1）车站发现和确认全部半自动售票机（BOM）故障后，应立即在售票窗口设置"暂停服务"标志牌，引导需对储值卡充值的乘客到自动充值机（AVM）上办理充值业务。

2）派人在各进、出站闸机处看护，对不能正常进出闸的乘客，开启车站边门并指引其从车站边门进出，同时回收出站乘客的单程票。

3）将故障情况报告票务设备维修部门、轮值监控员、行车调度员和车站站长。

4）故障修复后，撤除售票窗口"暂停服务"标志牌，关闭车站边门，恢复售票窗口正常工作。

3. 售票员或站务员作业

1）发现全部半自动售票机（BOM）出现故障，无法使用时，应立即报告值班站长，并设置"暂停服务"标志牌，张贴故障告示。

2）待值班站长或客运值班员确认故障后，根据值班站长的安排，在售票问询处前引导需充值的乘客到自动充值机（AVM）上办理充值业务。

3）看护售票问询处旁的进、出站闸机，对不能正常进出闸的乘客，开启员工通道门（边门），指引其从员工通道门（边门）进出，同时回收出站乘客的单程票。

4）在售票问询处窗口张贴告示牌，向前来购票的乘客做好解释工作，告知乘客到 AVM 充值。

5）做好钱票的保护工作。

4. 站务员或巡视岗作业。

1）引导乘客在 AVM 上进行充值。

2）经值班站长授权后打开边门，安排非付费区无法正常进闸的持票乘客从边门进站；安排付费区无法正常出闸的持票乘客从边门出站，并回收乘客手中的单程票。

（五）车站全部自动售检票设备故障

车站全部 AFC 设备故障一般是指车站的自动售票机、自动充值机、自动验票机、票务处理机、进出站闸机全部无法使用。

1. 处理要点

1）确认后，组织员工售卖纸票，并及时报障和通知有关部门。

2）根据车站人员情况，将进、出站各一组闸机中若干闸机通道设为常开状态，进行人工检票。

2. 一般处理流程

1）车站接报 AFC 设备故障后，由客运值班员或以上级别人员到现场进行检查确认。

2）确认全部 AFC 设备故障后，车站应及时报告行车调度员、维修相关部门、票务部门、站长等。

3）在故障设备前及时设置故障告示牌，并引导乘客到售票问询处购买纸票。

4）经请示行车调度员同意后，及时组织员工售卖纸票，根据车站人员情况，将进、出站各一组闸机中若干闸机通道设为常开状态，进行人工检票，同时做好乘客解释工作。

5）设备故障修复后，组织员工恢复正常运营服务。

3. 站务员或巡视岗作业

1）发现 AFC 设备故障后，应及时报告车控室，并设置故障和暂停服务告示牌。

2）根据安排，引导乘客到售票问询处购买纸票，并做好乘客解释工作。

3）将进、出站各一组闸机中若干闸机通道设为常开状态，在进站闸机处进行人工检票，或在出站闸机处对出站乘客的单程票进行回收。

4）必要时，进入售票问询处担任售票员。

5）配合维修人员的工作。

6）故障修复后，恢复岗位正常工作。

4. 售票员或站务员作业

1）发现半自动售票机（BOM）故障后，及时报告车控室，并设置故障告示牌。

2）根据安排，及时售卖纸票，并做好乘客的解释工作。

3）故障修复后，恢复岗位正常工作。

📖 **相关案例**

　　某日，有乘客拨打服务热线投诉某车站的工作人员业务不熟，称其持相关残疾人证件乘车时，边门工作人员表示该乘客不符合免费乘车条件，不予免费乘坐。经该乘客坚持，工作人员用对讲设备让车站当班值班站长处理此事，值班站长到场检查证件后也表示乘客所持证件不能免费乘坐。该乘客非常气愤，认为车站员工非常不熟悉业务，要求对相关人员进行处理，否则将向媒体反映或者通过法律途径解决。

　　经客服人员调查后证实，该乘客所持证件符合免费乘车条件，乘客投诉属于有责投诉。客服人员回复乘客，并为车站的错误行为道歉。

（1）责任分析

1）边门工作人员对免费乘车政策不熟悉，不会识别免费乘车证件。

2）值班站长受理后未与乘客进行有效沟通，对免费乘车政策掌握不清，未能及时纠正错误，导致投诉。

（2）改进措施

1）车站工作人员要熟悉相关的票务优惠政策。

2）车站值班站长和乘客的沟通要及时、有效。

九、票务违章、事故及安全管理

　　在车站日常票务运作中对票务违章、事故的处理，不同运营单位会有不同的规定和管理办法。其目的是为了规范车站的票务操作，减少票务违章、杜绝票务事故，确保收益安全。

（一）票务违章、事故的定义

凡是在运营总部票务运作中，因员工违反运营总部票务规则（规章、通知）、设备操作规范，尚未构成票务事故的行为或操作，均认定为票务违章。

凡是在运营总部票务运作中，因员工违反运营总部票务规则（规章、通知），或因设备技术状态不良及其他原因，造成运营总部票务收益损失、流失或严重危及票务收益安全的，均构成票务事故（设备技术状态不良指票务设备维护或使用、管理的责任部门未按相关的检修规程或操作规程对设备进行检修或操作，导致设备达不到其应有的技术状态）。

根据票务事故所导致的直接或间接损失的大小，或由此造成对票务收益安全的危害程度，或当事人的行为动机，可划分为不同的等级。如某地铁公司由低至高将票务事故划分为一类至四类。

（二）票务差错、违章处理原则

1）"四不放过"原则：即违章原因分析不清不放过、责任者和员工没有受到教育不放过、没有制订防范措施不放过、责任者没有受到处理不放过。

2）实事求是原则：即票务违章或票务事故处理应以规章为准绳，事实为依据，力求客观、公平、公正。

3）逐级考核、落实到人原则：即实行层级管理，依据考核指标及办法，部门考核到室，室考核到班组，再由班组考核到人。

4）有责赔偿原则：凡票务事故造成的损失，原则上由相关责任人按责任大小全额赔偿，因设备状态不良等特殊情况或损失超出责任人承受能力且调查中确定责任人不存在个人受益情况的损失赔偿，由责任中心组织讨论确定并报运营总部领导批准。

5）申诉处理：票务事故责任人对事故通报的定性、定责持有异议的，可以在事故通报送达票务事故责任人后在规定时间内以书面形式向事故处理部提出申诉申请。

（三）票务违章、事故案例

【案例一】员工违规使用备用金

1. 事件经过

某日晚，某站客运值班员 A 君和站务员 B 君在点钞室清点硬币钱箱。时间约为 22：45 时，其中一个钱箱在清点过程中发生洒币，员工捡起地上的洒币重新清点后发现：1 元硬币数为 950，比小单机器数 951（机器读数，自动售票机自动打印结账小单）少了 1 元，A 君便从保险柜中取出一元纸币，让 B 君到票务处换硬币回来。22：51，B 君把换回的 1 元硬币交给 A 君，A 君把该 1 元硬币放入点币机内继续清点，并按照点币机最终结果 951 元来读数和录入系统。

之后 A 君一直忙于其他工作，直到次日早上 7：30 在整理票款与备用金时发现短款 1 元，才想起昨晚洒币的 1 元还未找到，于是再次在点钞室查找，在无法找回的情况下，A 君从自己更衣柜取出 1 元先补回短款，事后也没有报告值班站长及作备注。

2. 事件分析

1）该站客运值班员 A 君违反票务管理规定，在清点钱箱过程中出现洒币情况时违章从保险柜中取出备用金补充，并私自补交短款，未按规定报告和做好记录，对此事件负主要责任。

2）该站站务员 B 君听从客运值班员违章指挥，对此事件负次要责任。

3）该站值班站长 C 君未做好票务安全关键点的监控，对此事件负当班管理责任。

3. 事件定性

此事件定性为严重票务违章事件。

【案例二】客运值班员违规使用他人密码上岗

1. 事件经过

某站在新上岗值班员 A 君、B 君没有申请到 AFC 密码和票务管理系统密码的情况下，分别安排 A 君在 3 月 26 日及 B 君在 3 月 25 日至 4 月 6 日期间单独上客运值班员岗。由于员工无法登录票务管理系统进行相关操作，副站长 D 君指示 A 君、B 君使用当班值班站长 C 君的密码进行操作。

2. 事件分析

1）副站长 D 君在员工未领取到密码的情况下，安排其上岗，并指示员工使用他人密码进行操作，对此次事件负主要责任。

2）客运值班员 A 君、B 君票务收益安全意识淡薄，对票务规章掌握不到位，在上岗期间使用值班站长的密码操作票务管理系统，违反规定（各用户只允许使用本人的用户名和密码，不允许多人共用一个用户名，不得借用他人用户名登录系统，不得企图获取他人的密码），对此次事件负主要责任。

3）值班站长 C 君对当班票务工作没有做好监控，违规将自己的密码给他人使用，对此次事件负主要责任。

4）该站票管对车站票务工作监管不到位，未能及时发现此种违章行为，对此次事件负次要责任。

3. 事件定性

本次事件定性为严重票务违章事件。

【案例三】站务员蓄意导致公司票务收益流失（图 8-13）

1. 事件概况

某日，某站值班站长到票务处对售票员进行封窗查账。双方多次清点复核，确认封窗时的实点金额比配发的备用金少。售票员意识到自己短款，于是询问值班站长，值班站长没有回答，提醒售票员认真做好本职工作，随后离开票务处。

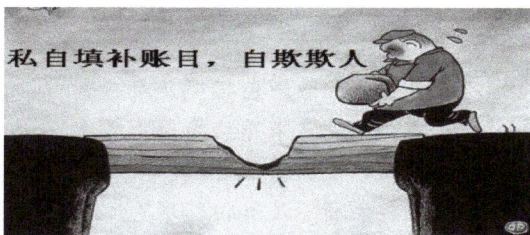

图 8-13　票务违章

值班站长回到车控室后，通过 SC 数据算出售票员封窗短款 20 元，如实记录在《车站封窗检查记录表》内。

随后客运值班员给售票员结账，并将结果向值班站长汇报。值班站长随后核算发现售票员只短款 6 元，与封窗时的短款 20 元有明显变化，于是立即询问售票员是否有私自补款的情况。经多次询问后售票员反映了自己在班中的违规操作，即用私款及从违规办理业务中截留的票款抵减自己的短款行为（为了填平短款，将随身携带的 3 元私款放入票款中；考虑到放入3元仍不足补平短款金额，随后用收取单程票超程费但不进行更新操作、开边门放行乘客的方法增加补款金额）。

2. 事件分析

1）售票员违规携带私款上岗，在值班站长进行封窗检查后，臆测短款，为隐瞒事实，用私款及从违规办理业务中截留的票款抵减自己的短款。

2）值班站长票务安全意识强、敏感度高，切实履行了班中票务审核职责，发现问题后能持续跟进并及时调查，按规定如实向上级汇报，确保了公司票务收益。

3. 事件定性

售票员故意不在半自动售票机上更新车票，并违规开"边门"放行乘客的行为，导致了公司票务收益的流失。此事件定性为票务事故，售票员对此票务事故负全部责任。

（四）票务安全管理

票务安全管理应符合以下要求：

1）票务设备应具备现金识别和伪钞鉴别功能。

2）票务数据传输应使用安全编码技术。

3）票务系统记录的客流、车票使用和财务数据应有冗余备份和安全管理措施。

4）运营单位（公司）应制订车票的安全机制，并应符合《城市轨道交通自动售检票系统技术条件》（GB/T 20907—2007）的有关规定。

项目实施

实施：模拟现场，分组实施。设计各种场景，设置乘客组、工作人员组、检查组等。

场景1：一乘客所持储值票余额不足，票务工作人员利用以上所学知识帮助其处理。

场景2：一乘客购票时使用一张假钞，工作人员进行处理。

其他场景由授课老师自己设计，以帮助消化知识，加强学生动手解决问题能力为目标。

拓展与提高

现场参观设备先进、运营状况好的地铁，然后发现问题，提出解决问题的思路。

复习思考题

1）票务业务管理包括哪几部分？

2）我国地铁常采用的票制有哪些？

3）车站的票款如何管理？

4）车票余额不足如何处理？

5）票务违章、事故的定义是什么？

6）设备卡币、卡票或充值不写卡时怎么办？

7）出闸机扣费不对怎么办？

8）疏散、清客时票务如何处理？

9）列车延误导致乘客车票超时如何处理？

10）车站发生运营故障时票务如何处理？

项目九

城市轨道交通售检票组织

知识要点

1. 自动售检票系统（AFC）架构。
2. 自动售检票系统（AFC）数据传输。
3. 自动售检票系统（AFC）运行模式及设置要求。
4. 城市轨道交通车票。
5. 车站自动售检票系统设备运用。

项目任务

1. 了解自动售检票系统（AFC）的基本架构。
2. 掌握自动售检票系统（AFC）的基本功能。
3. 了解车票的种类。
4. 掌握车站自动售检票设备的基本运用。
5. 掌握车站自动售检票设备的简单故障处理。

项目准备

视条件准备模拟 AFC 设备，自动售票机、自动检票机（闸机）、半自动售票机（BOM）等。

相关理论知识

城市轨道交通售检票组织主要依靠自动售检票系统（Automatic Fare Collection System, AFC）来实现。

AFC 是城市轨道交通运营管理中票务管理的重要组成部分。AFC 是轨道交通系统中利用计算机集中控制的自动售票（包括半自动售票）、自动检票以及自动收费和统计的封闭式自动化网络系统。AFC 能够独立完成售检票交易处理、票务管理、设备监控以及同外部系统进行相关数据交换等。

AFC 售检票设备直接面对乘客，乘客乘坐轨道交通的过程是一个运输契约操作的完整过程。乘客在非付费区的购票（通过自动售票机或半自动售票机）可视为运输契约订立；当乘客从非付费区完成检票过程（通过闸机）进入付费区时，也就是运输契约生效的时刻，在运输契约规定的时间内，必须履行运输契约规定的所有责任；当乘客从付费区完成检票过程到达非付费区时，运输契约履行完毕。AFC 的操作过程就是运输契约订立和履行的过程，一个完善、友好、易操作的 AFC 的终端人机界面是非常重要的。

由于 AFC 主要是处理交易和财务数据，所以必须保证这些数据的完整性和可靠性。因此，AFC 必须具备相应的可靠性、安全性、易用性、可扩展性和互联性。

一、自动售检票系统（AFC）架构

AFC 是处理城市范围内众多轨道交通线路售检票业务的管理系统，涉及路网业务、线路业务、车站处理、终端处理和车票媒介方面的内容。根据业务和层次，AFC 架构的参考模型包括五个层次，第一层是车票（车票层），第二层是车站终端设备（终端层），第三层是车站计算机系统（车站层），第四层是线路中央计算机系统（线路层），第五层是清分系统（路网层）。轨道交通 AFC 架构如图 9-1 所示。

1. 第一层：车票

车票包含储值票和单程票等票卡，是乘客所持的车费支付媒介。城市轨道交通的车票应采用无触点集成电路卡，具备 AFC 相应的物理特性、电气特性及安全机制等技术要求。

2. 第二层：车站终端设备

车站终端设备安装在各车站的站厅，是直接为乘客提供售检票服务的设备。车站终端设备包括自动售票机、半自动售票机、进/出站闸机等。

车站终端设备接受线路中央计算机系统和车站计算机系统的管理，按照系统参数配置的方式上传交易数据、设备状态和事件报警，接收运营参数和控制指令，根据需要在正常运营模式和降级运营模式下工作。

车站终端设备的基本功能：

1）设备应具有正常服务模式、降级服务模式、维护模式、故障模式。

2）正常服务模式时，设备处于自动运行状态，应能够实现售检票的功能。

3）降级服务模式时，设备应按照系统要求，实现降级模式下的售检票的功能。

4）在对设备进行检测和维护时，设备应处于维护模式；在维护模式下，应能使用测试用车票。

5）当设备发生故障时，应能自动进入故障模式，并向系统报告故障信息；故障消除后，设备应能自动恢复售检票的功能。

6）当外部电源失电时，车站终端设备内部系统应不被改变或破坏，并能保存断电前的工作状态和内部数据。

7）从车站终端设备读写区域的表面到最大读写距离范围内，应均能正确操作车票。最大读写距离：卡片型车票应不小于 60mm，筹码型车票应不小于 40mm。

8）当两张或两张以上车票同时出现在车票终端设备的读写区域内时，车票读写器应能区分并能正确操作。

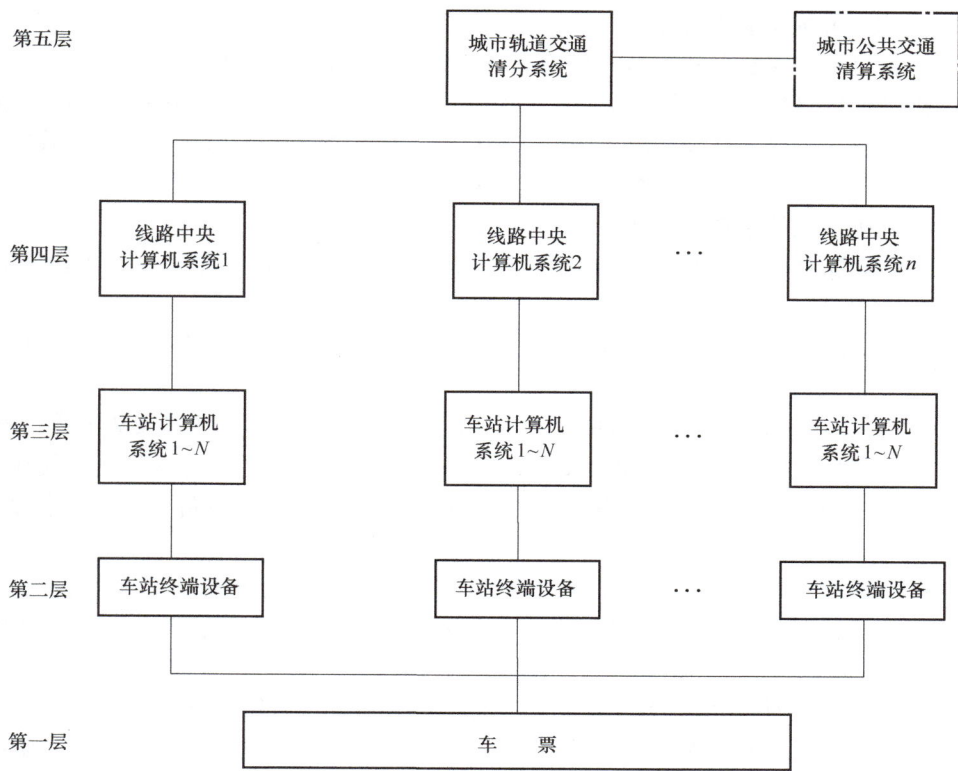

a)

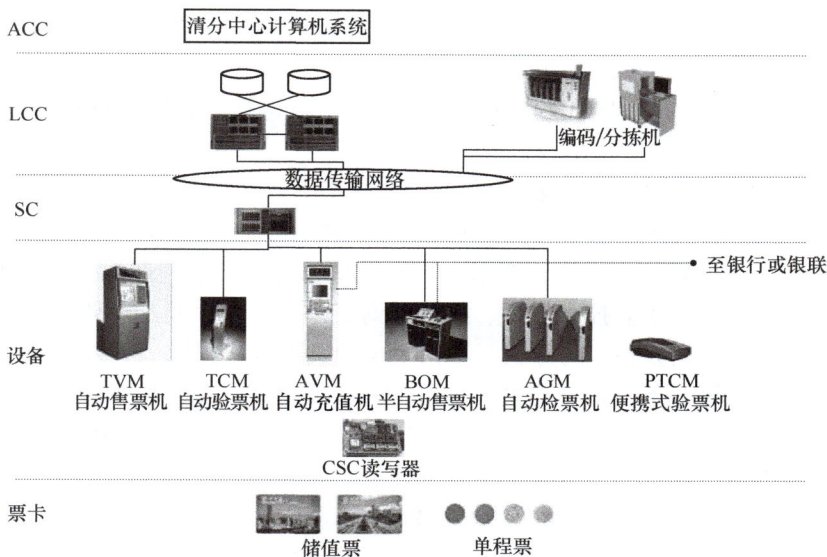

b)

图 9-1　轨道交通 AFC 架构

a）轨道交通 AFC 架构框图　b）轨道交通 AFC 架构示意图

3. 第三层：车站计算机系统

车站计算机系统安装在各车站的车控室或票务室内，由车站操作员控制计算机（SOC）和车站网络计算机（SNC）、监视器、紧急控制系统、网络系统及不间断稳压电源等组成。其主要功能是对第二层车站终端设备进行状态监控、收集本站产生的交易和审计数据，规定了系统的数据管理、运营管理及系统维护管理的技术要求。

车站计算机系统的基本功能如下：

1）接收线路中央计算机系统运行参数、运营模式及黑名单等，并下传给车站终端设备。

2）采集车站终端设备的原始交易数据和设备状态数据，并上传给线路中央计算机系统。

3）对车站终端设备进行实时监控，并能显示设备的通信、运行状态及故障等信息。

4）完成车站各类票务管理、数据处理、业务统计，实时监视系统运营，接收和发送运营指令，实现设备监控、时钟同步等；根据需要向单个或一组终端设备下达运营参数和设备控制指令。

5）保存不少于7个运营日的业务数据和系统数据，并应有数据备份；对本车站的客流、车票和现金收益进行统一管理，具有报表统计分析、相关业务查询和报表打印等功能。

6）记录审核与应用系统和数据库安全性有关的事件；紧急情况下，按下"紧急"按钮或通过车站计算机系统启动紧急运行模式，控制本车站所有进/出站闸机的通道阻挡解除（门扇敞开或三杆落下），便于乘客快速疏散，同时控制所有的自动售票机、半自动售票机等退出服务。

7）接受线路中央计算机系统下传的设备更新软件，通过车站系统网络对车站终端设备的软件进行更新。

8）车站控制系统的业务功能包括票务管理、收益管理、设备管理、设备控制和运营参数下载等。

4. 第四层：线路中央计算机系统

线路中央计算机系统的设备安装在线路控制中心内，由若干台服务器、磁盘阵列、磁带机、工作站（系统管理工作站、数据管理工作站、网络通信管理工作站、参数下载工作站、车票管理工作站、设备监控工作站、报表查询工作站、中央及远程维修工作站）、千兆交换机和路由器等局域网设备、打印机、不间断电源及编码机组成。

线路中央计算机系统是自动售检票系统的管理控制中心，其基本功能：

1）接收、发送城市轨道交通清分系统的运营参数、票价表、降级运营模式、交易结算数据、账务清分数据、黑名单及车票调配信息。

2）向清分系统上传各类车票的原始数据。

3）接收和处理系统各类车票原始交易数据、设备状态数据及设备维修数据等。

4）对采集的数据进行分类处理，完成各种统计分析报告和报表打印。

5）具有系统及数据的自动备份和恢复功能。

6）设置和管理本线路系统和终端设备的操作权限。

7）对系统中各种参数的设置和更新进行管理。

8）能通过通信系统的时钟子系统获取标准时间，自动进行同步，并将标准时间信息下传至车站计算机系统和各车站终端设备。

9）线路中央计算机系统具有备份和恢复功能及灾难恢复功能。

在无清分系统的情况下，线路中央计算机系统还应符合有关规定。

5. 第五层：清分系统

清分系统基本功能：

1）设置和下发运行参数、票价表、降级运行模式、交易清分数据、黑名单及车票调配信息。

2）向城市公共交通清算系统上传"一卡通"车票的原始交易数据，接收系统下发的黑名单等系统控制参数。

3）对车票进行跟踪管理，并提供车票交易的历史数据，能进行车票余额等信息的查询及黑名单管理。

4）管理系统时钟同步。

5）管理系统密钥。

6）车票编码/分拣机能对系统发行的车票进行初始化、编码、分拣和管理。

7）接收和处理线路中央计算机系统上传的各类车票交易数据。

8）对采集的数据进行分类处理，完成各种统计分析报告和报表打印。

9）具有系统及数据的自动备份和恢复功能。

10）对系统中各种参数的设置和更新进行管理。

二、自动售检票系统（AFC）的数据传输

AFC 的数据包括终端设备交易数据、寄存器数据、状态数据、收益管理数据、维护管理数据、设备参数、设备运营指令和应用程序。其中，终端设备交易数据、状态数据、收益管理数据和维护数据由终端设备产生并上传到上层系统；设备参数、运营指令和应用程序由上层系统生成和下载。轨道交通线网 AFC 系统数据传输示意图和数据传输方案分别如图 9-2 和图 9-3 所示。

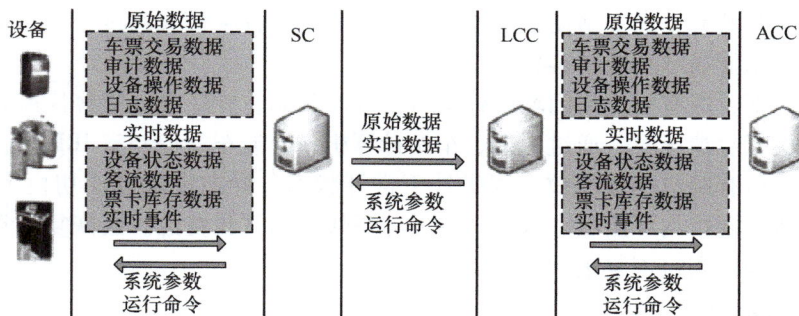

图 9-2　轨道交通线网 AFC 系统数据传输示意图

1. 数据上传流程

终端设备的数据生成后，设备应对数据的合法性进行检验，然后按照数据的分类分别向

上层发送，车站计算机系统接收到数据后，应将数据入库，转发到线路中央计算机系统；线路中央计算机系统接收到数据后，将数据入库，转发到城市轨道交通清分系统；同时，城市轨道交通清分系统应将一卡通数据转发到一卡通中心。

2. 参数和命令下发流程

线路中央计算机不仅可以接收来自清分系统的参数，也可以设置本线路的设备参数。对线路中央计算机自身使用的参数，系统应根据参数的特性启用或保存该参数，对需要下载的参数，中央计算机系统将该参数主动下发到需要该参数的车站计算机；车站计算机应接收参数，对于自身使用的参数，车站计算机应根据参数的特性启用或保存该参数，对需要下载的参数，计算机将该参数主动下发到需要参数的车站终端设备中，车站终端设备应根据参数的特性启用或保存接收的参数。

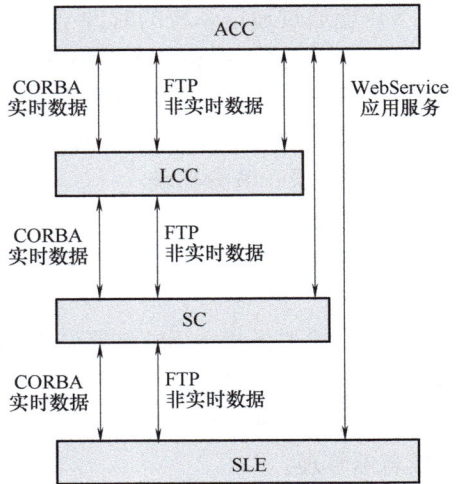

图9-3 轨道交通线网 AFC 系统数据传输方案

三、自动售检票系统（AFC）运行模式及设置要求

1. 运行模式

自动售检票系统应满足各种运行模式的要求。在非常规运行状态下，自动售检票系统应能由常规运行方式转为相应的降级运行方式或紧急方式，并应为票务管理、客流疏导提供方便。

系统应具备常规运行模式（正常服务模式，关闭模式和暂停服务模式，设备故障模式，维修模式，离线运行模式）；非常规运行模式（列车故障模式、车费免检模式、紧急放行模式等）。

常规运行模式是指 AFC 按照所制订的各项轨道交通运行规则，让乘客进、出轨道交通付费区，并进行收益管理。当轨道交通在运营过程中出现列车故障、火灾、电力中断等意外故障时，可将某车站或全部车站设置为非常规运行模式。各种模式通过中央、车站计算机系统设定，闸机显示器显示相应乘客导引标志。

在紧急状态下，所有闸机闸门均应处于自由开启状态，并应允许乘客快速通过。

当车站发生紧急情况时，通过中央、车站计算机系统或车站控制室 IBP 紧急按钮操作闸机就地控制，将所有闸机闸锁释放，闸机处于常开状态，导向标志自动切换为"出"的字样，提示乘客所有闸机均可出站，保证乘客无障碍快速离开付费区。当恢复正常运行时，通过程序操作，使全部闸机恢复正常状态。

2. 售检票设备的设置要求

自动售票设备和进站检票设备的数量应满足最大预测客流量的需要；出站闸机应满足行车间隔内下车乘客全部出站的要求。

自动售票机数量按进站设计客流（高峰小时客流乘以超高峰系数）及单程票使用率计算，并预留10%富余，同时满足每座集散厅自动售票机一般不少于2台的要求，以保证至

少有 1 台自动售票机工作，以避免乘客因购票原因在非付费区滞留。

进站闸机数量按近、远期进站设计客流计算，并预留一定富余量；出站闸机数量应考虑行车密度因素，并结合车站规模，满足车站近、远期下车客流在行车间隔时间内出站的要求，以避免乘客在付费区滞留；闸机应尽量集中布置，每组进、出站闸机的数量应不少于 3 个通道，以减少机群数量，提高设备使用效率。

闸机对乘客应有明确、清晰、醒目的工作状态显示，双向闸机应能通过参数设置自动转换各时段的使用模式。

在正常运营模式下，单向闸机在乘客通过端显示器显示允许使用信息，另一端显示禁止通过信息；在闸机处于故障状态或暂停服务模式下，显示器显示禁用信息。双向闸机的使用模式包括进站模式、出站模式、双向模式及紧急通行模式。在进站或出站模式下，闸机在相应端显示允许使用信息，在相对端显示禁用信息。在双向模式下，当一端有乘客使用时，在该乘客未通过前，另一端拒收车票并显示禁用信息，直至该乘客通过。双向闸机应能够通过 SC 参数设置（或在本机设置）各时段的使用模式。

四、城市轨道交通车票

（一）车票的发展历史

车票是乘客乘坐交通工具的票据或凭证。早期乘客乘坐地铁时一般都采用纸票作为车票，该形式下地铁运营就需要大量的员工进行售票和检票工作，效率极其低下，在现金管理上容易存在漏洞，另外纸票只能使用一次，不能重复使用，容易造成资源浪费。

票卡

后来随着计算机、网络通信、电子、智能卡等技术的不断发展，先后出现了磁卡和智能 IC 卡。磁卡以液体磁性材料或磁条为信息载体，将液体磁性材料涂覆在卡片上或将宽 6 ~ 14mm 的磁条压贴在卡片上。磁卡的信息读写相对简单容易，使用方便，成本低。IC 卡全称是集成电路（Integrated Circuit）卡，它将集成电路芯片镶嵌于塑料基片上，利用集成电路的可存储特性，保存、读取和修改芯片上的信息。IC 卡按照与外界数据传送的形式来分，可分为接触式 IC 卡和非接触式 IC 卡两种，按照卡内集成电路的不同，IC 卡可分为存储器卡、逻辑加密卡和 CPU 卡（智能卡）。

IC 卡具有磁卡无法比拟的优点：存储容量大，是磁卡的几倍至几十倍；安全性高，具有防伪造、防篡改的能力；可脱机使用，应用较为灵活。目前国内各大城市的地铁 AFC 中车票一般都采用非接触式 IC 卡，早期使用的磁卡车票逐渐被取代。

（二）车票分类

车票是乘客乘车的凭证。车票记载了乘客从购票开始，完成一次完整行程所产生的费用、时间、乘车区间等信息。为满足不同消费群的需求，地铁运营方提供多种形式的车票供乘客自由选择。由于不同国家、不同地区所采取的扶持政策不同，因此，各地的票卡种类也存在很大的差异。

车票按照其物理特性可分为以下几种。

1. 纸质车票

常见的纸质车票有普通纸票和条形码纸票。

1）普通纸票是将车票的所有信息都直接印刷在车票上，由票务人员识读确认，如

图9-4 所示。

a)

b)

c)

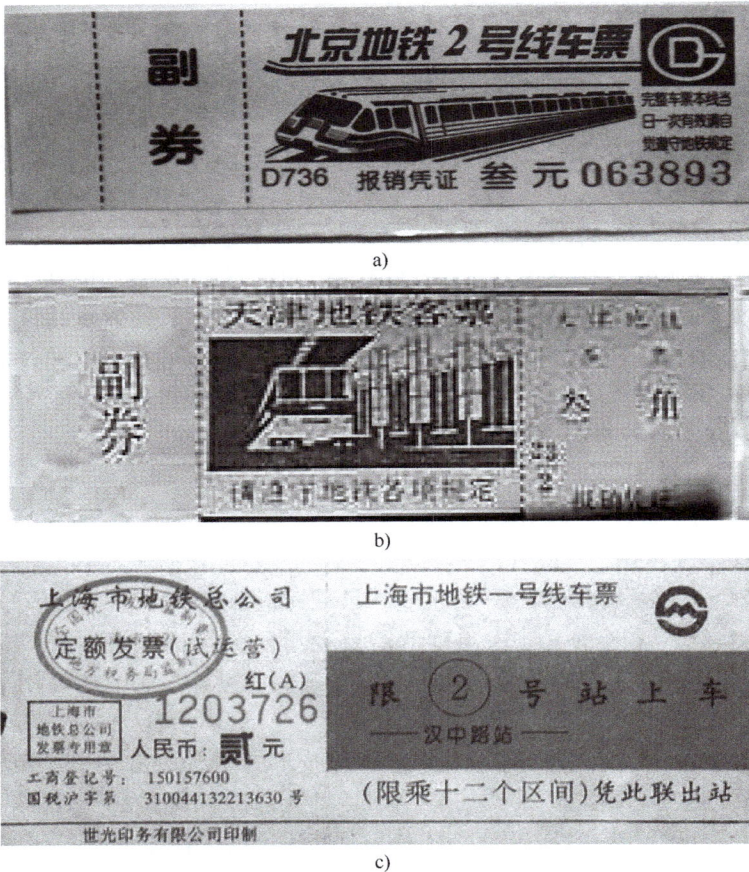

图9-4 普通纸票

a) 北京地铁纸质票 b) 天津地铁纸质票 c) 上海地铁纸质票

2）条形码纸票是将车票的相关信息通过条形码编码储存，由条形码扫描仪完成信息识别，编码的信息只供读取而不能改写，如图9-5 所示。

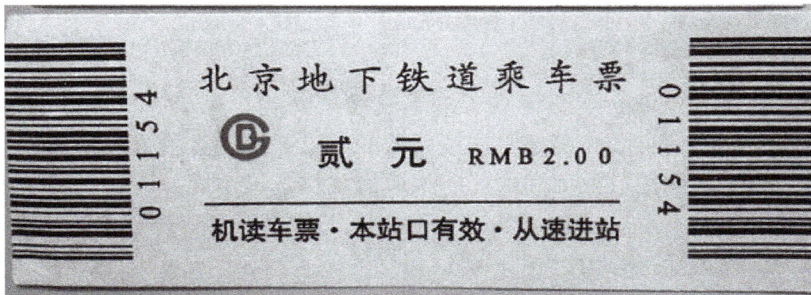

图9-5 条形码纸票

2. 磁卡车票

磁卡车票有纸质磁卡车票和塑质磁卡车票，如图9-6和图9-7所示，两者多是在基片上设置磁记录区域，通过磁介质储存有关的信息，由磁卡读写设备获取相关信息，信息是可修改的。纸质磁卡车票使用寿命短，塑质磁卡车票使用寿命长一些，可以清洗循环多次使用。

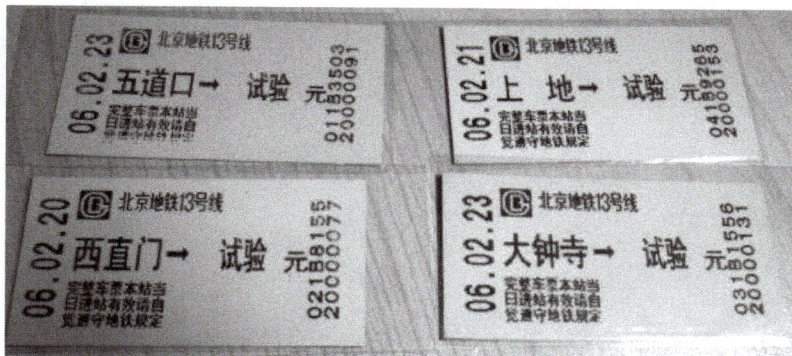

图9-6　纸质磁卡车票

图9-7　塑质磁卡车票

3. 非接触式 IC 卡车票

非接触式 IC 卡是将车票的所有信息储存在车票的集成电路中，用非接触式 IC 卡读写设备获取相关信息。非接触式 IC 卡车票有卡型、筹码型（Token）和 CPU 卡三种类型。

1）卡型 IC 卡车票。某些城市轨道交通使用的车票是卡型塑质非接触式集成电路（IC）卡，即卡型 IC 卡车票，如北京、上海等（图9-8）。

2）筹码型 IC 卡车票。部分城市轨道交通使用的单程票是筹码型非接触式集成电路（IC）卡，简称筹码型 IC 卡车票（Token），如广州等（图9-9）。

筹码型 IC 卡车票是在直径为 30 mm、厚度为 2.0 mm 的非金属材料圆盘内，嵌装集成电路及天线，通过电感耦合方式与筹码读写器进行操作的非接触式 IC 卡。

图 9-8 北京地铁的卡型 IC 卡车票

a) b)

图 9-9 广州地铁的筹码型 IC 卡车票

3）CPU 卡。随着黑客攻击手段的进步，传统的逻辑加密卡由于没有算法和密钥的保护，在黑客的攻击下，已经没有任何安全屏障可言。为了对付黑客攻击，在某些城市的城市轨道交通系统，乃至整个公共交通系统中推出了一种 CPU 卡。

CPU 卡又称微处理器卡，由一个或多个集成电路芯片组成，封装在便于人们携带的卡片内。在集成电路中有中央处理器（CPU）、随机存储器（RAM）、只读存储器（ROM）、电可擦编程只读存储器（EEPROM）以及片内操作系统（COS）。CPU 卡具有暂时或永久数据存储能力，其内容可供外部读取或供内部处理和判断用，同时还具有逻辑处理、命令处理和数据安全保护等功能。

（三）车票的尺寸规格

1. 卡片型车票的尺寸规格（应符合表 9-1 的规定）

表 9-1 卡片型车票的尺寸规格

种类	尺 寸 规 格							
	长/mm		宽/mm		厚/mm		切角半径/mm	
	最小	最大	最小	最大	最小	最大	最小	最大
储值票	85.47	85.72	53.92	54.03	0.68	0.84	2.88	3.48
单程票					0.40	0.58		

2. 筹码型车票的尺寸规格及重量（应符合下列要求）

直径：（30±0.3）mm；

厚度：Ⅰ型为（2±0.2）mm；Ⅱ型为（3±0.3）mm；

筹码的重量偏差应不大于5%。

3. 储值票芯片存储容量

应不小于1KB，单程票芯片存储容量应不小于512bit。

五、车站自动售检票系统设备运用

目前国内城市轨道交通 AFC 终端设备主要包括自动售票机、自动充值机、闸机（或称自动检票闸机）、票务处理机、自动验票机等。各家地铁虽然采用的设备型号不同，但它们的功能和结构都大体一致。

（一）自动售票机（TVM）的功能和运用

自动售票机（图9-10）属于自助售票设备，一般安装在地铁车站的非付费区内，用于乘客自助购买单程票。自动售票机接受纸币或硬币，并能自动出票和找零。该设备能存储交易数据、工作状态记录和运营的参数，通过网络和车站计算机，实时上传工作状态和交易数据，接收车站计算机的控制命令并相应执行。

图9-10　自动售票机

各个城市轨道交通公司的 TVM 构造不尽相同，但其功能和基本运用大同小异，主要是：①补充单程票；②补充硬币；③更换单程票回收箱；④回收单程票；⑤更换纸币钱箱；⑥其他操作。

随着电子支付的普及，TVM 面板上都附主要收款方式的收款二维码，钱币的操作工作量已大幅减少。

（二）票务处理机的运用

票务处理机也称半自动售/补票机（BOM）（图9-11）。

票务处理机通常安装在售/补票房或车站客服中心内，采用人工方式完成票务处理，可提供车票发售、加值、车票分析（验票）、退票及其他票务服务，因此半自动售票机又称为票务处理机。

自动售票机

乘客显示器

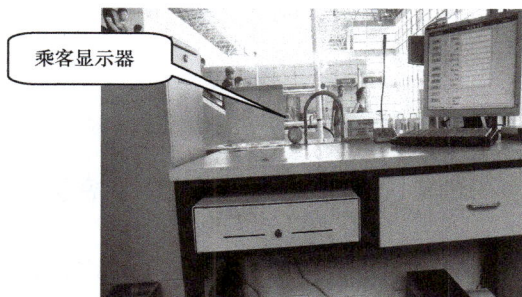

图9-11　半自动售/补票机

票务处理机是AFC中业务功能较为齐全的终端设备，一般放置在车站的客服中心或出站口票务室内，可以对付费区和非付费区的乘客提供服务。它能实现多种业务，包括售票、充值、退票、挂失、车票异常处理、信用设置、卡内信息资料更改以及密码设置等功能，还能进行一些行政事务等方面的业务处理。

另外还可以根据需要将半自动售/补票机功能分离设置成单独的半自动售票机或半自动补票机，也可设置成具有半自动售票和补票功能相结合的设备。

功能单一的半自动售票机应部署于非付费区，而半自动补票机则应用于付费区。功能结合的半自动售/补票机可以同时为非付费区与付费区服务，兼顾售票及补票功能。使用同一个设备需对两个区域分别设置单独的乘客显示器。

1. 票务处理机的基本功能

票务处理机主要进行以下工作：①发售各种车票；②分析各种车票功能，查询车票历史交易并能分析车票的有效性；③票务处理及服务，例如对无法正常完成进出站的车票进行票务更新，或发售出站票，或退票处理，受理车票挂失、车票续期（年审）、查询票价及其他服务。

2. 票务处理机的工作流程

票务处理机具有两种工作模式，即售票模式和补票模式。安装在非付费区内的半自动售/补票机通常工作在售票模式下，可以发售除出站票以外的各种车票，并可以进行票务处理及其他服务。

安装在付费区内的半自动售/补票机通常工作在补票模式下。在补票模式下只允许发售出站票，用于无票或车票破损的乘客补票使用，其他车票均不能发售。此外它还支持车票更新操作。票务处理机补票交易流程如图9-12所示。

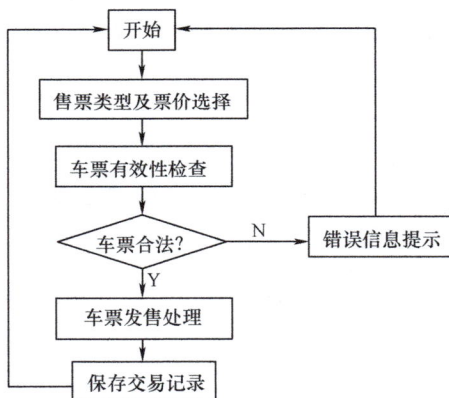

图9-12 票务处理机补票交易流程

票务处理机在发售车票时的车票有效性检查内容包括：密钥安全性检查、票种合法性检查、车票状态检查。

票务处理机在进行票务处理时的基本交易流程如图9-13所示。

车票状态分析内容包括：使用地点检查、余值检查、有效期（使用时间）检查、进出站次序检查等。

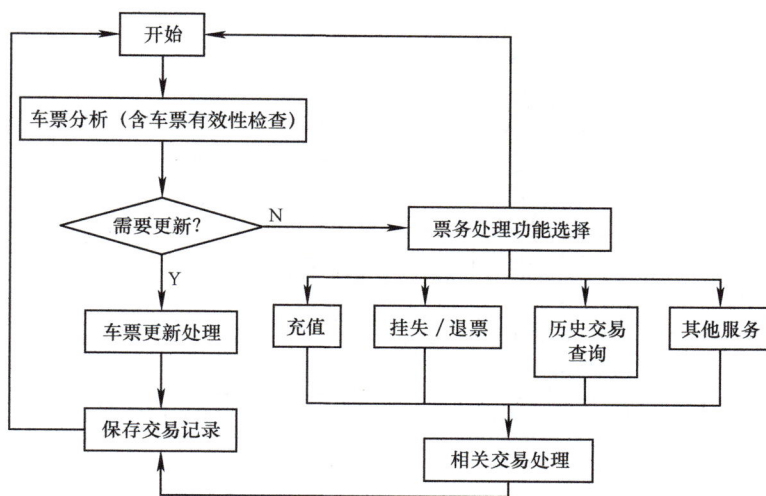

图 9-13　票务处理机在进行票务处理时的基本交易流程

3. 票务处理机的日常运用

票务处理机在日常票务工作中的运用有：①储值票充值；②验卡；③售单程票；④售储值票；⑤异常卡处理；⑥票务行政处理，即用于处理向乘客收取罚金、退款等方面的行政业务，可处理乘客投诉卡币、卡票等特殊情况；⑦单程票退票；⑧储值卡退卡；⑨其他。

（三）自动充值机（AVM）的运用

自动充值机通常安装在非付费区，用于乘客自助完成对储值票的充值。通常自动充值机还可以提供车票查验等其他服务。

自动充值机一般由乘客显示器、触摸屏、IC 车票读写器及天线、纸币处理单元、主控单元、维修面板/移动维护终端接口、乘客接近传感器、机身、支持软件、电源模块（含不间断电源或电池）和票据打印机等部件组成。

自动充值机的交易处理流程如图 9-14 所示。

（四）闸机（AGM）的运用

闸机安装在车站付费区和非付费区的分界处，用于乘客自助检票通行，能自动计算乘车费用并扣费。在国内，闸机的设计应符合乘客右手持票的习惯。

闸机按阻拦方式分主要有三杆式和扇门式两种（图 9-15）；按安装位置和功能不同可分为入站闸机、出站闸机、双向闸机。不论何种类型的闸机，一般从安全方面考虑，在紧急情况或断电时，闸机的通行阻挡都能自动解除，以便乘客快速通行或疏散。

三杆式闸机是最早、也是广泛应用的，目前在国内地铁 AFC 中几乎都有应用（如香港、上海、武汉和重庆等城市地铁）。三杆式闸机技术成熟、阻挡效果较好，可靠性较高，性价比高。三杆式闸机的三杆转动是靠乘客的身体接触来推动的，因此人机友好性低。三杆之间通行的空隙较小，带行李的乘客通行会深感不便。三杆式闸机存在着上述不足，但它也具有防逃票性好及造价低的优点。

扇门式闸机是目前比较先进的检票闸机，只有一对隐藏门。它的通行速度较三杆式闸机快。扇门式闸机采用多对光电传感器来识别乘客的通行行为和行李情况，自动开关隐藏门，

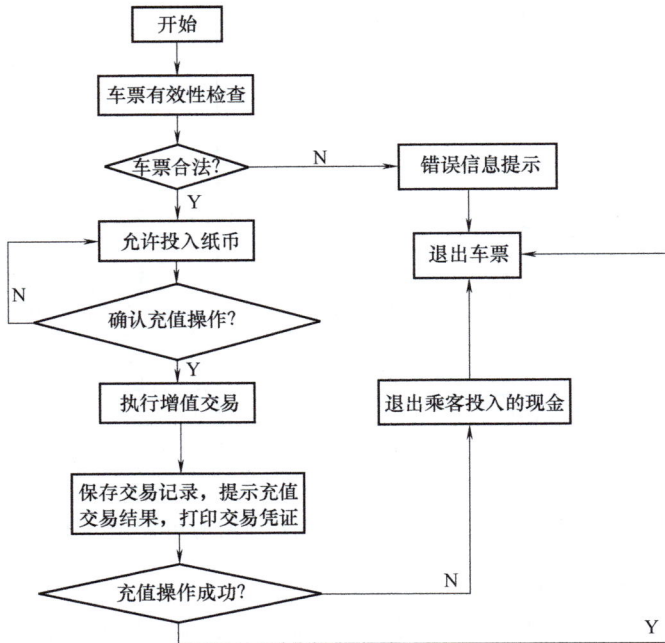

图 9-14 自动充值机的交易处理流程

图 9-15 三杆式和扇门式闸机
a）三杆式 b）扇门式

行人和行李可以同时方便通行。扇门式闸机目前已被认为是闸机发展的趋势，在国外的地铁 AFC 中得到了广泛的应用（如在日本、美国、欧洲等国家或地区）。我国已建的地铁 AFC 中，应用扇门式闸机也较多（如香港、广州、深圳等）。

（五）自动验票机/查询机（TCM）的构成及功能

自动验票机/查询机（图 9-16）是车站自动售检票系统中的自助查询设备，安装在地铁车站的非付费区内，为乘客提供车票自动查验服务。TCM 可查询车票的有效性（包括密钥的合法性、车票锁闭标志、票种合

闸机

法性、有效期等）；对有效的车票还可查询车票类型、剩余金额或剩余次数（仅对计次票）、车票使用有效期以及历史交易信息。

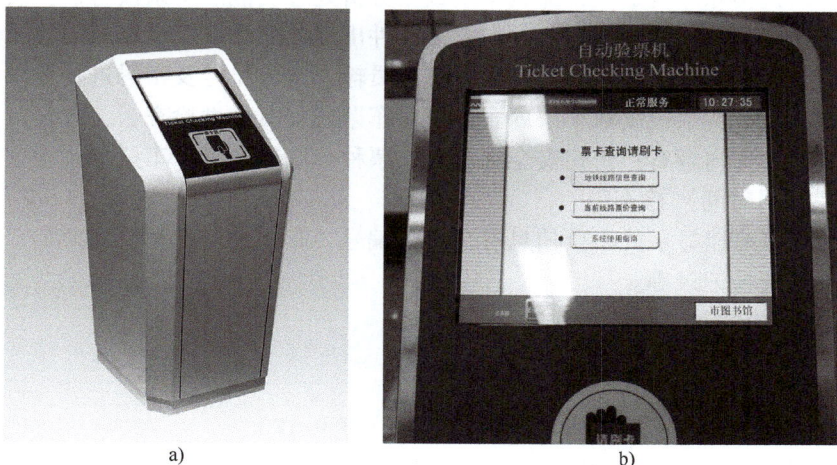

图 9-16　自动验票机/查询机
a）外观　b）界面

（六）便携式验票机

便携式验票机是一种移动设备，由车站工作人员随身携带，用来对乘客所持车票进行核查，能方便地在收费区内对有关票卡的有效性进行检验并显示检验结果，为及时解决票务纠纷提供帮助。

便携式验票机（图 9-17）为车站票务人员查验车票信息的专用设备，具有方便、轻巧等特点。

图 9-17　便携式验票机

便携式验票机的基本功能就是查验车票，包括车票有效性检查，显示车票信息和历史使用信息等，必要时便携式验票机还可以增加车票更新功能。

便携式验票机实际上就是一台加载车票数据分析处理功能的车票读写器。便携式验票机在开机时首先检查各部件的工作状态，如果某部件出现故障，将显示相应的故障信息，并降级工作或停止工作。便携式验票机可要求操作人员输入操作员号及密码进行登录。在车票进入到天线感应区时，验票机读取车票内容，并对车票进行有效性检查。

车票有效性检查内容有：密钥安全性检查、票种合法性检查、车票状态检查、黑名单检查、有效期（使用时间）检查等。

便携式验票机可以显示的车票信息有：车票编号、车票余值、车票有效期、车票进出站状态、车票历史交易记录等。

相关知识链接

车票编码分拣机（图9-18）

编码分拣机定义：用于对车票进行批量的编码和分拣处理。

编码分拣机组成：显示器、控制面板、IC车票读写器及天线、控制单元、卡管理单元、车票读/写模块、票卡传送装置、票盒安放装置、机身、电源模块、支持软件和操作台。

分拣是将一批车票按照某个或某几个特征值将其分开，分别存放到不同的票箱中，车票分拣操作中一般不改变车票内的数据内容。

编码是对车票进行某种功能的批量处理，如初始化、预赋值、注销、更新等操作。

分拣功能和编码功能的区别：编码将改变车票内某一段或某几个字段的数据。

新采购的票卡需要通过编码/分拣机进行初始化处理后，才能投入使用。

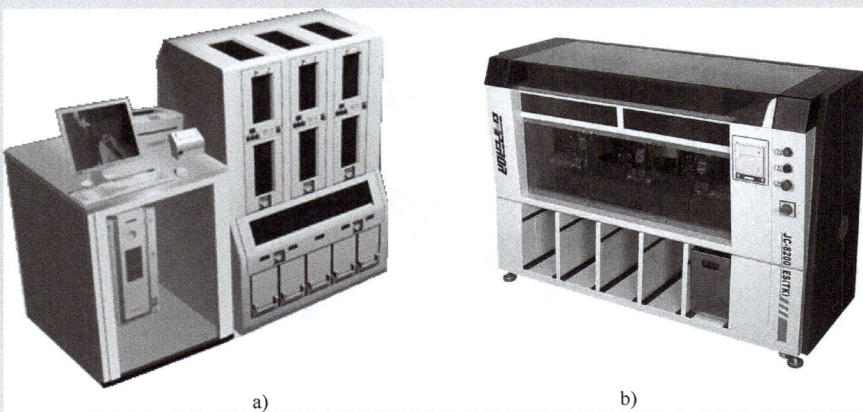

a)　　　　　　　　　　b)

图9-18　车票编码分拣机

相关知识链接

AFC 中有关词汇中英文对照（表9-2）

表9-2　AFC 中有关词汇中英文对照

中文	英文	英文缩写
自动售检票系统	Automatic（Automated）Fare Collection	AFC
中心计算机系统	Center Computer	CC
车站计算机系统	Station Computer	SC
闸机	Gate	
进站闸机	Entry Gate	
出站闸机	Exit Gate	
自动售票机	Ticket Vending Machine	TVM
自动充值机	Adding Value Machine	AVM
票务处理机	Booking Office Machine	BOM
自动验票机	Ticket Checking Machine	TCM
单程票	Token	
储值票	Store Value Ticket	SVT
学生优惠票	Student Ticket	
免费票	Free Ticket	FT
员工票	Staff Ticket	ST

项目实施

1）理论学习中安排现场参观或使用设备模型，通过现场参观或模型观摩使学生正确掌握城市轨道交通 AFC 的构成。

2）理论学习中安排现场参观或放录像，使学生能正确掌握 AFC 各终端设备的工作原理。

3）理论学习后现场参观或进行模型教学模拟，使学生能正确操作 AFC 各终端设备。

拓展与提高

练习处理 AFC 的简单故障。

复习思考题

1）自动售检票系统终端设备有哪些？

2）城市轨道交通车票的种类有哪些？

3）票务处理机在日常票务工作中的运用有哪些？

4）AFC 的运行模式有哪些？

项目十

城市轨道交通安全应急处理

知识要点

1. 客运安全概述。
2. 客运票务安全应急处理。
3. 乘客安全应急处理。
4. 车站突然停电应急处理。
5. 突发事件应急处理。
6. 自然灾害车站应急处理。
7. 触发报警或紧急停车按钮应急处理。
8. 乘客物品掉落轨道应急处理。
9. 执法工作的管理规范。

项目任务

掌握处理各种安全应急技能知识，能模拟处理一些突发事件、客伤及事故。

项目准备

准备人员模拟场景，必要的道具设备。

相关理论知识

因各城市轨道交通的具体设备和环境不完全相同，因此对于客运安全所涉及的设备及应急处理办法等并不一致，本项目所列理论知识内容以个别城市轨道公司为例，仅供教师教学、学生学习参考。

一、客运安全概述

城市轨道交通安全的含义应该很广泛，涵盖了乘客乘车的全过程。在乘客乘车途中，城市轨道交通公司应对乘客的人身、财产安全负责，因此，制订和完善安全制度、应急措施预案、不断提高每个员工的应急处理能力，是城市轨道交通运营公司的一项重要工作。

城市轨道交通安全包括票务安全、设备安全、人身安全，其中首先要保证乘客的人身

218

安全。

城市轨道交通系统一般都处在地下或高架桥的半封闭空间里，具有隐蔽性、封锁性、人员和设备高度密集等特点，一旦发生重大事故、灾害等突发事件，人员疏散和救援困难，处置不当将产生巨大的人身和财产损失。造成事故的主要原因大体可分为三方面：人为因素、设备因素、自然灾害或社会因素，很多事故的发生都是以上几种因素综合在一起的表现。

1. 人为因素

人为因素方面主要有两类：一类是乘客未遵守安全乘车规则而导致事故的发生；另一类是由于工作人员工作措施不当或疏忽引发事故。地铁车站发生的乘客不慎掉入或故意跳入轨道事件就属于前者；后者事故案例：韩国大邱市地铁 2003 年大火中，在前方车站已经发生火灾的情况下，当事行车调度员仍然命令另一辆列车司机驾驶列车进入烟雾弥漫的站台，在车站已经断电、列车不能行驶的情况下，列车司机没有采取果断措施将车门打开，疏散乘客，却紧闭车门，该事故中，司机和控制中心有关人员对灾难的发生负有不可推卸的责任，这属于工作人员工作措施不当所引发的安全事故。

2. 设备因素

城市轨道交通系统是一个大的联动机，由几十个专业系统组成，设备包罗万象，任何一个系统设备尤其是与行车有关的设备发生故障，都可能导致地铁无法正常运转，甚至造成巨大的生命财产损失。2003 年 8 月 28 日，英国首都伦敦和英格兰东南部部分地区突然发生重大停电事故，伦敦近三分之二的地铁停运，大约 25 万人被困在伦敦地铁中。

3. 自然灾害或社会因素

地铁车站及地铁列车是人流密集的公众聚集场所，一旦发生爆炸、毒气、火灾等突发事件，势必造成群死群伤或重大经济损失，严重地影响社会秩序的稳定。另外，强降雨、强台风、地震等自然灾害也很可能对城市地铁运营造成严重影响。比如 1995 年 3 月 20 日，日本东京地铁遭受恐怖袭击，恐怖分子施放沙林毒气，造成十多人死亡的事件；南京地铁因设备遭雷击造成地铁停运事件等。

从以上列举的事故中可以看出，一个事故的发生，往往是多种因素综合作用的结果。当突发事件在地铁车站发生时，地铁员工如果能迅速高效妥善地处置，将有效预防或减少事故导致的损失。

二、客运票务现金安全应急处置

乘客的乘车凭证在乘车过程中可能因为设备或人为因素而导致出现错误，影响乘客的正常乘车或给乘客造成经济损失，因此应该在系统设备或人工操作方面保证乘客的票务安全。

目前我国各大中城市轨道系统采用的票务设备不同，与之对应的票制也有所不同，如有些城市轻轨还在使用人工发售的纸制车票，而大部分城市地铁或轻轨则使用有磁介质的车票。对有些车站来讲，销售最多的是单程票，而纸制票、磁介质单程票因为没有特殊的个性信息，因此当车票发生丢失、被盗时票务系统无法保证其安全。其他已经进行赋值个性信息的车票（如储值票、计次票等）一旦发生丢失、被盗的情况，如果乘客及时办理挂失手续，票务系统就能够识别挂失车票、让相关信息进入黑名单、自动进行相应处理来保证乘客的财产安全。黑名单的技术管理如下：

（一）黑名单的产生

员工票、计次票、城市一卡通、储值票等丢失而办理挂失或金额（次数）异常而办理登记后，该车票会被 AFC 禁止使用，这就是黑名单。票卡发行系统将对其发行的票卡进行异常检查设定和黑名单数据库的管理。

对票卡的异常检查应包括：交易时间异常、交易计数器异常、车票余额异常、车票编号异常、车票票种异常等。

（二）黑名单数据库结构及更新

黑名单由票卡发行单位设置，并通过中央计算机系统下发到各类相关的自动售检票设备中去。在黑名单上的票卡一旦使用将被系统立即锁住，禁止使用。系统相关设备会将相关记录信息及时上传至中央计算机系统。

黑名单数据库的数据结构通常为票卡唯一号和设置时间及状态控制等级，经过严格授权后数据可进行修改。

必要时，黑名单数据可以从黑名单数据库中删除，以保证黑名单数据表不会无限制膨胀。通常有以下两种情况可将黑名单数据从数据库中删除：

1）数据库中对应的票卡已经明确被禁用，即在售检票设备上使用时被禁用。

2）黑名单票卡号数据停留在数据表中的时间达到或超过有效期。

（三）黑名单数据的发布与更新

黑名单数据通过计算机网络或其他通信方式及时传送至相关的终端设备。

下发黑名单数据通常包括票卡编号和状态控制等级。状态控制等级指示售检票设备是否允许进站、出站或者仅可进站但不允许出站等。

黑名单更新通常采用差值传送方式，即每次只传送与上一次下发不同的黑名单数据而非全部，这样可提高传输效率，也可提高传输的可靠性。

轨道交通自动售检票系统有关设备应能及时将黑名单票卡的使用记录上传中央计算机系统。对于黑名单票卡，可根据有关规定进行锁卡等处理。

（四）车站出现火灾情况时的票务处理

1）车站人员通过 SC 菜单或紧急按钮设置"紧急模式"，并将信息汇报 OCC。

2）执行该模式后，车站 BOM、TVM 将全部自动关闭，进出闸机全部自动转为只出不进状态（扇门式闸机为常开）。

3）票务处人员应立即停止票务处的售票、兑零工作，收拾票款和车票并放在票务处内乘客不能触及的位置，锁好票务处疏导乘客从边门或闸机处离开车站。

4）车票的处理如下：

① 出闸时无须使用车票。

② 对受影响的储值卡及一卡通，在规定期限内可以在设备上正常使用，超过期限的须经车站人员确认为受火灾影响的车票后，给予免费更新处理。

③ 对受影响的单程票，在规定期限内可以在设备上正常使用，或经车站人员确认为受火灾影响的车票后按实际余值办理退款，超过期限的不予办理。

④ 达到恢复正常运营条件后，由值班站长取消紧急模式，恢复正常运营模式，并将信息汇报 OCC。

三、乘客安全

（一）列车车门/站台门夹人夹物

列车车门夹人提示标志如图 10-1 所示。

有关岗位作业：

1. 站台保安作业

1）发现列车车门/站台门夹人夹物时，按动紧急停车按钮，向列车司机显示"停车"手信号。

2）立即报告车控室和值班站长，并赶赴现场查看有关情况。

3）示意列车司机重新打开车门/站台门，通知不到时，报告车控室。

4）将人或物撤出后，向车控室报告，并向列车司机显示"好了"信号。

5）值班站长到场后，协助调查处理。

2. 行车值班员作业

1）接到报告后，向行调汇报。

2）利用有关设备观察现场情况。

3）需要时，通知地铁公安到场协助。

4）将人或物撤出后，取消紧停，恢复正常运作。

3. 值班站长作业

1）赶赴现场，调查事故原因。

2）若发生客伤事故，按"客伤处理程序"办理。

3）若是乘客抢上抢下所致，应寻找目击证人，并记录详细资料。

4）事件处理完毕，将有关情况通报行车调度员。

4. 列车司机作业

1）接到报告或观察到夹人夹物后，应重新打开车门和站台门。

2）凭站台保安"好了"信号关门动车。

5. 行车调度员作业

1）接到报告后，通知列车司机重新将车门和站台门打开。

2）事件处理完毕后，了解有关情况向相关人员通报。

图 10-1　列车车门夹人提示标志

（二）轻微客伤的处理

轻微客伤是指在地铁范围内发生的地铁外部人员及非在岗作业的地铁员工发生的不需要送往医院抢救、检查和治疗，可在现场简单包扎处理的轻微伤害。

轻微客伤现场处理流程：

1）车站现场工作人员发现或接到受伤乘客求救时，须立即汇报当班值班站长（或站长），并疏散围观群众，安抚和救助受伤乘客，保护事故现场，寻找目击证人，劝留证人或留下证人联系方式。当班值班站长（或站长）担任临时应急处理负责人，应立即安排其他员工携带急救医药箱赶赴现场。

2）值班站长（或站长）在对伤者进行必要的现场急救的同时，应尽量对现场进行取证，询问当事人、证人了解事情经过，填写有关调查表，并由当事人、证人签字确认。若有必要，可采取录音、拍照、录像等方式进行记录。

3）若伤者伤势较轻可以行走，可陪护伤者到车站会议室休息安抚或包扎上药。若伤者需要，可协助拨打120急救电话。

4）若初步判断乘客受伤属于地铁责任，车站应立即向有关部门、单位报告。伤者提出要求去医院检查时，车站可安排车站员工，陪同伤者前往医院，伤者在医院所花费用，经请示同意后，由车站在有关处理经费中垫付（费用较小时车站可自主支付）。伤者提出索赔时，车站应配合相关部门人员与当事人协商处理。

（三）客伤的处理

客伤是指在地铁范围内发生的地铁外部人员及非在岗作业的地铁员工发生的人身伤害及伤亡事件的总称。

1. 乘客人身伤害范围

1）乘客自验票进入闸机时起至出闸机时止，对运输期间发生的乘客人身伤害，地铁承担运输责任，包括（但不限于）以下情况：①地铁设备设施损坏未及时修复且未设置警示、防护造成的；②地铁施工作业造成的；③列车紧急制动造成的；④地铁范围内的垂直电梯、自动扶梯突然停止运行或起动造成的；⑤站台门、车门夹人造成的（属乘客强行上下列车的情况除外）；⑥地铁设备设施（垂直电梯、自动扶梯、站台门、车门、闸机等）发生故障造成的；⑦车站或列车内湿滑未及时清理或未设置防护警示造成的（因不可抗力造成的除外）；⑧闸机夹人造成的（乘客强行出闸，无票尾随出闸等情况除外）。

2）其他非乘客自身责任在付费区内造成的情况：①无票人员在地铁付费区内发生的人身伤亡，比照乘客办理；②无票人员（包括已购票但未验票入闸的人员）在地铁非付费区内发生的人身伤亡，因地铁设备设施或管理所致的，比照乘客办理。

3）有下列情形之一造成的乘客人身伤害，地铁不承担运输责任：①违反"地铁运营管理办法"而造成的乘客本人或他人伤害；②不可抗力造成的乘客人身伤害；③自身健康原因造成的乘客本人或他人伤害；④能证明是故意、重大过失造成的乘客本人或他人伤害；⑤因第三者责任（包括斗殴或制止斗殴）造成乘客人身伤害时，受害者直接向施害的第三者索赔，地铁公司原则上不承担责任；⑥利用地铁站通道穿行或在车站逗留、休息的无票人员因自身原因造成的伤亡，地铁车站只提供基本援助（如拨打120等），原则上不承担责任。

2. 客伤事件处理原则

1）车站在处理客伤事件时要以维护地铁公司形象、保护地铁公司最大利益为原则，以人为本，给予乘客必要的帮助。

2）车站在处理客伤事件时要第一时间进行取证，尽可能得到旁证及当事人签字确认。以事实为依据，客观记录，充分留下原始资料。

3）及时将（前期）处理结果报告相关部门，以备后续处理。

3. 客伤处理过程

（1）一般处理流程

1）车站接报或发现乘客发生客伤后，应第一时间派人赶到现场，了解情况，掌握乘客

发生客伤的原因，并及时做好记录。

2）视伤（病）者的情况，询问伤（病）者是否需车站协助致电120急救中心，征得同意后帮助伤（病）者致电120。若伤（病）者伤（病）势很严重，不及时救护可能会有生命危险，车站应及时致电120急救中心，同时车站需致电行车调度员、车站站长及运营单位客伤主管部门。

3）寻找目击证人，并设法留下其联系资料，对现场进行拍照，必要时对有关区域进行隔离。

4）询问伤（病）者家人联系电话，设法联系其家人尽快来车站。

5）伤（病）者家人到站后，由其家人将其接走，若车站已致电120急救中心，救护人员到达后，车站协助将伤（病）者送至救护车上。

6）若乘客认为是车站原因导致其受伤，要求车站派人陪同其去医院时，车站人员应请示站长及运营单位客伤主管部门，获允许后方可派人陪同前去医院。

（2）有关岗位作业 一般是站务员或巡视岗在值班站长或值班员的安排下进行以下工作：①现场发现乘客受伤后立即报告车控室，或接值班站长通知后赶赴现场，了解伤（病）者情况及初步原因；②若因地铁设备造成事故，应停止该设备运作（影响列车运行的设备除外），并报告车控室；③疏散围观乘客，并寻找目击证人，收集有关资料，记录证人有关资料，以便协助调查；④需要时，协助对乘客外伤进行简单包扎处理；⑤若调查需要，应保护好现场，协助设置隔离带，并用照相机记录现场有关情况；⑥必要时，根据值班站长安排，到紧急出入口引导急救中心人员进站；⑦必要时协助进行事故调查。

4. 伤亡紧急处理经费管理

1）为保证乘客出现伤亡时的及时抢救和快速处理，地铁公司应设置乘客伤亡紧急处理经费。

2）各站所配经费由车站站长负责处置，值班站长保管，并遵照公司规定管理。

（四）电梯困人

当电梯系统错误或者断电时，若有乘客被困在电梯轿厢内，就需要进行紧急营救。紧急营救必须由受过电梯紧急营救培训的人员进行。在车站控制室内的IBP上只能监控电梯的运行情况而不能控制其运行，作为车站工作人员，主要任务是安抚乘客和配合救援。具体做法如下：

1. 一般处理流程

1）车站接到被困电梯乘客求助后，应立即派人前往现场安抚乘客，并疏散围观乘客，同时报告维修部门、电梯厂家。

2）将情况报告行车调度员、站长等有关人员。

3）到达现场后在事发垂直电梯前设置停用标志和隔离带。

4）维修人员到达现场后，车站派人协助其工作。

5）待救出乘客后，与维修人员确认电梯状态，决定是否开启，并向行车调度员汇报具体情况。

6）若乘客受伤，则按客伤程序处理。

2. 有关岗位作业

站务员岗位（一般为巡视岗）在值班站长或值班员的安排下：

1）立即前往现场协助值班站长安抚乘客，疏散围观乘客，并在垂直电梯前设置停用标志和隔离带。

2）维修人员到达后，协助其工作。

3）若乘客受伤，则按客伤程序处理。

（五）自动扶梯（电扶梯）客伤处理

作为一种高灵敏度的机电设备，电扶梯只要感应到危险状况，就会启动安全保护装置。伞尖等尖锐物体插入运行的梯级梳齿间隙；乘客或物品大力撞到电扶梯侧面的裙板；手指伸入扶手带入口处；拖鞋、裙子夹在电梯缝隙等情况，都有可能造成电扶梯启动安全装置，导致电扶梯急停。乘客由于惯性容易摔倒，导致电扶梯下方的人挤压受伤（图10-2）。

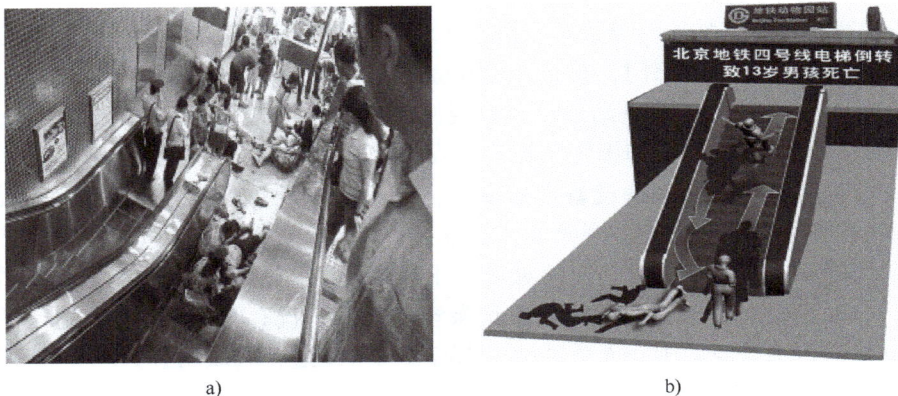

图10-2　地铁电扶梯客伤图示
a）急停造成客伤　b）倒行造成客伤

电扶梯发生安全事故主要状况是逆向运行，造成这种状况的原因主要有以下两方面：一是驱动的链条断裂，附加制动器失效；二是曳引机由于螺栓松掉而产生位移。

电扶梯客伤处理流程见本项目"三、乘客安全；（三）客伤的处理"。

近年地铁电扶梯客伤呈上升趋势，据不完全统计，因不遵守电扶梯正确搭乘方式而导致受伤的案例，在地铁电扶梯客伤事故中超过六成。因此，加大引导宣传力度，工作日早晚高峰工作人员驻守电扶梯，合理组织客流可有效预防事故的发生（图10-3）。同时，地铁运营公司应长期开展电扶梯应急演练，重点训练事故发生后各部门和车站员工的应急处理能力和技巧。"右侧站立，左侧急行"是国际通行乘坐电扶梯的规则，在许多国家都已推行多年。乘客靠右站立，以腾出左边的空间给紧急通行者，从而提高客流通行效率。这条规则在客流相对少的情况下，效果非常明显；在客流比较多的时候，则不太适用，相反人多时靠右站，留出左边空间反而降低了电扶梯的运量，减缓了人流疏散的速度，但是，乘客需注意切勿三人以上挤站在同一梯级，避免电梯超载。因此，乘客要根据客流状况，采取正确的乘坐电扶梯方式，以加快客流的安全疏散。

（六）地外伤亡事故处理

在城市轨道交通运营线路上，发生列车撞轧外部人员或与其他车辆、物体碰撞，造成人员伤亡时，即列为地外伤亡事故。

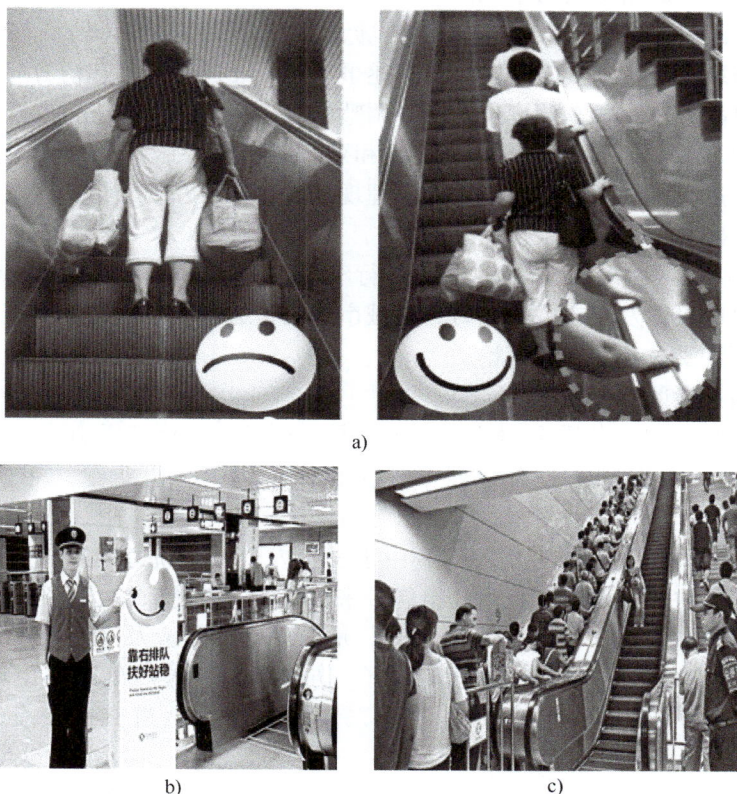

图 10-3　地铁安全乘梯宣传引导图示

a）安全乘梯宣传　b）安全乘梯引导　c）客流高峰驻守电扶梯

1. 地外伤亡事故处理办法

地外伤亡事故的现场处置应按以下办法进行：

（1）指挥工作　车站发生伤亡事故时，由车站值班站长担当现场指挥工作；区间发生伤亡事故时，由列车司机担当现场指挥工作。

（2）汇报处理

1）车站发生伤亡事故时，列车司机必须立即停车，将情况向车站行车值班员汇报，行车值班员应根据情况要求接触轨停电，本着尽快开通线路的原则进行处置，并设法挽留 1~2 名证人。

2）区间发生伤亡事故时，列车司机应立即停车，向行车调度员或邻近车站行车值班员报告；根据情况要求接触轨停电，在事发地点做好标记，并将伤者送到最近前方车站交车站妥善处置。对死者要移至不妨碍行车的地点。地面线对死者尸体应进行遮盖，处理完毕后，请求送电，恢复行车。

（3）通知相关部门　车站行车值班员接到报告后，应立即上报行车调度员，并通知公安。行车调度员上报值班经理，值班经理接到报告后及时通知公安部门。

（4）现场保护　公安机关及相关工作人员接到报告后，应迅速赶到现场，对伤亡事故现场不妨碍行车的事故遗留物品采取保护措施。

（5）**调查取证** 公安机关依法对事故现场、设备进行勘查时，地铁相关工作人员要协助公安机关调查取证，应如实向公安机关陈述事故发生经过，其他知情者应及时向公安机关提供证据。对事故列车，行车调度员要及时调整回段，由公安机关进行勘查。

（6）**事故现场指挥** 接触轨停电、送电和列车的移动要服从现场指挥。公安机关、地铁工作人员需要进入运营线路进行勘察、清理现场时，必须经现场指挥认定。工作结束时由现场指挥清点人数后，方可要求接触轨送电。

（7）**宣传工作** 发生伤亡事故时，车站行车值班员、列车司机应及时对乘客进行广播宣传工作。需要向媒体发布有关信息时，由城市轨道交通运营企业新闻发言人负责，其他工作人员不能随便接受采访和发表言论。

站、车广播词参照如下内容。

1）列车广播词："各位乘客请注意，现在是临时停车，由于前方发生人员侵入轨道线路事件，公安机关正在积极处理，列车很快将恢复运行，由此给您带来的不便，敬请谅解。"

2）车站广播词："各位乘客请注意，由于发生人员侵入轨道线路事件，公安机关正在积极处理，列车很快将恢复运行，由此给您带来的不便，敬请谅解。"

（8）**客伤及善后处理** 发生伤亡事故时，地铁客运部门应及时将伤者送往医院进行抢救。死者由公安机关依据有关规定进行处理。伤亡事故的善后处理，由城市轨道交通运营企业根据公安机关出具的事故调查结论，依照《城市轨道交通安全运营管理办法》处理。

（9）**尽快恢复通车** 地铁所有工作人员应维护站、车秩序，确保尽快恢复通车。

2. 站务岗位人员应急处理程序

车站发生撞人、撞物等事故后，各站务岗位人员应急处理程序如下。

（1）**行车值班员** 车站发生地外伤亡事件后，行车值班员应立即向行车调度员报告，通知值班站长、站区长等上级领导。

（2）**值班站长** 值班站长应立即到达现场并在上级领导及公安人员未到达之前担任现场负责人，组织指挥各站务岗位人员现场处理以下工作：

1）指定专人负责挽留两名以上非地铁员工的目击者作为人证，索取证明材料，在证人有急事不能留下时，应记下其工作单位、家庭住址及联系电话等。

2）售检票人员维护好站厅秩序，依据现场情况采取限制售票或停止售票的方式控制乘客进站。利用车站广播设施做好乘客宣传解释工作，劝导乘客改乘其他交通工具。

3）需下站台查看及处理时，必须在接触轨停电后由现场负责人指定专人进行。

4）现场查看时，在未发现当事人之前或当事人未死亡的情况下，严禁送电、动车，找到被轧者后应查看其伤亡情况，无法断定是否死亡的一律按伤者处理，应设法将其尽快移至站台。

5）若被轧者未亡，应尽一切努力救人，但在只有动车方可救人的情况下，应由现场公安人员做出动车决定。需对伤者进行救护时，应及时通知市急救中心，指派专人到指定出入口迎候救护车辆。

6）若当事人已经死亡，其位置不妨碍列车运行时，可先行送电通车；其位置妨碍列车

运行时，可将尸体移上站台或移至边墙、道沟等不侵界位置，再行送电、通车，必要时再次停电处置，做好标记。

7）除现场处理以外的其他车站工作人员应做好遣散围观乘客、维护站台站厅秩序的工作。

(3) **车站工作人员**　车站工作人员应积极协助公安人员的调查工作，涉及刑事案件的地外伤亡事件，应尽量保护现场，尽一切可能留住嫌疑人、知情人及可提供线索者，积极协助公安人员的工作。

四、车站突然停电的应急处理

1. 一般处理流程

(1) 全站停电

1）全站停电后，值班站长应立即报告行车调度员和相关部门、站长，及时掌握车站照明系统情况（是否全部失效，启用应急照明）、车站其他设备的运作是否正常、车站有没有列车停靠及列车停靠的位置、车站内乘客滞留情况等信息。

2）值班站长应立即下达车站紧急疏散指示，联系故障报警中心，获取相应的故障信息，召唤人力支援。

3）进站列车、停靠站台的列车、即将出站的列车均需暂时停止运行，列车开启全部灯光，为疏散乘客提供照明，在得到行车值班员允许后方可继续运行。

(2) 车站局部停电部分照明灯熄灭

1）当车站局部停电，部分照明灯熄灭时，值班站长应立即报告行车调度员和相关部门、站长，及时联系故障报警中心，获取相应的故障信息，召唤人力支援。

2）一旦照明系统无法恢复时，值班站长应下达车站紧急疏散指示。

3）所有员工应随时做好乘客疏散的工作。

2. 有关岗位作业

在值班站长或值班员的安排下：

(1) 站务员或巡视岗

1）打开员工通道门，就近取用应急照明备品手电筒或应急灯、手提广播到重要位置为乘客提供照明和保护，加强宣传，稳定乘客情绪，协助乘客上、下车，密切关注站台边缘地带，确保安全；在站厅打开全部闸机和应急疏散门，立即引导乘客从各个出入口出站，同时阻止乘客进站，确认乘客全部疏散后，关闭出入口并张贴通告。

2）乘客疏散完毕后，关闭相应出入口。

3）电路修复正常供电后，恢复岗位正常工作。

(2) 售票员或站务员

1）当局部停电时票务岗位员工保管好票款，适时放慢售票速度。根据客流情况，合理关闭部分进站闸机、自动售票机，进行客流控制。

2）当全站停电时锁好票款，立即停止售检票及兑零作业，保管好票款及有效票证，做好对乘客的解释工作。在站厅负责相关区域乘客的疏散。

3）电路修复正常供电后，恢复岗位正常工作。

五、突发事件处理

地铁车站及地铁列车是人流密集的公众聚集场所，一旦发生爆炸、毒气、火灾等突发事件，势必造成群死群伤或重大经济损失，严重地影响社会秩序的稳定。当突发事件在地铁车站发生时，地铁员工如果能迅速高效妥善地处置，将会有效预防事故或减少事故导致的损失。

我国各个城市的轨道交通建设情况不尽相同，不同城市采用不同的车辆、设备制式，各城市地铁运营公司的岗位设置、岗位职责及作业程序也不同，车站突发事件的应急处理办法也存在较大差异。本项目所列知识内容以个别城市地铁运营公司为例，供教师教学、学生学习参考。

（一）突发事件的处理原则

1）参与应急事件处理的各岗位员工都应紧急行动起来，及早汇报，及时抢救伤者，迅速开展工作。

2）坚持"先救人，后救物；先全面，后局部"的原则，优先组织人员疏散、伤员抢救，同时兼顾重点设备和环境的防护，力争将损失降至最低限度。

3）兼顾现场的保护工作，以利于公安、消防和事件调查部门的现场取证。

4）员工在应急事件处理时应沉着冷静，反应迅速，做到早发现、早报告、早控制；严格执行规定的标准和程序，做好乘客疏导和安抚工作，维持乘客秩序和减少乘客恐慌。通知车站员工执行紧急疏散程序时，应使用统一代号，以免引起恐慌。

5）员工在应急事件处理时，坚持对外宣传归口管理的原则，不得擅自发布相关信息。

6）坚持就近处理的原则：突发公共事件发生时，在上一级应急处理负责人到达现场前，员工应按表 10-1 所示规定担任现场临时应急处理负责人；在上一级应急处理负责人到达现场后，则由上一级应急处理负责人担任现场指挥。

表 10-1 应急处理负责人

序　　号	发 生 处 所	现场临时负责人
1	列车上（列车在区间）	本列车司机
2	列车上（列车在车站）	所在站值班站长
3	车站	所在站值班站长
4	区间线路上	行车调度员指定的值班站长
5	车厂	车厂调度
6	其他场所	现场职务最高的员工

（二）信息通报的原则、内容及流程

突发公共事件信息通报应遵循迅速、准确、完整的原则，任何员工发现或接到突发公共事件信息，均应立即执行规定的通报流程，不得延误、中断或缺漏。

在进行突发公共事件信息通报时，一般应包括如下内容：

1）报告人姓名、职务、单位。

2）事件发生类别、时间、地点。

3）事件发生概况、原因（若能初步判断）及影响运营程度。

4）人员伤亡情况、设施设备损坏情况。

5）已采取的措施。

6）任何需要的援助（包括救援、救护、支援）。

7）其他必须说明的内容及要求。

当地铁运营场所发生突发事件时，员工发现后应迅速报告，以便各有关方面积极采取措施，高效调动地铁公司有力资源，确保能有效控制事件的发展态势，将损失降到最低限度。因此，地铁公司内部必须建立起一套行之有效的信息通报流程。一般来说，地铁的信息通报遵循这样一个流程：突发公共事件现场→控制中心→应急处理专业机构和外部支援。

应急信息通报流程如图10-4所示。

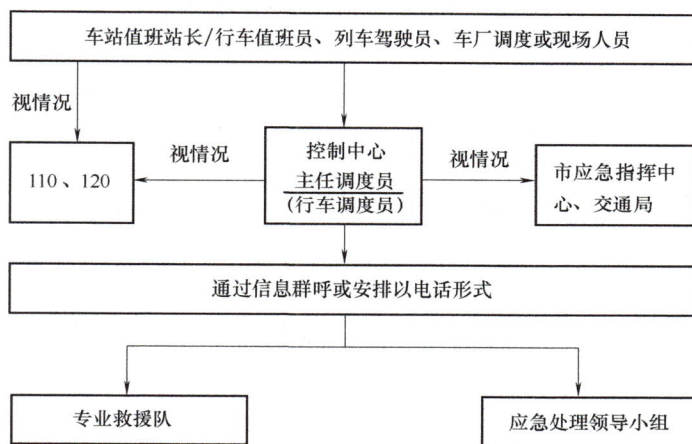

图10-4　应急信息通报流程

发生立即需要外部支援的突发事件（如火灾、爆炸、人员伤亡、治安/刑事案件等）进行信息通报时，应坚持就近迅速通报的原则，即：

1）若突发事件发生在车站或车厂，现场人员有条件时应立即致电110报警中心或120急救中心；车厂调度或车站值班站长/行车值班员接报后（车厂、车站其他值班人员接报也应问清情况并立即转报车厂调度或车站值班站长/行车值班员），应问清现场报告人员是否已经致电110报警中心或120急救中心，若无，应立即致电报告，若有，亦应致电复核。

2）若突发事件发生在区间，行车调度员接现场人员报告或设备监控报警后，应由行车调度员或主任调度员致电110报警中心或120急救中心。

3）若突发事件发生在区间的列车上，列车司机（接现场人员报告后）应立即报告行车调度员，由行车调度员或主任调度员致电110报警中心或120急救中心。

4）控制中心所通知的外部支援是指地铁公安分局、公交公司、交通局、本市应急指挥中心、本市民防委员会办公室（地震局）等，以及本市有关防灾抗震和紧急事务的政府组织机构等，具体由主任调度员决定通知范围。

5）各专业救援队接到突发事件通报后，应按照本专业部门制订的通报流程分别向本部门相关人员进行通报。

（三）突发事件列车隧道疏散程序

本程序适用于因地铁设备故障、自然灾害等造成列车停在区间，需将乘客尽快从列车疏散到车站等安全地方时的应急处理。

有关岗位处理流程如下。

1. 列车司机

1）列车在区间被迫停车后，应立即报告行车调度员具体停车位置，并做好防溜措施。

2）按行车调度员的指示启动隧道疏散程序。

3）广播安抚乘客。

4）根据情况打开前端疏散门或广播通知乘客打开后端疏散门，组织乘客从前端或后端或双端疏散；若无法与行车调度员联系，应尽量使用前端疏散门疏散。

5）疏散完毕后，在做好自身安全保护情况下检查是否还有乘客滞留，并报告行车调度员。

6）在确保自身安全的前提下，对灾害采取必要的扑救措施，若危及自身安全，应迅速撤离现场。

2. 行车调度员

1）报告主任调度员，接到主任调度员的通知后，通知列车司机执行疏散程序。

2）扣停相关列车，通知车站派人到现场协助疏散。

3）视情况致电119、110、120，请求支援。

4）调整列车运行，通知线上列车司机和其他相关车站停止服务，做好乘客广播解释工作。

3. 主任调度员

1）下令执行隧道疏散程序。

2）按有关程序进行通报。

3）制订列车调整方案并布置实施。

4）需要时，执行公交接驳预案。

4. 环控设备调度员

1）将环控系统授权站控方式，若有需要开启隧道通风。

2）检查、监视通风情况。

5. 电力设施设备调度员

按照行车调度员的供电安排，尽可能维持接触网供电。

6. 值班站长

1）接到行车调度员或列车司机列车需要隧道疏散后，通知各岗位员工执行"车站疏散程序"，指定客运值班员负责组织和指挥疏散车站乘客。

2）开启隧道灯，带领站务员/保安，穿好装备，到疏散现场负责引导乘客往车站疏散。

3）疏散完毕后负责检查确认人员出清隧道。

7. 客运值班员

1）组织车站员工执行"车站疏散程序"。

2）安排员工在端门处接应疏散的乘客。

8. 行车值班员

1) 通知地铁公安到场维持秩序。

2) 需要时，开启相应环控通风模式。

3) 按动 AFC 紧急按钮，使闸机为常开，将 TVM 和 AVM 设为暂停服务。

4) 通过乘客信息系统发布疏散信息；通过广播通知银行、商铺工作人员和乘客疏散。

5) 向站长通报有关情况。

（四）突发事件隧道清客程序

有关岗位处理流程如下。

1. 列车司机

1) 被迫停车后，报告行车调度员停车位置，做好防溜措施和乘客广播工作。

2) 接行车调度员清客命令清客后，确定清客方向，到清客一端接应车站员工，打开疏散门。

3) 车站员工到场后，打开驾驶室通道门，组织乘客按顺序下隧道。

4) 若有行动不便的乘客，应安排车站员工或自愿协助的乘客陪同。

5) 列车清客完毕后，检查是否有滞留乘客，确认无滞留后，恢复列车状态，报告行调，等候行车调度员的指示。

2. 行车调度员

1) 根据列车司机停车位置，通知环控设备调度员做好隧道通风，将情况报告主任调度员。

2) 扣停有关列车，确保清客线路安全。若有需要，停止另一线运行。

3) 通知列车司机停止列车运作，前往清客一端做好准备，待车站员工到达后即可清客。

4) 通知两端车站安排员工到现场协助清客，若需外部支援，应通知车站派人接应。

5) 清客完毕后，确认区间出清，尽快恢复正常运营服务。

3. 主任调度员

1) 决定是否需要执行隧道清客程序，并确定清客线路。

2) 按照故障原因决定是否通知相关救援队出动救援。

3) 需要时请求外部支援。

4) 将情况向有关人员通报。

4. 电力设施设备调度员

按照行车调度员命令做好供电安排。

5. 环控设备调度员

1) 做好隧道通风。

2) 检查、监视通风情况。

6. 值班站长

1) 接到隧道清客通知后，确定列车停车位置，开启隧道灯。

2) 安排人员在站台与轨道之间的楼梯处引导乘客上站台。若清客线路上乘客可能进入邻线，则还应安排人员到该处作引导。

3) 若有需要，安排站务员/站厅保安到紧急出入口等候和引导救援人员进站。

4) 经行车调度员同意后，带领站务员/站台保安，穿好荧光衣，带齐备品，做好安全防护后，到列车现场引导乘客。

5）若需要停止车站服务，应安排客运值班员组织车站员工执行"车站清客程序"。

6）若有支援人员或救援队进入隧道救援，应协助其工作。

7）确认列车乘客清客完毕后，沿途检查线路是否有滞留乘客或遗留物品，人员出清后，报告行车调度员。

7. 行车值班员

1）做好广播工作，安抚乘客。

2）按动紧急停车按钮，防护有关区域。

3）若需要执行"车站清客程序"，应通知车站其他员工做好车站清客，并做好乘客广播工作。

4）根据行车调度员的指示，安排外部支援人员进入隧道救援。

8. 到场车站员工

1）引导乘客。

2）协助有困难乘客。

3）确认列车乘客清客完毕，沿途检查线路是否有滞留乘客或遗留物品。

火灾报警
装置使用

地铁着火
如何扑救

（五）火灾应急处理

根据火灾发生的地点不同，地铁火灾可以分为车站火灾和列车火灾。车站火灾还可分为站台火灾、站厅火灾、设备区火灾；列车火灾也可分为列车头部火灾、列车中部火灾、列车尾部火灾。

1. 火灾的处理原则

地铁火灾处理的首要原则是保障乘客及工作人员的生命安全。一旦生命安全受到威胁，所有人员必须立即撤离至安全的范围。任何员工若发现地铁范围内出现火情，必须立即通知有关车站的值班站长，立即通过行车调度员要求消防部门协助，在确保个人人身安全的情况下，员工可尝试将烟火扑灭。

相关知识链接

地铁灭火的小常识

地铁范围内出现火情，通常可采用以下方法灭火。

1）隔绝空气法：将物件与空气隔绝，关闭门窗将火与空气隔绝。

2）冷却灭火法：将温度降至燃烧物的燃点以下。

3）应及时关闭通往其他区域的门窗及通道入口。

4）使用灭火器灭火时，在安全的情况下，应尽量靠近并对准燃烧火焰根部喷射。

5）电器起火时，只能用气体灭火器灭火，不可用水。

6）轨道扣件上发生明火时应用沙扑灭，在火熄灭后，应继续将扣件完全埋在沙下。

7）必须立即移走起火点附近的易燃物品。

8）有人身上衣物着火，应立即协助其平躺在地上，用毛毯、外衣、地毯等物品覆盖或包裹身体，切勿在地面滚动，以免火势蔓延至身体其他部位。

2. 火灾处理办法

(1) 火灾一般处理流程

1) 现场确认发生火灾后，应立即致电 119 报警中心和行车调度员，视情况致电急救中心 (120)、地铁公安。

2) 若火势较大，应立即请求行车调度员执行车站疏散程序，按行车调度员指令执行车站疏散程序。

3) 启动车站排烟模式。

4) 乘客疏散完毕后，关闭出入口 (紧急出入口除外)。

5) 若火势很大，应组织员工撤离车站，到紧急集合地点集中，并设置协助消防人员进入灭火现场的导向标识，引导消防人员到现场灭火。

6) 消防人员到场后，汇报有关情况，将灭火工作交给消防人员，加入应急处理救援工作。

7) 协助事故调查工作。

8) 接到可以恢复运营的指令后，清理现场，恢复运营。

(2) 有关岗位作业

1) 站务员或巡视岗作业：①接到火灾情况报告后，若有需要，应根据值班站长的安排，到现场确认是否发生火灾；②若未发生火灾，应报告车站控制室，若确认发生火灾，应向行车值班员通报有关情况，同时，在保障自身安全的前提下组织车站员工尝试灭火；③当火势较大时，接值班站长要求执行车站疏散程序，在车站站厅做好相关区域的乘客疏散工作，或根据值班站长的安排到站台进行疏散；④若列车因火灾停在隧道，需前往隧道进行疏散，和值班站长一起前往隧道组织疏散；⑤若站厅发生火灾，站台乘客疏散完毕后，应根据安排到站厅协助有困难乘客出站；⑥乘客疏散完毕后，应根据要求关闭出入口 (紧急出入口除外) 并张贴告示；⑦若火势很大，应根据安排撤离到紧急集合地点集中，设置协助消防人员进入灭火现场的导向标志，引导消防人员到现场灭火；⑧消防人员到场后，在值班站长的安排下，配合救援抢险和外部支援人员的工作，加入应急处理救援工作；⑨在接到值班站长可以恢复运营的指令后，协助清理现场，恢复本岗位工作。

2) 售票员或站务员作业：①当火势较大，接值班站长要求执行车站疏散程序时，应立即停止服务，锁好票款，到车站站厅相关区域进行乘客疏散工作，或根据值班站长安排到出入口引导消防人员进站；②乘客疏散完毕后，应根据要求关闭出入口 (紧急出入口除外) 并张贴告示；③若火势很大，乘客疏散完毕后，应根据安排撤离到紧急集合地点集中；④设置协助消防人员进入灭火现场的导向标志，引导消防人员到现场灭火；⑤消防人员到场后，若有需要，应根据值班站长的安排，配合救援抢险和外部支援人员的工作；⑥接到值班站长可以恢复运营的指令后，协助清理现场，恢复本岗位工作。

(3) 车站 (运营期间) 失火应急处理办法

1) 火警警报响起时，值班站长应通过 FAS、BAS 确认报警位置，派 1 名车站员工前往查看。

2) 车站员工应携无线电对讲机前往事发地点，找出报警原因；实时通知值班站长是否出现火情，火警是否已触动了防火系统。

3）若警报为误报，值班站长要及时通知行车调度员及站内所有员工。若火警警报属实，火势较大，应立即通知行车调度员召唤消防人员到场，并遵照车站疏散程序组织乘客撤离。

4）若出现火情，现场员工应视情况需要手动操作防火系统，或在安全的情况下，使用灭火器灭火，与现场保持安全距离，并警告其他人远离该处，直至消防人员到场。

5）启动车站排烟模式。

6）乘客疏散完毕后，关闭车站出入口（紧急出入口除外）。

7）若火势很大，值班站长应组织员工撤离车站，到紧急集合地点集中，并安排人员在指定出入口引领消防人员到现场灭火。

8）消防人员到场后，值班站长应汇报有关情况，将灭火工作交给消防人员，并加入到应急处理救援工作中去。

9）值班站长接到可以恢复运营的指令后，应清理现场，恢复运营。

10）火灾后恢复行车服务。行车调度员在与值班站长确认站内火已熄灭，烟雾也明显消散后，方可恢复该站的行车服务，允许列车驶经该站。值班站长应根据车站火警后的损毁程度或水淹情况，决定全面或局部重开车站。

11）协助事故调查工作。

车站在运营期间不同程度失火的应急处理程序见表10-2～表10-4。

表 10-2　车站在运营期间失火的一般应急处理程序

负责人	处理程序	具体内容
行车值班员	确认火灾的真实性	火警警报响起时，迅速从 FAS 确认位置，立即指派 1 名站务员携带无线电对讲机到场确认，同时通知值班站长
站务员		立即到达现场察看，找出响起报警的原因，确属火警的，立即向值班站长汇报以下内容：火警的详细位置；火势如何（冒烟、明火）；如果可能，查出原因；初步估计车站设备、人员受影响的程度及范围
行车值班员	确认火警属实	启动 FAS，监控 FAS 设备的联动情况
值班站长		立即赶到事发现场，视情况指示行车值班员向行车调度员汇报以及是否召唤紧急服务
行车值班员	立即向行车调度员汇报	报告人的姓名、职务及联系电话
		火警事发的时间（时、分）、准确地点
		火势大小、烟的浓度
		估计起火原因，火势是否可以控制
		估计受影响的大概人数、是否影响乘降
		是否有人受伤、是否有设备损毁
	召唤紧急服务	通过行车调度员召唤紧急服务（地铁保安、119、120）

表 10-3　车站在运营期间失火火势可以控制时的应急处理程序

负 责 人	处 理 程 序	具 体 内 容
值班站长、现场员工	现场人工灭火	火势较小，在确保安全的情况下，立即人工启动灭火系统或使用灭火器灭火
行车值班员	操纵环控系统	启动车站排烟模式，设定紧急通风安排，监控环控系统的运转，如果排烟模式不能正常运转，应立即通知行车调度员
站务员	疏散现场乘客，维持车站秩序	立即到达现场，在确保人员的安全情况下进行灭火，准备组织疏散乘客
行车值班员		开启相应 PA、PIS，使其他人远离起火地点，广播宣传以稳定乘客情绪
		根据情况，实施车站大客流管理措施
		必要时关闭车站控制室内部空调，避免烟雾的弥漫
值班站长	恢复正常运营	火势扑灭后，与事故负责人确认具备运营条件后，恢复正常运营

表 10-4　车站在运营期间失火火势无法控制时的应急处理程序

负 责 人	处 理 程 序	具 体 内 容
值班站长	车站紧急疏散	立即通过手持电台向所有人员下达车站紧急疏散指示
		在车站控制室 IBP 上按压紧急停车按钮
		通过 PA、PIS 通知乘客并进行疏散
行车值班员		通知所有工作人员撤离，并报告集合地点
		向其他临近车站的值班站长请求人力支援
		在车站控制室 IBP 上启动紧急模式，按压 AFC 紧急按钮，打开所有闸机扇门
站务员		立即引导乘客离开站台，从各出入口出站，并阻止乘客进站
站务员	关闭车站	确保所有乘客安全离开后，关闭车站出入口并张贴"车站关闭"通告
值班站长	等待救援人员抵达现场	担任临时事故处理负责人
		在指定出入口等待救援人员，并带他们到达事发地点
站务人员		乘客撤离后，检查站台、站厅是否还有乘客，并将结果上报给事故负责人
值班站长	火灾扑灭后，恢复运营	在火灾扑灭后，根据上级命令和列车、车站的毁损情况，经消防部门同意后全面或局部重新开站

（4）站外失火应急处理办法　当车站外发生火灾时，因为空气的自然流动、车站通风设备的运作、列车移动的活塞效应都会使站外产生的烟气通过通风井、车站出入口而扩散至站内，对车站内的乘客产生巨大威胁，因此，车站员工应正确操作车站环控系统，确保车站内乘客的生命安全。

1）一旦发现烟气经由通风井进入站内，必须执行相关程序，阻截烟气继续进入。值班站长应做好以下工作：

① 从行车调度员处取得该车站环控设备的控制权。

② 将车站公共范围的通风设备关掉。

③ 通知行车调度员将有关通风设备关掉，关闭相应的风闸。行车调度员应指示环控调度员操作有关环境控制系统设备。

2）一旦发现有烟经车站入口扩散到公众范围，值班站长应做好如下工作：

① 通知行车调度员，说明烟的浓度。

② 关闭有关的入口。

③ 取得该车站环控设备的控制权，操作环控设备。

3）行车调度员应指示各邻站的值班站长做好如下工作：

① 取得所管辖车站的环控设备的控制权。

② 将车站公众范围的通风设备关掉。

③ 操作环境控制系统设备，帮助驱散受影响车站的浓烟。

各邻站值班站长应取得所管辖车站环控设备的控制权。

（5）车站区间发生火灾的处理办法　车站区间发生火灾时首先要确定：第一，区间是否有行驶的列车；第二，行驶的列车是否已到达起火的区域；第三，已到达起火区域列车，是否还能够移动。车站区间不同情况火灾处理程序见表10-5～表10-8。

表 10-5　车站区间火灾事故发生时的应急处理程序

负 责 人	处理程序	具体内容
行车值班员	接到行车调度员的通知，区间起火，向行车调度员确认详情	区间起火或冒烟的准确位置（区间、百米标）
		火势或烟的浓度
		估计起火的原因，火情的大小等（冒烟、明火等）
		区间是否有停留列车，能否继续安全运行
	召唤紧急服务	通过行车调度员召唤紧急服务（地铁公安、119、120）；当无法与行车调度员取得联系时，则通过外线电话直接致电地铁公安、119、120

表 10-6　火灾区间没有列车时的应急处理程序

负 责 人	处理程序	具体内容
值班站长	监控、操作环控系统设备	监控环控系统的运行
		若设备不能正常运行，及时通知行车调度员，执行隧道起火模式
站台站务员	准备进行清客作业	根据行车调度员的指示及站内的情况，协助相关人员进行疏散及清客事宜
		将相应端的安全门端门设为敞开状态
值班站长	准备进入区间并清客	通过 PA、PIS 向乘客发布暂缓进站的通知，关闭进站闸机，停止售票，建议换乘其他交通工具
		在车站控制室开启隧道灯
行车值班员、站务员		穿好反光背心、绝缘鞋，携带好手持电台，佩带好呼吸器具及灭火器等准备进入区间灭火
		接到行车调度员接触轨已断电的通知后，在做好自身安全防护的前提下，带领消防人员开始进行区间灭火或隧道消防栓灭火
值班站长	火势扑灭后恢复运营	火势扑灭后，与相关部门确认是否具备运营条件，向列车调度员汇报

表10-7　火灾区间的列车还未到达起火区域时的应急处理程序

负　责　人	处理程序	具　体　内　容
值班站长	紧急停车	当接到行车调度员命令，起火区间的列车反方向行车时，立即启动车站控制室内 IBP 上的紧急停车按钮
	准备进入区间并清客	通过 PA、PIS 向乘客发布暂缓进站的通知，关闭进站闸机，停止售票，建议换乘其他交通工具
站务员	在站台进行清客作业	当接到行车调度员命令后，对该列车到达站台时进行清客作业
	车站客流控制	根据现场情况，对车站进行客流控制

表10-8　火灾区间的列车到达起火区域无法移动时的应急处理程序

负　责　人	处理程序	具　体　内　容
值班站长	紧急停车，准备进行区间疏散工作	如果区间有列车无法移动到达站台，应根据行车调度员命令组织区间疏散，所有进入区间的人员佩带好呼吸器、手持电台，穿好反光背心、绝缘鞋等防护用品
		立即启动车站控制室内 IBP 上的紧急停车按钮
		向值班站长请求人力支援
站务员	进行区间疏散作业	站台人员打开疏散安全门的端门
		在确定接触轨已断电、区间照明已开启后，带领消防人员立即前往现场灭火，同时与列车司机联系，组织列车乘客向车站疏散
		随时与值班站长和行车调度员密切联系，及时将事件最新进展情况向行车调度员汇报
		到达现场后，与列车司机共同对列车上乘客进行疏散
		到达现场后，负责在岔口、洞口处指引乘客疏散，防止疏散方向错误
		在保证自身安全的情况下，确认乘客从列车上疏散完毕，跟随最后一名乘客疏散到站台，并确认无乘客遗留在区间
		对区间疏散的乘客进行清点并报告事故处理负责人
	视情况进行疏散	若有需要，应根据行车调度员的指示对车站进行疏散

（6）列车在站台失火应急处理办法　列车在站台失火时，列车司机或站务员必须迅速将下列详情通知值班站长或行车调度员：列车的位置及列车编号、列车起火或冒烟的车卡编号、火势大小、是否有人受伤、是否有设备损毁等。

当列车在车站发生火灾时，列车司机应迅速打开站台侧所有车门，使用车内灭火器进行扑救，对乘客进行广播疏散，配合车站工作人员的引导将乘客疏散到安全区域。列车站台不同情况失火时的应急处理程序见表10-9～表10-11。

表10-9　列车在站台失火的一般应急处理程序

负　责　人	处理程序	具　体　内　容
列车司机或站台监控人员	确认火灾的真实性	向值班站长汇报：在站台停靠列车有起火冒烟现象
值班站长		立即通过 CCTV 进行查看，确认现场情况

（续）

负责人	处理程序	具体内容
行车值班员	向行车调度员汇报	列车的位置、编号（车次）
		列车的起火位置或冒烟的车厢编号
		是否有伤亡情况（大概人数）
		火情的大小（冒烟、明火等）
		初步判断火灾性质
		设备毁损情况
	召唤紧急服务	通过行车调度员召唤紧急服务（地铁公安、119、120）

表 10-10 列车在站台失火火势可以控制时的应急处理程序

负责人	处理程序	具体内容
行车值班员	确认火警属实、按下紧急停车按钮	在车站控制室按下起火列车所在站线的紧急停车按钮
		设法阻止另一侧的列车驶进站台或使其尽快开车
行车值班员	监控、操作环控设备	监控环控系统的运行
		若设备不能正常运行，及时通知行车调度员
值班站长		确认站台门是打开的
站台岗员工		
值班站长	进行清客作业	通知站务员对起火列车进行清客
站务员		对起火列车进行清客，对受伤乘客进行救助并维护现场秩序，阻止乘客接近火源
站务员	扑救现场火势	就近取用灭火器扑灭列车火源
列车司机		站台员工扑灭火势后，向列车司机显示一切妥当手信号
值班站长	向行车调度员汇报火警处理结果	列车火势扑灭后，向行车调度员汇报列车清客程度，是否需要救援
		等待行车调度员的下一步指示
全体人员	做好乘客疏导工作	做好站内人潮控制工作，避免乘客受伤

表 10-11 列车在站台失火火势无法控制时的应急处理程序

负责人	处理程序	具体内容
值班站长、站务员	对起火列车立即清客	协助列车司机打开车门，立即对起火列车进行清客作业
值班站长		立即通过手持电台向所有人员下达车站紧急疏散命令
行车值班员	车站紧急疏散	通过 PA、PIS 通知乘客进行疏散
		向控制中心请求人力支援
		在车站控制室 IBP 上启动紧急模式，按压 AFC 紧急按钮，打开所有闸机扇门
站务员		引导乘客离开站台
票务岗位员工		接到紧急疏散的通知后，收好钱款和票卡，关闭客服中心电源，将应急疏散门打开，疏导乘客出站

（续）

负责人	处理程序	具体内容
站务员	阻止乘客进站	立即引导乘客从各出入口出站，并阻止乘客进站
	关闭车站	确保所有乘客安全离开后，关闭出入口并张贴"车站关闭"通告
值班站长	等待救援人员抵达现场	担任临时事故处理负责人
站务员		在指定出入口等待救援人员，并带他们到达事发地点
		撤离后，检查站台、站厅是否还有乘客并将结果上报给事故处理负责人
值班站长	火灾扑灭后恢复运营	在火灾扑灭后，根据上级命令，同时根据列车、车站的毁损情况，经消防部门同意后全面或局部重新开站

(7) 列车在区间失火应急处理办法　当列车在区间发生火灾时，地下线路运行的列车应尽一切可能运行到前方车站，及时向行车调度员报告，请求前方车站协助；若无法运行到前方车站，列车司机应立即向行车调度员报告并进行初期灭火扑救，同时将起火车厢的乘客疏散到其他车厢，确认灭火器不能抑制火灾时，应请求行车调度员将接触轨停电，就地疏散乘客。列车在隧道区间失火时的通风排烟及乘客疏散方案如下。

1) 列车中部着火且停在近前方车站时的乘客疏散。

当列车中部着火且停在近前方车站时，乘客应立即从列车的头部和尾部的逃生门疏散。隧道通风兼排烟系统按与列车运行一致的方向进行通风，列车前方的排烟风机进行排烟，远端的风机进行送风（图10-5）。

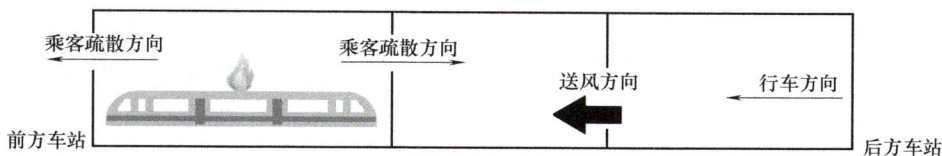

列车中部着火且停在近前方车站时的疏散和通风方案

图10-5　列车中部着火且停在近前方车站时的通风排烟及旅客疏散方案

2) 列车中部着火且停在近后方车站时的乘客疏散。

当列车中部着火且停在近后方车站时（刚发车不久便发生火灾而被迫停车的情况），乘客应立即从列车的头部和尾部的逃生门疏散。隧道通风兼排烟系统按与列车运行相反的方向进行通风，列车后方的排烟风机进行排烟，前端的风机进行送风（图10-6）。

列车中部着火且停在近后方车站时的疏散和通风方案

图10-6　列车中部着火且停在近后方车站时的通风排烟及旅客疏散方案

3) 列车中部着火且停在区间中部时的乘客疏散。

当列车中部着火且停在区间中部时，乘客分别从车头、车尾两方向疏散，隧道通风兼排烟系统按与行车一致的方向送风（图10-7）。

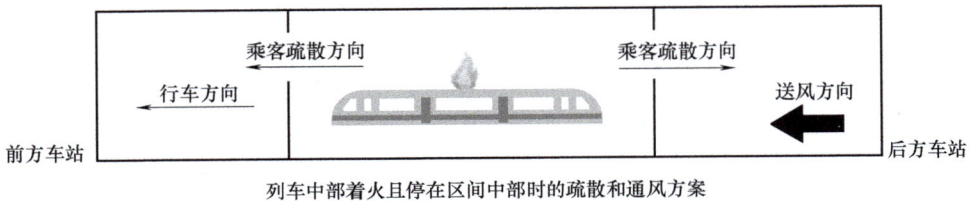

列车中部着火且停在区间中部时的疏散和通风方案

图 10-7 列车中部着火且停在区间中部时的通风排烟及旅客疏散方案

4）列车头部着火且停在区间中部时的乘客疏散。

当列车头部着火且停在区间中部位置时，乘客应从车尾疏散，隧道通风按与列车运行一致的方向送风（图10-8）。

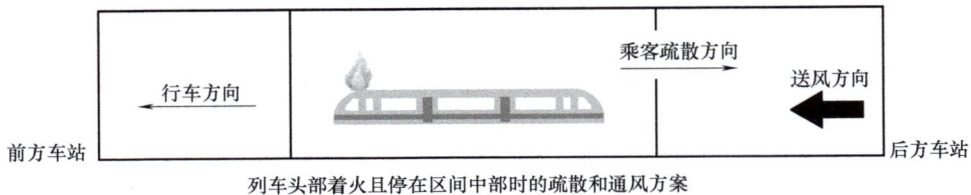

列车头部着火且停在区间中部时的疏散和通风方案

图 10-8 列车头部着火且停在区间中部时的通风排烟及旅客疏散方案

5）列车尾部着火且停在区间任意位置时的乘客疏散。

当列车尾部着火且停在区间任意位置时，乘客应从车头疏散，隧道通风按与列车运行相反的方向送风（图10-9）。

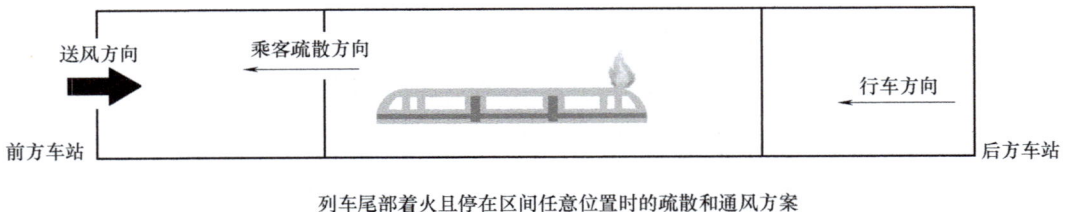

列车尾部着火且停在区间任意位置时的疏散和通风方案

图 10-9 列车尾部着火且停在区间任意位置时的通风排烟及旅客疏散方案

6）隧道内的一切情况均不清楚时的乘客疏散。

当不清楚列车着火的位置及列车停靠位置时，只能按与列车运行一致的方向进行送风。

当火灾发生时，如果是火灾列车滞留在区间隧道内，则事故区间两端车站邻近事发点的隧道通风兼排烟系统将转入火灾运行模式，同时车站公共区间空调系统和空调冷却液系统均应停止运行。而当列车因故障（非火灾原因）或前方车站未发车而必须停在区间超过4min时，阻塞区间两端车站邻近事发点的就将转入阻塞运行模式。此种工况下就会导致这两个车站中邻近事发点的半个车站的通风空调系统停止运行，但不会对整个地铁系统造成很大的不利影响。

注意：车站公共区间空调系统与隧道通风兼排烟系统合用的设备（包括风机、风阀等）需在短时间内根据不同的运行模式进行相互转换，实施起来有一定的难度。尤其是电动风阀，其电动执行器须选用工业专用类执行机构，才能长期保证其正常转换运行的可靠性。

列车在区间发生火灾，不同情况下的应急处理程序见表10-12～表10-14。

表 10-12　列车在区间火灾事故发生时的应急处理程序

负责人	处理程序	具体内容
行车值班员	接到行车调度员的通知，列车在区间起火，向行车调度员确认详情	列车起火或冒烟的准确位置（区间、百米标）
		火势或烟的浓度
		区间是否有停留列车，能否继续安全运行
		疏散的大概人数
		估计起火的原因，火情的大小等（冒烟、明火等）
		是否有伤亡和设备损毁情况
	召唤紧急服务	通过行车调度员召唤紧急服务（地铁公安、119、120）；当无法与行车调度员取得联系时，则通过外线电话直接致电地铁公安、119、120

表 10-13　列车在区间火灾事故火势可以控制时的应急处理程序

负责人	处理程序	具体内容
行车值班员	监控、操作环控系统设备	监控环控系统的运行
		若设备不能正常运行，应及时通知行车调度员，执行隧道起火模式
值班站长	准备进行清客作业	与行车调度员确认，若区间有列车运行，列车是否可以继续运行至车站，若可以，则做好到站列车的清站准备工作
值班站长	现场扑救火势并清客	立即到达站台，对到站起火列车进行扑救
站务员		进行列车清客工作，对受伤乘客进行救助
站务员	做好乘客疏导工作	广播通知乘客远离起火列车，维持站台秩序
		做好站内的人潮控制工作

表 10-14　车站区间火灾事故火势无法控制时的应急处理程序

负责人	处理程序	具体内容
值班站长	接到行车调度员指示：在区间协助列车司机紧急疏散	如果列车在区间无法继续前行，接到行车调度员指示后，在区间协助列车司机进行紧急疏散
	与行车调度员确认下车安排	确定列车准确停车地点
		确定接触轨已停电
		进行疏散准备
行车值班员	监控环控系统的运行	提醒行车调度员相关运行模式是否运行
值班站长	做好车站紧急疏散准备工作	立即通过手台向所有人员下达车站紧急疏散命令
		在车站控制室启动IBP上的紧急停车按钮，按AFC紧急按钮，打开所有闸机扇门
		通过PA、PIS发布车站紧急疏散的信息
		向相邻车站的值班站长请求人力支援

（续）

负责人	处理程序	具体内容
站务员	进行区间疏散作业	若区间失火列车无法到达车站，应根据行车调度员命令组织区间疏散
		所有进入区间人员应佩戴呼吸器、手台、穿好反光背心、绝缘鞋等防护用品
		站台人员打开疏散端安全门的端门
		在确定接触轨已断电，区间照明已开启后，立即前往现场
		与列车司机联系，组织乘客向车站疏散
		随时与值班站长和行车调度员保持密切联系，及时将事件进展情况向行车调度员汇报
		到达现场后，与列车司机协商对列车上的乘客进行疏散
		到达现场后，在岔口、洞口处指引乘客疏散，防止乘客走错方向
		在保证自身安全的情况下，确认乘客从列车上疏散完毕
		跟随最后一名乘客疏散到站台，并确认无乘客遗留在区间
	关闭车站	引导乘客离开站台
		票务岗位员工接到执行疏散的通知后，停止客服中心售票，进行票务处理
		确保所有乘客安全离开后，关闭出口并张贴"车站关闭"通告
值班站长	等待救援善后处理	担任临时事故处理负责人
站务员		在指定出入口等待救援人员，并带他们到达事发地点
		撤离后，检查站台、站厅是否还有乘客，并将结果报告事故处理负责人
		在火灾扑灭后，根据上级命令，同时根据列车、车站的毁损或火灾的情况，经消防部门同意后全面或局部重新开站

相关知识链接

地铁火灾的特性

地铁着火应该注意的问题

火灾会产生大量的烟、有毒气体、有毒物质和热辐射。地铁客流量大、设备集中，车站大都为地下车站，这给火灾的扑救带来了很大的难度。具体有如下三个方面的特性。

1. 排烟困难、散热慢

根据国内外资料统计，地铁火灾造成的人员伤亡，绝大多数是烟雾中的有毒气体将人熏倒，使人中毒或窒息所致，所以，有效地排烟已成为地铁火灾救援的重要措施。因为地铁大都为地下车站，无法通过开启门窗进行散热和排烟。由于烟的迅速聚集，有限的人员出入口会变成"烟筒"，热烟运动方向与人员疏散方向一致，而通常烟的扩散速度比人群疏散速度快得多，致使乘客无法逃脱烟气流危害。

2. 安全疏散困难

当发生火灾时，各种可燃物质燃烧时会产生大量烟气和有毒气体（如一氧化碳及其他有毒气体），这些烟气和有毒气体不仅严重遮挡视线，而且使能见度大大降低，还会使人中毒、窒息。由于车站站内结构复杂多样，乘客疏散距离长，路径复杂，再加上乘客逃生意识差、人员拥挤等，使得地铁内火灾疏散变得更加困难。

3. 扑救困难、危害大

在地下的车站发生火灾后，只能看见浓烟从出口冒出，无法确切知道火灾究竟发生在哪一个区域，消防人员对火灾大小程度无法判断，再加上车站结构复杂，不易接近着火点，因此造成扑救困难。

📖 **相关知识链接**

常用灭火器的使用（图10-10）

将灭火器从灭火箱中取出　　拔去保险销　　将喷嘴对准火源压下鸭嘴阀，即可将灭火剂喷出

图 10-10　常用灭火器的使用

干粉灭火器适用范围：适用于扑救各种易燃、可燃液体火灾，易燃、可燃气体火灾，以及电气设备火灾。

手提式水雾灭火器适用范围：主要用于扑救固体物质火灾，如木材、棉麻、纺织品等的初起火灾。另外，对一些易溶于水的可燃、易燃液体，它还可起稀释作用。水雾灭火器采用强射流产生的水雾使可燃、易燃液体产生乳化作用，使液体表面迅速冷却、可燃蒸气产生速度下降而达到灭火的目的。

（六）可疑物品及恐怖袭击事件应急处理办法

城市轨道交通车站、列车范围内发现无主的可疑物品时，地铁工作人员应保持持续的敏感性，严格按照可疑物品处理预案执行，不可麻痹大意，延误处理时机，造成人身及财产的损害。

当地铁工作人员接到电话、书面或电子邮件等各种形式的恐吓信息时，应做好以下应急处理工作：

1）接获恐吓信息后，地铁员工应立即逐级向上级领导报告。有关岗位工作人员应立即向公安部门报告该恐吓事件，并通知受影响车站的值班站长、行车线上的列车司机及各紧急救援抢险部门。

2）由公安部门确定恐吓信息的真实性，在车站进行不公开或公开的搜索行动。

① 不公开搜索无须疏散乘客，由地铁员工和公安人员联合进行。

② 若公安部门已掌握相关信息，或确实已发现可疑物品，则须在车站进行公开搜索。搜索前须局部或完全疏散乘客，并由公安人员单独执行搜索行动。车站员工停留在安全的范围内，为搜索人员提供协助。

3）车站接到恐吓信息后，不公开搜索程序。

① 值班站长安排停止所有清洁工作，依次搜索所有公众范围及所有非公众范围，及时将最新进展通知值班经理。

② 公安人员前往有关车站，参与搜索行动，与值班站长保持密切联系，了解搜索工作的最新进展。

③ 若发现可疑物品或有毒气体，值班站长应立即封锁现场，决定局部或完全疏散车站，并立即通知值班经理。进行疏散前，必须先搜索所有疏散路线，确保疏散乘客的安全。

员工发现可疑物品后，应立刻向上级报告该物品的形态及准确位置，切勿触摸该物品，并留意周围形迹可疑的乘客。不得在可疑物品50m范围内使用手机、无线电对讲机等通信设备，设置警戒区域封锁物品的四周范围，疏散周围乘客。

④ 若未发现可疑物品或有毒气体，值班站长应报告公安人员负责人，请示是否进行二次搜索。公安负责人向所有搜索人员查询搜索情况，将搜索结果上报上级公安部门。

搜索过程中不应假定只有一件可疑物品，在疏散乘客的过程中，切勿在广播中提及炸弹或可疑物品，而应说系统、设备等发生故障，以免引起乘客恐慌。

4）当搜索可疑物品时，必须采取以下预防措施：

① 在搜索过程中应只凭肉眼查看，切勿移动、摇动或干扰任何物品，留意是否有定时器或时钟运行的声音。

② 停止一切无线电的发送及接收，不得使用无线电手台及手机等通信设备。

③ 切勿开关任何电灯及电气设备。

④ 认真观察清楚后再打开门、窗、抽屉，不可随意接触任何物品。

（七）爆炸事件应急处理办法

当地铁线路或列车发生爆炸事件时，有关单位、部门应按以下应急预案开展工作。

（1）列车司机

1）当列车在区间发生爆炸时，列车司机（视故障情况）应尽可能将列车运行至前方车站，实施抢险救援。

2）要立即穿戴好防护用品，迅速到达事发现场查明情况，向行车调度员及车站值班员报告。

3）当列车迫停于车站时，列车司机应迅速打开站台侧所有车门。若列车因爆炸起火，要迅速使用车内灭火器进行扑救，并对乘客用标准用语进行广播宣传，通知乘客下车，按车站工作人员的引导或标志，将乘客疏散到安全区域。

4）当列车迫停于区间时，列车司机应立即要求停电，情况紧急时可采取强行停电措施；确认接触轨已停电后，打好止轮器，做好防溜措施，并对乘客用标准用语进行广播宣传，稳定乘客情绪。

5）根据行车调度员命令与救援抢险人员按区间疏导乘客的办法共同对乘客进行疏散

抢救。

（2）车站工作人员

1）车站发生爆炸后，就近岗位站务员应迅速准确查明爆炸发生的时间、地点，涉及列车的车次、人员伤亡等情况，立即向行车值班员报告。

2）行车值班员接到站务员报告后，应立即向行车调度员、公安派出所报告，通知值班站长、站区长等各级领导。

3）值班站长应立即到达现场并在上级领导及公安人员未到达之前担任现场负责人，组织指挥现场处理工作。

① 指定专人保护现场，尽量搜集可疑人员、可疑物品等线索，挽留目击证人。

② 将事发地点周围的乘客疏导至安全地带。

③ 通知机电人员开启车站送、排风系统，加大通风量。

④ 部署全体在岗人员对车站采取临时封闭措施，疏导站内其他区域的乘客迅速出站，指定专人看守出入口大门，阻止其他乘客进站，同时保证上级领导、公安及抢险人员快速进入车站。

⑤ 若有人员伤亡时，将其转移至安全地带设置的候援区，及时通知急救中心，指派专人到指定出入口迎候救护车辆。

⑥ 利用各种广播设施做好宣传工作，稳定乘客情绪，引导站内其他区域的乘客迅速有序地疏散。

⑦ 其他各车站接到疏散乘客、封闭车站的命令后，应迅速组织车站工作人员，按照公司"突发事件应急处理办法"规定的乘客疏散工作预案，迅速组织乘客出站，疏散乘客任务完成后，关闭出入口，并将情况报告行车调度员。

⑧ 待上级领导到达后，报告现场情况，移交指挥权。

（3）行车调度员

1）行车调度员接到报告后，应立即报告值班经理，同时将后续列车扣至爆炸区域以外的车站。

2）根据值班经理命令下达全线停运、疏散乘客命令，组织指挥全线列车迅速运行至车站站台疏散乘客。

① 若列车停于区间且前、后方车站均占用，应根据前后方车站乘客疏散情况，将先完成疏散任务的列车调至区间待命，腾空车站，将停于区间的列车调至车站内疏散乘客。

② 若列车停于区间而前方车站有列车占用时，应使列车退回后方车站疏散乘客。

③ 若列车停于爆炸区域时，应使列车退行至爆炸区域以外的车站疏散乘客。

（4）值班经理

1）值班经理接到行车调度员的报告后，应立即报告公司领导及市主管部门，通知公司所属各有关单位部门赶赴现场参加事故救援工作及乘客疏散工作。

2）通知有关单位，开、停通风、排水等设备，安装临时照明及临时通信设备。

3）根据公司领导指示，向行车调度员发布全线停运、疏散乘客的命令。

4）协调公交部门增加地面公交车运力运输乘客。

（八）不明气体袭击事件应急处理办法

当车站或列车上发生不明气体袭击，造成乘客群体性中毒时，应按下列应急预案开展工作。

（1）列车司机

1）对于在地下线路运行的列车，应尽可能运行到前方车站实施抢险救援；当列车被迫停于区间时，要立即穿戴好防护用品，迅速到达事发现场查明情况，向行车调度员和车站值班员报告。使用标准用语对乘客进行广播宣传，通知乘客撤离毒气源所在车厢。立即要求停电，情况紧急时可采取强行停电措施。确认接触轨已停电后，打好止轮器，采取防溜措施，根据行车调度员命令与救援抢险人员共同对乘客进行疏散抢救。

2）当列车迫停于车站时，应迅速打开站台侧所有车门，有条件时对可疑物进行遮盖，使用标准用语对乘客进行广播宣传，通知乘客下车，按车站工作人员的引导或标志，将乘客疏散到安全区域。

3）列车在地面线区间运行时，要立即穿戴好防护用品，迅速到达事发现场查看情况并向行车调度员报告，并要求紧急停电（必要时可采取强行停电措施），同时采取防溜措施，使用标准用语对乘客进行广播宣传，通知乘客撤离毒气源所在车厢。确认停电后，打开车门，疏散乘客，有条件时对可疑物进行遮盖。

（2）车站工作人员

1）车站发生不明气体袭击后，就近岗位站务员应迅速佩戴防护装备，迅速查明事件发生的时间、地点，涉及列车的车次、人员伤亡等情况，立即向行车值班员报告。

2）行车值班员接到站务员报告后，应立即向行车调度员、公安派出所、站长、站区长等各级领导汇报。

3）行车值班员应立即采取措施，防止其他列车进入车站。

4）行车值班员应立即通知机电人员启动防灾应急模式，关闭相关车站。

5）值班站长应立即到达现场并在上级领导及公安人员未到达之前担任现场负责人，组织指挥现场处理工作。

① 部署全体在岗人员迅速佩戴防护装备，对车站采取临时封闭措施，疏导站内其他区域的乘客迅速出站，指定专人看守出入口大门，阻止其他乘客进站，同时保证上级领导、公安及抢险人员快速进入车站。

② 指定专人保护现场，尽量搜集可疑人员、可疑物品等线索。查找不明气体源头，有条件时对可疑物进行遮盖。

③ 利用各种广播设施做好广播宣传工作，稳定乘客情绪，引导站内其他区域的乘客迅速有序地疏散出站。

④ 若有人员伤亡，应将其转移至安全地带设置的候援区，及时通知急救中心，指派专人到指定出入口迎候救护车辆。

⑤ 车站所有参与处置工作的工作人员应在疏散乘客、封闭车站工作完毕后，迅速撤离车站，在出入口外指定的地点集合。

⑥ 待上级领导到达后，报告现场情况，移交指挥权，积极协助公安人员的调查工作。

6）其他车站接到疏散乘客、封闭车站的命令后，应迅速组织车站工作人员，按照公司"地铁突发事件应急处置办法"规定的乘客疏散工作预案，迅速组织乘客出站，疏散乘客任务完成后，关闭出入口，并将情况报告行车调度员。

（3）行车调度员　行车调度员接到报告后，应立即报告值班经理，并同时将后续列车

扣至不明气体影响范围以外的车站。根据值班经理命令下达全线停运、疏散乘客命令，组织指挥全线列车迅速运行至车站疏散乘客。

1）若列车停于区间，而前方车站有列车占用时，应使列车退回后方车站疏散乘客。

2）若列车停于区间，而前、后方车站都有列车占用时，应根据前、后方车站在站列车乘客疏散情况，将先完成疏散任务的列车调至区间待命，腾空站线，将停于区间的列车调至车站内疏散乘客。

3）若列车停于受影响范围内区间时，应使列车退行至受影响范围以外的车站疏散乘客。

（4）值班经理

1）值班经理接到行车调度员的报告后，应立即报告公司领导及市主管部门，通知公司所属各有关单位部门赶赴现场参加事故救援工作及乘客疏散工作。

2）根据公司领导指示，向行车调度员发布全线停运、疏散乘客的命令。向机电部门发布命令，关闭受影响车站的送、排风系统及相关区间的通风机。

3）协调公交集团增加地面公交车运力运输乘客。

六、自然灾害车站应急处理办法

（一）地铁内水灾的处理

当给水管道破裂、地下车站和隧道进水等危及运营的情况发生时，车站有关岗位工作人员应及时按一定的程序进行处置，尽量避免或减小水灾对运营的影响。若车站的排水系统、集水坑泵发生故障或遭遇特大降水，轨道会出现水淹的状况。如果积水或淤泥冲积至轨底的高度，可能会导致信号系统故障、列车牵引发动机受损、牵引电流短路、列车因牵引发动机受损而滞留在两站之间等。

1. 有关岗位作业处理流程

1）任何岗位工作员工一旦发现水灾，应立即报告值班站长水灾发生的位置、流量，水源来自哪里，哪些设备可能会受到影响。

2）值班站长向行车调度员报告本站发生水淹事故，本站受到影响的区域，是否影响乘降及受影响设备的情况。

3）值班站长携带防洪装备赶往事发位置，命令站务员和保洁员前往水灾区域。

4）值班站长到达现场后评估情况，向行车调度员汇报水灾最新进展，视情况需要请求机电等部门人力支援。

5）站务员尝试用防洪板、沙包或其他填充物阻断水源，或抑制流量，在周边用提示牌和警戒线布置禁行区。

6）车站值班员通过广播、乘客信息显示系统向乘客进行宣传解释。

7）若水灾可能导致车站设备出现危险或影响运营，应视情况需要封闭车站部分区域。

2. 机电抢险人员

1）对水灾地点及时采取断水堵水措施，开启全部排水泵排水。

2）随时向值班站长和行车调度员报告水情。

3）按照抢险预案要求，进行紧急处置。

3. 行车调度员

1）随时了解水情变化。必要时，通知电力调度接触轨停电。

2）组织具备运行条件的区段维持运营。

4. 列车司机

1）列车在运行中发现积水漫过道床排水沟时，若接触轨能正常供电，列车司机应以能随时停车的速度运行，并及时将情况报告行车调度员或车站值班员。

2）因水灾造成的路基塌陷、滑坡等危及行车安全时，应立即停车，将情况如实报告行车调度员，按其指示行车。

（二）地震应急处理办法

等级较强的地震会导致轨道交通车站邻近建筑物、车站建筑物的损毁及倒塌，轨道线路移位或严重扭曲，列车出轨，车站、列车的电力中断等事故，从而引起沿线乘客的恐慌以及难以控制的地铁人潮，为应对这些严重后果，车站工作人员应严格执行地震应急处理办法。

1. 有关岗位作业处理流程

1）地震发生后，值班站长应立即向行车调度员汇报是否影响行车；是否有人员、设备、线路、车辆受损；是否需要召唤紧急服务（公安、急救、消防）。

2）一旦确定发生四级以上强度的地震，值班站长必须安排车站员工做以下工作：

① 开启所有隧道灯。

② 检查所有系统是否运作正常，特别是供电、通信、信号及环境控制系统运作状况。

③ 在确保自身安全的前提下，巡视车站建筑、设施，巡视出入口及站外情况，发现有任何异常情况，立即通知值班站长。

3）值班站长接到车站巡视结果后，立即向行车调度员、故障报警中心报告设备、结构损毁的情况。

4）如果站台有列车停车，应按照行车调度员指示立即对列车进行清客作业。

5）停止所有作业，察看是否有工作人员或乘客受伤。若发现有任何人员受伤，则立即展开救助工作。

6）若发现建筑物损毁或阻塞，应立即疏散、封锁危险区域人员，安排人员驻守，制止他人接近。

7）若地震强度较大，建筑物、设备设施损毁严重，则应立即执行车站紧急疏散程序。

2. 列车司机应急处理

当地震发生时，列车司机应立即采取停车措施，打好止轮器，防止溜车，并迅速查明周围情况，组织乘客自救、互救工作。行车调度员应立即通知电力调度全线接触轨停电，发布全线停运命令，采取一切手段了解人员、设备、设施损坏情况，迅速上报值班经理及公司领导。

（三）恶劣天气应急处理办法

当大风、雨雪等恶劣天气发生时，一方面会对线路、道岔等设备及地面行车带来不利影响，另一方面会引起车站客流的增加，车站工作人员应按照恶劣天气应急处理办法及时采取疏导、限流等措施，消除各种隐患，确保乘客的乘车安全。

1. 大风、沙尘天气的危害及应急处理办法

当地面线列车遇雾、暴风、沙尘天气，瞭望困难时，列车司机应及时将情况报告车站行车值班员或行车调度员，必要时开启前照灯，适时鸣笛，适当降低速度。当看不清信号、道岔时，要停车确认，严禁臆测行车。列车进入车站时，列车司机要适时降低列车速度，确保对标停车。运行中严禁盲目抢点、臆测行车。

风力超过 7 级时可对地面车站运营造成影响，接到控制中心（OCC）发布的有关恶劣天气的信息后，车站须检查悬挂物，以免脱落物砸伤乘客及员工；指派专人对站台上的可移动物品进行加固；督促保洁人员清理车站卫生；露天段车站做好停运、客流疏散准备；若有其他异常立即上报控制中心（OCC）。

2. 暴雨天应急处理办法

如果遇突降暴雨（图 10-11），值班站长要立即组织有关人员到出入口等处查看降水情况，各岗位应加强巡视。地势较低的车站应立即放置防洪板、沙包，防止雨水灌入车站。若遇雨水较大有可能发生倒灌事故时，应及时通知机电部门做好排水准备。发现车站出入口水浸时，应及时设置防洪设施，防止雨水涌入站内，及时向上级汇报。地下车站暴雨时一般处理流程如下：

图 10-11　突降暴雨地铁出入口进水

1）工作人员加强车站出入口巡视，若发现出入口外严重积水（一般当水漫至出入口外三级台阶时视为严重积水），应立即报告行车调度员及有关部门。

2）站务员在各出入口铺设防滑垫，设置"小心地滑"告示警示牌或隔离带、防护栏等。组织保洁员工进行积水清扫，组织人员搬运沙袋，必要时设置防洪设施。

3）值班站长通过 BAS 查看雨水泵开启情况，若有异常立即报修。

4）行车值班员通过 PA、PIS 向进站乘客宣传安全、防滑的事项。

5）值班站长要立即准备雨天设备故障、长时间无车等特殊情况下的应急对策；根据现场情况，适当调配人员；做好限流的准备，并及时挂出提示牌、张贴通告。

6）视情况停止该出入口自动扶梯运行；若有需要，协助关闭相应出入口（该出入口关闭后，引导乘客由别的出入口出站）。

7）站务员应加强巡视，确保车站出入口、站厅、站台的客流秩序；关注出入口客流情况，条件允许时可向出站乘客发放一次性雨衣、伞套，疏导其快速出站，不要使其在出入口停留，以免产生客流聚集拥堵。

8）配合维修部门的排水工作。

9）水退后，协助撤除防淹设施，当出入口水浸得到彻底消除后，开启相应出入口，组织员工恢复正常工作。

当露天段车站暴雨时应加强站台巡视，督促保洁员工做好地面清理工作。

3. 雪天的危害及应急处理办法

当城市轨道交通运营线路出现大范围降雪时，钢轨冰冻会影响车辆的牵引制动，尖轨与基本轨无法紧密贴合，接触轨冰冻而无法与受流器接触造成机车无电，还会造成乘客摔伤等后果。值班站长应通知所有工作人员，通报恶劣天气的相关情况，做好雪天应急处置工作。

1）站务员在出入口、楼梯口铺设防滑垫和提示牌，同时组织人力及时清扫出入口积雪。

2）值班站长通知保洁人员注意出入口、楼梯口等区域的卫生状况。

3）站务员在客流量较大的出入口疏导乘客进出站。

4）行车值班员通过 PA、PIS 向进站乘客宣传安全、防滑的事项。

5）行车值班员通过 CCTV 系统密切关注进出站的客流变化，并随时向值班站长汇报。

6）值班站长要随时掌握运营现场和天气情况，并随时做好延长运营时间的准备工作。

7）地面线路有道岔的车站，应做好道岔的清扫及融雪工作。

列车司机在运行中遇大雪、霜冻等恶劣天气时应及时向行车调度员报告，并采取相应措施。运行中列车司机要严格控制列车速度，制动时要适当延长制动距离，制动力要尽量小，防止滑行；视其速度，根据情况追加或缓解，确保对标停车。

七、触发报警或紧急停车按钮的应急处理办法

1. 触发车厢内乘客报警按钮的紧急处理办法

地铁车厢内一般设置乘客报警按钮（图10-12）。地铁车厢内发生紧急情况或突发事件时，乘客可通过车厢内紧急报警按钮向列车司机报警。该装置平均分布在车厢两侧车门旁，任意相对的两个车门中，都会有一个车门旁安装有乘客紧急报警按钮。

（1）列车停站时触发报警按钮　若列车停在站台还未启动时，乘客触发了车内报警按钮，站台岗值班人员应按以下程序处理：

1）接到车内乘客报警按钮被触发的信息，立即赶往事发现场并核实：报警启动的原因、启动报警按钮的车次或车门，请示值班站长是否需要列车退行。

2）使用车内乘客报警按钮扬声器与列车司机沟通，寻找启动报警按钮的原因，进行乘客救援工作。

3）确定情况稳定后，车站员工必须将车内报警按钮复位，离开列车，向列车司机显示"一切妥当"手信号。

4）行车调度员通知列车司机，车站已将车内报警按钮复位。

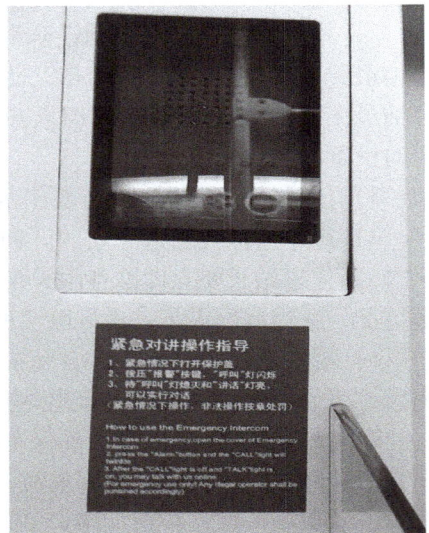

图10-12　列车报警按钮

5）站台岗员工在日志中详细记录该次事件发生的时间、原因、被启动的报警按钮的编号及事件处理经过。

（2）列车运行中触发报警按钮　列车运行中乘客紧急报警按钮只有在乘客出现紧急情况或突发事件时（如车厢内遇到火灾、车厢犯罪、有人晕厥、身体极度不适需要叫救护车以及遇到各种可能危害人身安全的情况）才允许被操作，没有特别紧急的情况是禁止使用

的。当乘客按动此报警按钮时，按照面板提示操作便可与列车司机直接通话，从而让列车司机及有关方面采取及时、正确的应对措施。

当列车运行中乘客触发报警按钮，列车在离站 150m（某地铁列车数据）以内时，将紧急制动并倒回原车站，站务员进行解锁后列车才能行驶；当列车离站超过 150m 时，紧急制动系统将启动，但列车不会立即停止，到达下一站后需要由站务员启动解锁，列车才可正常行驶。

2. 触发站台紧急停车按钮的应急处理办法

站台紧急停车按钮一般设置在站台墙壁上或站台监察亭，靠近列车车头、车尾两侧，车站控制室综合后备盘（IBP）上一般也设有紧急停车按钮，可实现紧急情况下对列车的控制。在紧急情况下，可通过按压站台任一位置的紧急停车按钮，或者扳动车站控制室 IBP（或站台监察亭 IBP）上的紧急停车开关，禁止列车自区间进入车站，或禁止已停在车站的列车出发进入区间，对于已启动而尚未完全离开车站的列车应实施紧急制动停车，实现车站封锁的功能。

各地铁公司车站的紧急停车按钮外观有所不同，图 10-13 所示为某地铁车站站台紧急停车按钮，它是红色的四方小盒子，上锁，按钮为红色，上方有"紧急停车按钮"的字样标志。当车门、站台门夹人夹物，有人或大件物品掉落轨道时可按动站台紧急停车按钮阻止列车开行，防止事故发生或扩大。使用时击碎中间玻璃按压按钮即可，该设备涉及行车安全，非紧急情况下严禁使用，否则按规章制度处罚。

站台上下行每侧各有两个紧急停车按钮，若车站为岛式站台，则本侧紧急停车按钮仅对相应侧的线路实行车站封锁；若为侧式站台，则对上、下行线路实行车站封锁。

紧急停车按钮为非自复式按钮，使用钥匙使其复位。紧急停车按钮设置红色指示灯，当按下后，该按钮的指示灯点亮，车站控制室 IBP 和站台监察亭内对应站台的指示灯也同时点亮，表示该紧急停车按钮被激活。

若设有站台监察亭，则在站台监察亭内对应每侧站台设置 1 个紧急停车开关，并有指示灯。当发现紧急情况需紧急停车时，扳动紧急停车开关至"急停"位置，IBP 上对应站台的指示灯和站台监察亭内的对应站台的指示灯同时点亮，表示该紧急停车按钮被激活。

图 10-13　站台紧急停车按钮

当站台发生紧急情况，需列车紧急停车时，车站工作人员应按以下程序处理：

1）站台岗员工或乘客按下站台上的紧急停车按钮。

2）对应的紧急停车按钮指示灯点亮，车站控制室和站台监察亭 IBP 上对应站台的指示灯点亮，车站 ATS 工作站和控制中心（OCC）调度员工作站对应区域显示紧急停车，显示报警信号。

3）车站值班员扳动车站控制室 IBP 上的紧急停车开关至"急停"位置。

4）站台岗员工赶往事发地点，采取适当的措施处理该事件，并保持站台、车站控制室、OCC 联系畅通，必要时请求协助。

5）在确定处理完情况后，站台岗员工用钥匙复位被激活的紧急停车按钮，并通知车站值班员，处理完毕后给列车司机显示"一切妥当"手信号。

6）车站值班员扳动车站控制室 IBP 上对应的紧急停车开关至"复位"位置。

7）车站值班员复位 ATS 工作站上的事件，使 ATS 系统复位，并记录该次事件的时间、紧急停车按钮启动的原因及事件处理经过。

八、乘客物品掉落轨道的处理

城市轨道交通车站未安装站台门，或站台门发生故障时会发生乘客携带物品坠落至轨道的事件，此时要视掉落的物品是否影响行车尽快处理。有关岗位作业如下。

1. 站台工作人员（保安或站务员）

1）立即赶往现场查看掉落物品是否影响正常行车并及时向行车值班员报告。若该车站未安装站台门，站台岗员工应立即安抚告知乘客"请勿擅自跳下轨道，工作人员会尽快妥善处理"。若掉落物品不影响正常行车，应告知乘客车站将择机派人下轨道拾回物品，安抚乘客耐心等待，并协调好领取物品事宜。

2）立即到现场查明情况，向车控室汇报情况。若影响行车，则按压紧急停车按钮。

3）到监控亭拿挟物钳、隔离带到现场，隔离该处站台门。

4）得到值班站长指示后，用钥匙打开该处站台门，将物品夹起。夹不起的物品，安排人员从站台两端的楼梯或使用下轨梯进入轨道拾回物品。

5）工作人员将物品取回后，确认线路出清，得到值班站长指示后，恢复站台门的使用，撤回隔离，向行车值班员汇报。

2. 行车值班员

1）接到站台通知后立即向值班站长汇报情况，通知厅巡到现场协助处理，并向行车调度员汇报有关情况。

2）经站台保安确认后，向行车调度员汇报物品是否影响行车。

3）接到值班站长的通知后，向行车调度员汇报有关情况，并"要点"（要求停车时间段）处理。

4）经行车调度员批准后，按动紧急停车按钮，做好防护并通知值班站长可以实施处理。

5）线路出清后，报告行车调度员销点，在设备后备监控盘（MCP）上按压取消紧急停车按钮，恢复正常运营。

3. 值班站长

1）接行车值班员报告后，立即到现场查看有关情况。

2）确认物品是否可以用夹物钳夹起，并预计所需时间。

3）将情况通报车控室，要求行车值班员向行车调度员"请点"（请示停车时间）处理；通知站台保安去监控亭拿夹物钳、隔离带到现场隔离该处站台门，准备拾物；通知厅巡去监控亭拿信号灯到站台尾端墙做好防护准备。

4）行车调度员同意后，通知厅巡做好防护。

5）若行车调度员不同意运营时间处理，则登记乘客详细资料，待物品取出后通知乘客

领取。

6）做好防护后通知站台保安将物品夹起，并疏散围观乘客。

7）物品夹起后通知站台保安撤回隔离，恢复站台门的使用，通知厅巡收回防护信号。

8）确认线路出清后，向车控室报告。

9）做好相关记录，将物品归还乘客。

4. 厅巡

1）接到行车值班员通知后，立即到现场协助处理。

2）接值班站长通知后，去监控亭拿信号灯到站台尾端墙做好防护准备。

3）得到值班站长指示后，在尾端墙手持信号灯做好防护。

4）得到值班站长指示后，收回防护信号。

5. 行车调度员

1）接到通知后，若物品影响行车，则扣停后续列车，安排车站取出物品。

2）若物品不影响行车，根据行车间隔和车站"请点"要求，作出适当安排。

九、执法工作的管理规范

大部分城市轨道公司对执法证实行规范化管理。因为执法证的使用代表法律效力，因此对它的管理尤为重要。下面以某城市轨道交通公司对执法证的管理办法为例进行介绍，供教学参考。

1. 执法证的保管

各站建立"执法证台账"，记录执法证的站存情况，并安排专人对执法证进行专项管理。新调入车站有执法证的员工，必须在到站三天内将执法证交车站保管，车站要做好台账登记。

车站持执法证的员工申请辞职时，车站在接到员工离职通知书一周内将辞职员工的执法证加封随文件上交到车务部票务组分管票管处，同时在车站的执法证台账备注栏上记入上交记录（包括上交时间、上交途径、接收人、上交的原因等）。

2. 执法证的交接

1）执法证必须放于上锁的专用柜保管，值班站长在接班时要对执法证进行清点核对，若有异常要及时向交班人反馈，并上报站长及车务部。

2）员工在使用执法证期间要保管好执法证，发现执法证遗失要马上向车站汇报，车站上报车务部，当事人将遗失执法证的事情经过写明，由中心站站长签名确认后上交车务部票务组分管票管处，当事人收到总部下发的相关证明后的一周内，持证明到报社办理"遗失声明"，将办理的发票复印件上交车务部票务组分管票管处。

3）非当班员工严禁将执法证带离车站，由值班站长负责发放和回收当班员工的执法证。发放和回收情况必须详细记录在"坐台登记本"上。当班有执法证的员工都必须领用执法证。

3. 执法车票的管理

（1）执法车票的保管

1）车站在稽查乘客使用特种车票时，若发现乘客弃票，应按相关票务规定执行上交，及时随报表上交调度票务部。

2）对于乘客违规使用特种车票需要进行执法时，执法人由两人对证据车票加封，并将封入执法车票的信封与该宗执法的"证据保存凭证"装订在一页，执法文书专用皮夹放在上锁的专用柜保管，当班值班站长将当班期间所有执法证据车票在"执法车票回收、发放登记表"上记录回收车票情况。

3）车站分管执法工作的值班站长每月25日前要对当月执法车票进行检查，核对"证据保存"车票的数量与"罚款、缴款通知书"和"执法车票回收、发放登记表"上记录的车票数量是否一致，若发现车票数量不一致，车站要马上对车票情况进行调查，并及时上报车务部票务组。

（2）执法车票的交接

1）乘客持"执法回执"要求领回执法车票时，当班值班站长要在"执法车票回收、发放登记表"上做好发放记录。

2）车站以前的证据车票由中心站站长与值班站长共同加封，与该宗执法的"证据保存凭证"装订在一起，对"证据保存凭证"已经上交的证据车票，则直接放入执法文书皮夹的胶袋里。分管执法的值班站长每月检查信封的情况。拆此信封时，必须由中心站站长现场监督。

4. 执法文书的管理规定

（1）执法文书的保管 分管执法的值班站长每月要对执法文书进行检查，包括文书的填写是否正确、各类执法文书的使用情况，若有即将使用完毕的文书，应及时向车务部分管票管处申领。检查"××省定额罚款收据"是否按规定发放，与"××市地下铁道总公司行政当场处罚决定书"核对收据发放数量与文书执法金额是否一致。

（2）执法文书的交接

1）所有执法文书由值班站长进行保管，应放在上锁的专用柜，由值班站长负责借出使用，使用完毕马上放回原处，避免遗失。

2）执法文书原则上各站之间严禁互相借用，每站均有一套备用的执法文书，车站应将备用的文书保管好，若有特殊情况需向邻站借用执法文书时，需得到车务部票务主管以上级别领导同意后方可借用。

3）执法文书按照"执法文书样板"进行填写，分管值班站长定期对员工进行培训（特别是新考取执法证的员工），以提高其执法水平。

项目实施

任务：掌握处理各种事故的知识，能模拟处理一些事故。

实施：

1）根据教师设置的场景需要设置相应的小组，分工作人员组、乘客组、设备维护组、罪犯组、评审组等。

2）分别模拟车站被劫时的应急处理、车站发生火灾时的处理、车站全部票务处理机故障的处理、电梯困人的处理、客伤的处理等，教师可自行发挥场景设置，目的是让学生能灵活运用所学理论知识。

3）角色互换，小组评价，提高学习效率。

拓展与提高

学生可以从网络了解更多与地铁安全有关的信息，拓宽视野，增强对所学知识的理解和消化。

实践训练

有些城市轨道公司经常会组织应急处置演练，有条件的学校可以组织学生参加这种活动。教师也可以让学生参观地铁车站现场的应急设备，并进行现场分析讲解，提高学生的感性认识水平。

参 考 文 献[⊖]

[1] 裴瑞江. 城市轨道交通客运组织 [M]. 2版. 北京：机械工业出版社，2014.
[2] 中华人民共和国交通运输部. 城市轨道交通运营技术规范：GB/T 38707—2020 [S]. 北京：中国标准出版社，2020.
[3] 中华人民共和国住房和城乡建设部. 城市轨道交通自动售检票系统技术条件：GB/T 20907—2007 [S]. 北京：中国标准出版社，2007.
[4] 中华人民共和国住房和城乡建设部. 城市轨道交通客运服务：GB/T 22486—2008 [S]. 北京：中国标准出版社，2009.
[5] 毛保华. 城市轨道交通系统运营管理 [M]. 北京：人民交通出版社，2006.
[6] 何宗华，汪松滋，何其光. 城市轨道交通运营组织 [M]. 北京：中国建筑工业出版社，2003.
[7] 张国宝. 城市轨道交通运营组织 [M]. 上海：上海科学技术出版社，2006.
[8] 李力. 城市轨道交通运营与管理综合应用 [M]. 北京：中国电力出版社，2008.
[9] 赵时旻. 轨道交通自动售检票系统 [M]. 上海：同济大学出版社，2007.
[10] 李建国. 城市轨道交通系统概论 [M]. 北京：机械工业出版社，2012.
[11] 刘莉娜. 城市轨道交通客运组织 [M]. 2版. 北京：人民交通出版社，2012.
[12] 张莹，吴冰. 城市轨道交通车站设备 [M]. 北京：电子工业出版社，2011.
[13] 永秀. 城市轨道交通车站运作管理 [M]. 北京：机械工业出版社，2012.

⊖ 本书部分图片来自网络，因联系不到作者所以特此声明，如原作者对此有异议请直接联系主编，邮箱为 peirui-jing888@163.com。